프로이트의 문명변증법

프로이트의 문명변증법

에로스와 타나토스의 투쟁

초판 1쇄 인쇄 2018년 2월 2일

초판 1쇄 발행 2018년 2월 9일

—

지은이 배학수

발행인 이방원

편 집 홍순용·김명희·이윤석·안효희·강윤경·윤원진

디자인 전계숙·손경화

마케팅 최성수

—

발행처 세창출판사

신고번호 제300-1990-63호

주소 03735 서울시 서대문구 경기대로 88 냉천빌딩 4층

전화 02-723-8660   **팩스** 02-720-4579

이메일 edit@sechangpub.co.kr   **홈페이지** http://www.sechangpub.co.kr

—

ISBN 978-89-8411-735-8 93180

이 도서의 국립중앙도서관 출판시도서목록(CIP)은 서지정보유통지원시스템 홈페이지(http://seoji.nl.go.kr)와
국가자료공동목록시스템(http://www.nl.go.kr/kolisnet)에서 이용하실 수 있습니다.(CIP제어번호: CIP2018001986)

Eros

프로이트의 문명변증법

배학수

에로스와 타나토스의 투쟁

Tha
natos

세창출판사

자본의 논리. 많은 사람들은 모든 문제는 돈 때문이라고 생각한다. 강도, 절도, 살인, 부정부패, 부모 유기 같은 반사회적 범죄는 모두 돈 때문이며 더 나아가 돈이 순수한 인간의 영혼을 타락시킨다고 사람들은 자본을 비난하는 것이다. 금전 때문에 사람들이 싸우고 서로 죽인다고 진단하는 사람들은 우리가 자본의 논리에서 벗어난다면 사회 문제는 다 해결될 것이라고 믿는다. 그런데 돈 문제가 해결되면, 다시 말해 모든 사람이 돈과 재물을 평등하게 가지게 되면 문제가 다 풀리는가? 이런 식의 공산주의적 접근은 어느 정도 사회 문제를 처리할 수는 있을 것이다. 그러나 거기에는 정신의 나태와 생산성 하락 같은 매우 비싼 비용이 들어간다. 공산주의의 가격 대 성능비가 좋지 않은 이유는 인간의 기본 욕구를 공산주의는 오해하고 있기 때문이다.

인간에게는 돈이 아니라 그 아래에 더욱더 근본적인 요구가 있다. 현대 사회에서 인간이 재물에 목을 매는 까닭 중 하나는 재산의 축적이 불안에 대처하는 효과적 방식이기 때문이다. 돈이 많으면 타인으로부터 좋은 평가를 받는다. 그러면 부자는 자신이 잘못 살고 있을지도 모른다는 우려를 잠재울 수가 있다. 이 경우 돈을 위해 돈을 버는 것이 아니라 불안하기 때문에 자본을 모으는 것이다. 프로이트 역시 물욕보다 더욱 근본적 욕구를 인간의 정신에서 통찰한다. 그것은 에로스이다. 에로스란 성과 사랑의 욕구이다. 우리가 돈을 벌려고 고생하는 이유는 돈 자체가 좋아서가 아니라, 돈이 많으면 에로스를 충족하는 데 훨씬 유리하기 때문이다. 모든 사람이 사회의 모든 재산에 대해서 동일한 권리를 가지고 있다고 하더라도 인간관계는 편안하지 않다. 왜냐하면 성적 매력이 사람마다 서로 다르기 때문이다. 어떤 남자는 여자에게 인기가 있을 것이고 어떤 사람은 버림을 받을 것이다. 에로스의 충족에서 인간은 평등할 수가 없는 것이다. 사회갈등과 대인관계에서 소외나 좌절은 에로스에서 여전히 일어나는 것이다.

인간의 본능적 욕구가 에로스 하나라면 문제가 그리 크지는 않을지도 모른다. 에로스를 충족하지 못하는 사람은 개인적으로는 불행하지만 그런 사람이 많다 하더라도 사회 전체는 그런대로 별 탈 없이 돌아갈 것이기 때문이다. 그런데 인간의 기본욕구에는 에로스 외에 죽음의 본능이 있다고 프로이트는 생각한다. 죽음의 욕구, 즉 타나토스는 개인이 자신을 파괴하여 죽음에 이르도록 한다. 타나토스가 자신을 파괴하지 않으려고 그것을 외부로 돌리면 타인과 사회를 공격하는 무서운 위력으로 변한다. 타나토스는 죽고자 하는 욕구, 자기를 파괴하거나 타인을 공격하는 성향인 것이다.

인간에게는 매우 많은 소망, 욕구, 욕망이 있지만 그것들은 근본적으로 하나는 에로스, 다른 하나는 타나토스이다. 사람들은 타나토스가 인간의 기본욕구라는 점에 대해서 동의하지 않을 것이다. 왜냐하면 우리는 살려고 하지 죽으려고 하지 않기 때문이다. 설사 인간이 자살한다고 하더라도 죽고 싶어서 죽는 것이 아니라 좌절의 고통을 피하기 위해 죽는다고 여긴다.

그러나 인간 정신의 기본 토대에서 에로스와 타나토스는 깊은 연관을 맺고 있다. 사업이 망한다든지 사랑하는 사람이 죽는다든지 우리는 에로스의 충족에서 좌절을 경험하면 자신과 타인을 파괴하고 공격하는 타나토스가 실제로 일어난다. 이것을 프로이트는 에로스가 타나토스로 전환되는 것으로 본다. 에로스가 타나토스로 바뀌려면, 원래 인간의 정신 속에 타나토스의 요소가 있어야 하지 않은가? 프로이트는 원래 인간의 기본욕구는 에로스와 타나토스가 나뉘어 있지 않고 타나토스와 에로스의 합금 상태인데, 에로스가 타나토스를 제어하여 에로스만이 드러나 있다고 믿는다. 보통 때 인간에게서 죽음의 욕구가 보이지 않는 이유는 그것이 없어서가 아니라 에로스가 타나토스를 억누르거나 감싸고 있기 때문이다. 만약 어떤 이유에서 에로스의 힘이 떨어진다면 타나토스는 지하 감옥에서 풀려난 악령처럼 힘을 얻고 인간을 파괴 성향으로 몰아넣는다. 타나토스는 먼저 자기를 공격하지만, 타인의 향해 방향을 바꾸기도 한다. 타인에 대한 비난, 차별, 경멸, 폭력, 학살 같은 공격성은 밖을 향한 타나토스이다.

왜 사람들이 서로서로 사랑하며 살아가지 못하는가? 본성적으로 순수한 인간의 영혼이 사회의 탓이나 자본의 논리 때문에 타락해서 그런 것이 아니라, 인간의 기본 성향인 타나토스가 발현하는 상황이 도래하기 때문이다. 타나토스를 제거하여 인간 사회에 사랑이 충만하게는 할 수 없다. 타나토스는 인간의 본능이기 때문이다. 타나토스로부터 부정적인 결과를 제거하려면 에로스를 강화하여 타나토스를 제어하는 수밖에 없다. 호리병 속에 악마를 가두듯이 에로스의 힘으로 타나토스를 억눌러 힘을 발휘하지 못하도록 해야 하는 것이다.

그런데 문명이 발달할수록 에로스의 위력은 점점 더 약해지고 있다. 문명은 에로스의 억압에서 시작하고 문명이 발달할수록 에로스는 더욱 더 억제되기 때문이다. 에로스가 힘을 잃으면 잃을수록 타나토스는 점점 더 강성해진다. 인간이 잘 살려고 만든 문명사회에서 폭력과 차별, 학살, 사회갈등, 국가 간의 투쟁, 테러 같은 폭력적·파괴적 사건은 줄어들기는커녕 오히려 증가한다. 그 이유는 문명을 건설하기 위해서 에로스를 억압한 결과 타나토스가 자꾸 풀려 나오기 때문이다. 문명변증법이란 문명사회에서 벌어지고 있는 에로스와 타나토스의 상호작용이다. 문명변증법이란 용어는 프로이트 자신의 용어가 아니라, 『에로스와 문명』에서 마르쿠제가 사용한 말이지만, 프로이트는 에로스와 타나토스의 투쟁의 각도에서 현대 문명의 문제를 진단한다.

프로이트의 문명 이론이 나온 지 거의 100년이 다 되어 간다. 현대처럼 발전 속도가 빠른 시대에 한 세기 전의 이론은 낡은 것이라고 생각할 수도 있을 것이다. 그러나 필자는 프로이트의 견해는 지금 세계와 한국 사회의 문제를 조망하는 데 여전히 큰 도움을 준다고 확신한다. 2차 대전 후 세계적 규모의 전쟁은 벌어지지 않고 있지만, 국지적 전쟁은 끊이지 않고 있으며, 지금 지구촌 곳곳은 빈번한 테러리스트의 공격으로 세계시민들은 공포로 떨고 있다. 필자가 이 머리말을 쓰는 주간에도 두 건의 테러가 발생했다. 이집트 시나이반도의 한 이슬람 사원에서 폭탄 테러로 최소 305명이 사망하고 128명이 다쳤으며, 파키스탄의 한 교육기관에서 총격 테러로 40여 명의 사상자가 발생했다. 한국 사회는 농업사회에서 산업사회, 그리고 정보화 사회로 매우 빠르게 전환하고 있으며 그 과정에서 에로스의 억압은 점증하고 있다. 일부일처제와 상근 노동 제도가 정착하고, 최근에는 성매매 금지와 성범죄에 대한 엄격한 처벌의 시행 등 국가 사회는 예전에 비해 엄청나게 에로스를 억제하고 있는 것이다. 인간의 본능적 욕구는 도덕이나 법의 이름으로 억압하고 처벌한다고 해서 그냥 사라지거나 무력하게 되지는 않는다. 에로스가 억제되어 에로스의 충족이 제공하는 만족이 개인에게 줄어들면, 타나토스가 지하에서 풀려나 지상으로 올라온다. 타나토스가 우리 자신을 공격하면 자신감 결여, 죄책감, 우울, 무력감의 증상을 일으키고, 타인으로 방향을 바꾸면 살인과 폭력, 테러, 차별, 무시 같은 사회 문제를 일으킨다.

국내뿐 아니라 세계적 차원의 문제도 프로이트의 관점에서 이해할 수 있다. 바람직하지 않은 일들이 벌어질 때 이렇게 저렇게 해야 한다는 당위적 주장은 누구나 쉽게 할 수 있으나, 그런 식의 접근은 문제를 해결하지 못한다. 개인적·사회적 병리 현상을 치료하려면 도덕을 소리 높여 외치기 전에 먼저 문제의 원인을 정확하게 진단해야 한다. 만약 인간의 본능적 욕구 내에 파괴성이 들어 있다면, 에로스를 억제할수록 타나토스가 강력해진다면, 법률과 도덕의 강화 외에 새로운 해결책이 필요한 것이다. 에로스와 타나토스의 투쟁을 우리가 새롭게 토론해야 할 이유가 여기에 있다. 인간 본능의 운동을 탐구하는 프로이트의 문명 변증법이 한국을 포함하여 현대 사회의 문제를 이해하고 해결책을 마련하는 데 크게 기여하리라 필자는 기대한다.

I -서 론

이 책에서 필자는 『문명 속의 불만*Das Unbehagen in der Kultur* 』을 중심으로
프로이트의 정신분석을 소개하고자 한다.[01] 프로이트를 설명하는 방식
에는 여러 가지가 있을 것이다. 하나는 프로이트의 주요 저작을 초기부
터 후기까지 하나하나 분석하는 방법이다.[02] 다른 하나는 프로이트 자
신도 활용하는 것인데, 정신 분석의 주제들을 장을 나누어 하나씩 해설
하는 것이다.[03] 프로이트를 소개하기 위해 이런 방식의 서술이 흔히 활
용되지만 필자는 다른 길을 선택했다. 필자는 프로이트의 사상 전반을
포괄하는 하나의 저술을 골라 그것을 중심으로 프로이트를 설명하고자
하는 것이다. 그 책이 바로 『문명 속의 불만』이다.

『문명 속의 불만』은 프로이트가 1929년에 집필하여, 1930년에 출판
한 책이다. 프로이트가 1939년에 사망하였으니 이 책은 후기의 저술이

---

01 Sigmund Freud, Das Unbehagen in der Kultur, Gesammelte Werke 14 (Imago Publishing Co.,
   LTD, London, First printed, 1945). 이 전집에 실린 저술은 GW로 줄여서 인용한다.
02 한스 마르틴 로만, 요아힘 파이퍼 공편, 『프로이트 연구 I : 정신분석의 성립과 발전과정』, 원당희
   역, 세창출판사, 2016.
03 Sigmund Freud, Vorlesungen zur Einführung in die Psychoanalyse, GW 11, Neue Folge der
   Vorlesungen zur Einführung in die Psychoanalyse, GW 15.

다. 이 책은 프로이트의 저술 중 가장 유명하다. 전기저술이 신경증의 병리적 현상이나 치료기법을 연구하는 데 초점이 맞추어져 좀 특수한 관심을 갖지 않는 독자에게는 흥미가 덜했다. 반면, 『문명 속의 불만』은 문명사회 속에 살아가면서 개인이 겪을 수밖에 없는 운명을 다룬다. 사회와 개인의 갈등은 모든 사람들에게 관심 있는 주제이므로, 프로이트의 저작 중에서 이 책이 가장 많이 읽히고 있는 것이다.

원래 이 책의 제목은 '문명 속의 불행Das Unglück in der Kultur/Unhappiness in the Civilization'이었는데 나중에 '불행'이 '불만Unbehagen'으로 변경되었다.[04] 'Unbehagen'에는 불만 외에도 불쾌, 불편 같은 의미도 포함되어 있다. 실제로 프로이트는 그 책의 영어 출판 편집자에게 'Unbehagen'의 영어 번역어로 '불편Discomfort'을 제안하였는데, 편집자가 '불만Discontent'을 선택하였다고 한다. 프로이트가 제목을 '불행'으로부터 '불만,' '불쾌'를 의미하는 Unbehagen으로 바꾼 데에는 이유가 있을 것이다. 필자는 프로이트가 불행의 의미를 좀 더 정확하게 지적하고 싶었기 때문이라고 추리한다. 불행에는 불만보다 더 넓은 의미가 있다. 예를 들어 악랄한 통치로 민중의 비난을 받은 군주는 그의 삶이 불쾌하지도 불편하지도 않지만 불행한 삶을 살았다고 우리는 말할 수 있는 것이다. 프로이트의 행복 개념은 이 점을 부인하는 듯하다. 그에게 행복이란 충동Trieb의 만족이며, 불행이란 충동의 불만족이다.[05] 충동 욕구가 충족되지 않으면 불쾌가 수반된다. 프로이트는 불행의 의미를 불만이나 불쾌라고 좀 더 명

---

04 Sigmund Freud, Civilization and its Discontents, tr. and ed. James Strachey, Vol. 21, The Standard Edition of The Complete Psychological Works of Sigmund Freud. 이 영어 번역 전집은 SE로 줄여서 인용한다.

05 필자는 'Trieb'를 '본능'이 아니라 '충동'이라고 번역한다. 이 점에 관해서는 나중에 자세히 설명한다.

확하게 규정하기 위하여 '문명 속의 불행'을 '문명 속의 불만'으로 제목을 변경한 것이 아닐까 한다. 이 책은 문화 세계, 즉 사회 속에 살아가는 인간들의 불만과 불쾌한 정서 및 그 이유를 다루고 있는 것이다.

필자가 이 책을 중심으로 프로이트를 서술하는 데에는 세 가지 이유가 있다. 우선 위에서 말한 것처럼 그 저술이 일반 독자에게 가장 유명하기 때문이다. 둘째, 이 저술에는 프로이트의 거의 모든 이론이 다 포괄되어 있다. 그는 문명과 개인의 긴장 문제를 다루기 위해 종교, 성생활, 신경증, 초심리학 등 자신의 모든 사고를 활용하는 것이다. 셋째, 그 저술에는 프로이트의 가장 성숙한 사상이 전개되고 있다. 일반인들이 이해하고 있는 프로이트는 성생활을 인간의 기본 충동으로 보는 전기 사상일 경우가 많다. 그는 인간의 기본 충동에 대해 상이한 견해를 전개하여 왔다. 이 책에는 프로이트 충동이론의 최종적 형태가 드러난다. 결론은 사랑과 파괴(죽음)가 인간의 기본 충동이라는 것이다. 『문명 속의 불만』의 이전 저술에는 성충동이나 자기 보존 본능, 또는 여러 가지로 전환될 수 있는 유연한 에너지로서 리비도가 부각될 뿐 파괴충동은 등장하지 않았고, 출현하더라도 분석도구로서 제대로 활용되지 않는다. 반면, 『문명 속의 불만』은 사랑과 파괴성의 융합과 분리를 통하여 문명사회의 문제를 진단한다.[06] 이런 이유들 때문에 필자는 『문명 속의 불만』이야말로 프로이트의 사상 전모를 드러내는 최선의 저술이라고 판단하여, 그것을 중심으로 프로이트에게 접근하고자 하는 것이다.

필자는 『문명 속의 불만』의 전개 과정을 다음 2장에서 요약한 이후

---

06 프로이트는 사랑을 에로스(Eros)라고 부르고, 파괴성을 공격성 또는 죽음의 충동이라고도 한다. 파괴는 자신이나 타인에 대한 공격이며, 죽음으로 이어지기 때문이다. 죽음의 충동을 보통 타나토스(Thanatos)라고 하는데, 이것은 프로이트 자신의 용어가 아니라 그의 후계자들이 사용했다.

그것과 관련된 주제들을 각장에서 하나씩 자세히 설명할 것이다. 3장에서는 종교의 기능과 원천, 4장에서는 사랑과 성적 생활, 5장에서는 신경증의 기전과 행복가치, 6장은 꿈과 공상적 소망충족, 7장은 초심리학으로 논의가 전개된다. 꿈은『문명 속의 불만』에서 비중 있게 언급되고 있지 않지만, 초심리학 및 신경증과 밀접한 관계를 가지고 있으므로 이 주제를 필자는 6장에서 넣었다.

II - 문명과 불행

프로이트는 『문명 속의 불만』에서 사회와 개인의 근본적 갈등을 다룬다. 개인은 충동의 자유로운 만족을 추구하는 데 반해, 사회는 충동을 억제하라고 개인에게 요구한다. 바로 여기에 갈등의 원천이 있다고 프로이트는 본다. 인간의 기본 충동들이 인간 사회에 해로울 수 있으므로, 사회는 법을 만들어 살인이나, 강간, 성도착을 금지할 뿐 아니라, 성적 충동과 파괴적 충동을 문명에 유익한 작업으로 전환할 것을 요구한다. 그런데 충동의 만족이 저지되면 사람들은 불만과 불쾌의 정서에 싸이게 된다. 이렇게 행복의 가능성이 문명의 제도로 인하여 제약되기 때문에 문명사회는 불가피하게 구성원들의 불만을 일으킨다.

『문명 속의 불만』은 모두 8절로 구성되어 있다. 각 절마다 중심 소주제가 있다. 원 서술에는 절의 제목이 없지만 필자가 그 내용에 의거하여 제목을 붙였다. 절의 순서대로 필자는 프로이트의 논의를 설명할 것이다.

1. 1절 대양적 정서의 유래

1절에서 프로이트는 먼저 '대양적 느낌das ozeanisches Gefühl'의 유래를 탐구한다. 대양적 느낌이란 나와 세상이 구별 없이 하나로 뭉쳐져 커다란 바다를 이루고 있다는 느낌을 말한다. 프로이트가 이것을 다루게 되는 데에는 연유가 있다. 그가 3년 전에 출간한 『환상의 미래*Die Zukunft einer Illusion*』를 읽고 어떤 독자가 그에게 편지를 보내 대양적 느낌을 프로이트가 제대로 다루지 못했다는 점을 지적하자 프로이트는 그것에 대해 답변을 하고 싶었기 때문이다.[07] [대양적 느낌이란 아무런 경계도 없는 어떤 커다란 바다와 같은 것의 느낌이어서 그 독자는 이 정서를 영원의 감각이라고 부르고 싶어 했다. 그는 이런 느낌이 종교적 에너지의 근원이라고 덧붙였다.] (GW 14, 421-422)[08] 필자 역시 이런 느낌에 대한 언급을 가끔 듣는다. 우주와의 합일, 안도 없고 바깥도 없는 느낌 같은 것이 영원의 감각이나 대양적 느낌과 동일한 것이 아닐까 한다.

대양적 느낌을 프로이트 자신은 가진 적이 없다고 고백한다. 일반 사람들에게도 그런 느낌은 생소할 것이다. 왜냐하면 사람들에게 자아의 느낌은 그렇게 대양처럼 외부로 확장되어 있는 것이 아니라 외부와는 구별된 협소한 영역이기 때문이다. 다시 말해 자아는 '자아 아닌 것'과 구별되어 있으며, 비아非我의 영역이 자아의 영역보다 비교할 수 없이 넓다. 우리는 세상의 사물을 나라고 오인하지 않는다.[09] 우리의 자아와

<hr>

07 프로이트에게 편지를 보낸 사람은 Romain Rolland이다. 그는 『환상의 미래』가 출판된 지 얼마 지나지 않은 때, 1927. 12월 5일에 프로이트에게 편지를 써서 대양적 감정이 종교의 원천이라고 주장했다 (SE 21, 65 각주 1).

08 따옴표 " "는 직접 인용을 지시한다. 필자는 따옴표 외에 준직접 인용에 해당하는 꺾쇠 기호 [ ]를 사용한다. 이 기호 안의 내용은 프로이트 자신의 문장이지만, 직접 인용과 달리 필자가 단어나 문장을 일부를 삭제한 글이다. 필자가 준직접 인용을 활용하는 이유는 프로이트의 문장을 정확하게 인용하는 것이 일반 독자가 이해하는 데 오히려 방해가 되는 경우가 자주 있고, 프로이트가 제시하는 사례를 줄여서 요약할 필요가 많이 있기 때문이다. 간접 인용은 원전의 내용을 필자가 요약하거나 해석할 때 사용된다. 준직접 인용은 간접 인용이 아니며, 좀 불완전한 직접 인용이다.

09 프로이트는 보통사람에게도 자아와 비아의 경계가 사라지는 예외적인 경우도 있다는 점을 지적한

외부 세계 사이에는 명백하고 날카로운 경계선이 있는 것처럼 보인다.

내가 나에게 어떻게 보일까? 자아감각Ichgefühl은 어릴 때와 성장한 이후가 같지는 않다. 프로이트에 따르면, 내가 나 자신에게 갖는 느낌은 여러 단계를 걸쳐 발전한다(GW 14, 424-425). [처음, 유아는 자신에 대하여 대양적 느낌을 가지고 있다. 젖먹이 아이는 노랫소리, 젖병 같은 것들로부터 여러 가지 감각을 얻지만, 그 감각의 원천인 외부 세계로부터 자기 자신을 구별하지 못한다. 그러다가 아이는 자아와 외부세계를 구별하게 된다.] 자아와 비아의 구별이 없는 대양과 같은 자아감각은 우리가 아주 어린 시절 최초로 자신에 대해 가졌던 느낌이라는 것이 프로이트의 주장이다.

그러면 어떻게 하여 그 시원적 자아감각은 사라지고 자아가 외부로부터 분리될까? 프로이트에 따르면, 자아와 비아의 구별이 없는 한 덩어리의 감각으로부터 자아를 떼어 놓는 동인은 두 가지이다. 첫째, 쾌락감각의 원천이 접근성의 관점에서 차이가 있다는 점을 아이가 인식하면서 자아와 외부를 구별하게 된다. 자아로부터 오는 쾌락은 언제나 원하면 얻을 수 있지만, 외부로부터 오는 쾌락은 그렇지 않다. [먼저, 쾌락감각의 원천이 다르다는 점을 아이는 깨닫는다. 아이는 자신의 손가락은 언제나 빨 수 있지만, 어머니의 젖가슴은 그렇지 않다는 점을 알게 된다. 언제나 아이에게 쾌락을 전달하는 것들은 자아의 영역, 그리고 때때로 사라지는 것들은 자아가 아닌 다른 곳, 즉 외부 세계인 것이다.] 쾌락의 원천 중 자아는 아이 자신이 마음대로 접근할 수 있는 것이며, 외부란 기대대로 될 때도

다(GW 14, 423). 사랑에 극도로 빠져 있을 때 자아(das Ich)와 객체(Objekt) 사이의 경계가 허물어진다. 사랑하는 사람은 나와 너는 하나라고 주장하며, 연인의 기쁨과 슬픔을 자신의 것인 양 받아들인다. 자아와 객체의 경계가 허물어지는 일이 일시적이지만 일상의 사건에서도 가능하다면, 그 경계는 당연히 질병 과정을 통하여도 혼란을 겪을 수 있다.

있고 되지 않을 때도 있는 것, 자신의 통제가 미치지 못하는 곳이다. 어머니는 아이에게 외부 세계의 사물이다. 어머니가 외출하면 아이는 어머니의 품에 안길 수 없으며, 옆방에 있을 때에는 아이가 소리 질러야 다시 등장한다. 이렇게 하여 자아와 맞서서 객체Objekt가 처음으로 설립되는 것이다. 객체는 '외부에' 있다. 이때 외부란 단지 공간상의 의미가 아니라 제어의 손길이 미치지 못한다는 점을 먼저 지적한다.

둘째, 아이는 고통과 불쾌 감각 때문에 외부세계를 인정하게 된다. 쾌락을 얻고, 고통을 피하는 것은 인간의 자연적 성향이다. 이것을 프로이트는 쾌락원칙Lustprinzip/pleasure principle이라 부른다. 아이는 쾌락을 추구하면서, 자신의 쾌락을 방해하는 모든 것들을 자아와 대립되는 것으로 여기게 된다. 그런 것들의 총체가 자아의 외부가 되어, 쾌락을 추구하는 자아와 마주 서 있다. [아이는 불쾌의 원천이 되는 모든 것들을 자아 바깥으로 던져 버린다. 그러면 이제 남아 있는 자아는 쾌락만을 추구하는 순수한 쾌락-자아Lust-Ich/pleasure-ego이다. 이 쾌락-자아의 건너편에는 자아에게 낯설고 자아를 위협하는 외부가 마주 서 있다.] 프로이트에 따르면 이 순수한 쾌락-자아는 자아와 비아가 구별되지 않았던 시원적 자아로부터 발전되어 나온, 최초로 형성된 자아이다. 시원적 자아는 아직 외부와 구별된 것이 아니니 '자아'라고 부르기 힘들 것이다. 외부 세계와 분리된 최초의 자아는 쾌락만 추구하는 자아, 쾌락-자아이다. 프로이트는 이 쾌락-자아를 다른 곳에서 '이드das Es/Id'라고 부른다.

쾌락-자아는 다시 발전한다. 이러한 원초적primitiv 쾌락-자아는 경험을 통하여 수정을 겪게 되는 것이다. 아이는 성장하면서 쾌락만을 추구하며 살아갈 수 없다는 점을 부모의 처벌을 통하여 배운다. 아이는 그냥 침대에 누워서 밥을 먹고 싶지만 그러면 어머니에게 혼이 나니까,

당장의 불쾌한 일을 감내하고 식탁으로 간다. 현재의 불쾌한 일을 견디며 앞으로 더 큰 쾌락을 얻고자 하는 이런 경향을 프로이트는 현실원칙Realitätsprinzip/reality principle이라고 부른다. 현실원칙에 따르는 자아는 '현실-자아Realität-Ich/reality-ego이다. 현실-자아를 프로이트는 다른 곳에서 그냥 '자아das Ich/ego'라고 한다. 현실-자아에게 외부는 쾌락-자아의 외부와 다를 것이다. 쾌락-자아에게 외부 세계란 지금 당장 불쾌한 모든 것들이지만, 현실-자아에게 지금 감내하고자 하는 불쾌의 원천은 외부 세계가 아니다. 현실-자아에게 외부 세계의 영역이 쾌락-자아에게보다 적어질 것이다.

자아는 이렇게 발전한다. [1) 자아와 외부 세계의 구별이 없던 상태의 시원적 자아, 2) 외부 세계와 구별된 쾌락-자아, 3) 외부 세계와 구별된 현실-자아.] 처음에 자아는 외부 세계와 경계가 없어서 모든 것을 포함하는 전부였는데, 나중에 자아는 자신으로부터 외부 세계를 떼어 놓아 쾌락-자아로, 그리고 그것으로부터 현실원칙에 따르는 현실-자아로 발전한다. 현실-자아든 쾌락-자아든 모두 외부 세계가 잘려 나가고 남은 잔여이므로, 보통 우리의 현재 자아감각에는 대양과 같은 포괄적 느낌이 없지만, 어떤 사람들의 정신(영혼) 생활에는 시원적 자아감각도 유지되고 있다.[10] 어떤 사람들은 자신의 자아로부터 모든 것과 아무런 경계도

---

10 프로이트는 보통 '정신(Geist)'이라고 표현할 대목에 '영혼(Seele)'이라는 용어를 쓴다. 'Seelenleben(영혼생활),' 'der seele Apparat(영혼 장치)'. 독일어에서 정신(Geist)은 개인의 정신뿐 아니라 문화와 관습 같은 객관적 정신도 의미한다. 프로이트는 영혼과 정신의 용어를 구별하여 개인의 주관적 정신을 영혼이라고 한다. [정신(Geist)은 어원상 바람의 움직임을 의미하는 말이었고, 영혼은 개인에게 정신의 원리이다. 영혼은 인간뿐 아니라 자연의 삼라만상 어디에나 깃들어 있다고 사람들은 생각했다.](Der Mann Moses und die monotheistische Religion, GW 16, p.222.) 한국의 독자에게 '영혼'은 종교적 색채가 강하고, 프로이트는 '정신(Geist)'이라는 용어는 거의 쓰지 않으므로, 필자는 '영혼(Seele)'을 '정신'이라고 번역한다. 그러면 '영혼생활'은 '정신생활'로, '영혼 장치'는 '정신 장치'가 된다.

없이 하나로 결속되어 있다는 느낌, 즉 대양적 느낌을 여전히 얻고 있는 것이다. 이것은 좀 더 좁고, 외부와 좀 더 날카롭게 구분된 자아감각과 대조가 된다.

시원적 자아감각과 그것으로부터 발전한 추후의 성숙한 자아감각이 공존한다는 것이 정당한 주장일까? 프로이트는 이런 일이 정신생활에는 가능하다고 주장한다(GW 14, 426). 로마처럼 오랜 역사의 도시에는 시대별로 다른 건축물들이 공존하고 있듯이 정신의 영역에서는 원초적 존재가 이것에서부터 유래한 변형 존재 옆에 공존하는 일은 매우 흔하다는 것이다. 프로이트는 정신생활에서 한번 형성된 것은 파멸할 수 없으며, 모든 것은 어떤 식으로든 보존되어 있고, 적절한 상황이 되면, 예를 들어 먼 길을 따라 복귀해 들어가면, 다시 출현한다고 가정한다. 물론 모든 심리적 사건들이 그렇지는 않을 것이다. 실제로 우리의 심리생활에서 많은 낡은 것들은 소멸되거나 흡수되어 어떤 절차를 통해서도 더 이상 복구되거나 복원되지 않겠지만, 과거가 보존되는 일도 특별한 일은 아니라는 점을 프로이트는 강조한다.

그런데 왜 그런 시원적 자아감각, 즉 대양적 느낌은 오늘날에도 보존되고 있는가? 그것은 나름대로 행복가치, 즉 인간을 위로하여 인간의 행복에 기여하는 역할이 있기 때문이라고 프로이트는 주장한다. 그는 어떤 희곡에서 자살을 앞둔 주인공에게 대양적 느낌이 어떤 작용을 하는지 보여 준다(GW 14, 422-423). [자아와 외부 세계가 하나로 결속되어 있다면 내가 죽어도 나는 저세상으로 가는 것은 아니니, 대양적 느낌은 죽음에 대한 위로가 될 것이다.] 외부 세계와 나의 자아가 떨어질 수 없을 정도로 결속되어 있다는 느낌은 외부 세계로부터 내가 좌절할 수 있는 가능성을 미리 차단하여 나를 보호하여 준다. 대양적 느낌은 이런 행복가치를 품고 있기 때문에 사람들은 그런 느낌을 유지하거나 새로이 획득하려고 노력하는 것이다.

그리고 '대양적 느낌이 종교성, 즉 종교적 관념의 원천인가?' 이것은 프로이트가 1절 서두에서 제기한 물음인데, 프로이트는 아니라고 답한다(GW 14, 430). 그에 따르면, 종교적 욕구는 유아기의 무력성^{Hilflosigkeit}과 그것을 통하여 일어난 아버지 동경^{Vatersehnsucht}으로부터 흘러나왔다. [어린아이는 너무나 무력하여 혼자 힘으로 생존할 수 없기 때문에 힘 있는 아버지를 훌륭하게 보고 그와 닮고자 한다. 이런 감정은 어릴 때부터 계속 이어지고 있을 뿐 아니라, 성인이 되어서도 운명의 막강한 위력에 대한 불안 때문에 계속 유지되고 있다. 아버지의 형상을 본 따 종교의 신이 창조되고, 아버지 동경은 신에 대한 사랑으로 변환된다.] 프로이트에게 편지를 보낸 그 독자는 대양적 느낌이 종교의 근원이라고 주장한다. 그러나 프로이트는 그에게 동의하지 않는다. 종교적 욕구의 원천은 대양적 느낌이 아니라, 유아기의 무력성으로부터 나온 아버지 동경이라는 것이다. 이 점에 대한 프로이트의 견해는 다음 3장에서 필자가 더 자세히 설명할 것이다.

2. 2절 종교의 행복가치와 다양한 행복 추구 활동

이 절에서 프로이트는 종교가 행복을 추구하는 인간의 욕구에서 유래한다는 점과, 인간이 종교 말고도 다양한 방식으로 행복을 추구하고 있다는 점을 보여 준다. 종교와 그 외 다른 활동이 행복에 어떻게 기여하는지 설명하려면, 먼저 행복을 정의하는 것이 좋다. 행복은 인생의 궁극적 목적이어서, 인간은 행복^{Glück}을 얻으려 노력하고, 행복에 머물기 바란다. 이것은 누구나 동의할 것이다. 그러나 행복이란 무엇인가? 이 물음에 대해서는 정말 서로 다른 많은 답이 제출될 것이다.

프로이트는 추상적 이론적 공간이 아니라 실제 인간이 살아가는 현장에서 행복의 본질에 관한 물음에 접근한다. 프로이트는 이렇게 물음을 바꾸어 본다. "인간은 삶에서 무엇을 요구하고 있으며, 삶에서 무엇에 도달하려고 하는가?" 프로이트에게 답은 명백하다(GW 14, 434). "인간은 쾌락을 추구하며 불쾌를 회피하려고 한다. 이 둘 중 하나를 강조할 수 있다. 우리는 쾌락을 획득하는 데 전념할 수도 있고, 아니면 고통과 불쾌의 부재에 집중할 수도 있다. 고통이 없는 상태는 평온하지만 환희와 전율은 없다." 주식 투자에서 이익을 극대화하는 방향으로 종목을 선택할 수도 있고, 손해를 최소화하는 방향으로 포트폴리오를 짤 수도 있다. 쾌락 획득을 위한 에너지 투자도 마찬가지이다. 행복의 적극적 목표는 쾌락 획득에 전념하는 것이며, 소극적 목표는 고통을 줄이거나 제거하는 것이다. 사람들이 보통 행복이라고 말할 때 의미는 전자일 것이다. 보통 사람들이 "나는 행복하다"고 말할 때, 강렬한 쾌락을 경험하고 있다는 의미이기 때문이다.

행복의 목표가 두 개로 구분됨에 따라 행복을 추구하는 인간의 활동도 두 가지 방향으로 나아간다. 행복의 원래 의미는 쾌락 획득이지 고통의 회피가 아니다. 쾌락이란 어떤 종류이든 충동의 만족에서 오므로, 인간은 처음에 욕망 충족을 인생의 목표로 설정한다. 그러나 곧 두 번째 목표로 방향을 바꾸게 된다(GW 14, 434). 프로이트는 여기에 두 가지 이유가 있다고 생각한다. 첫째, 세상은 우리 자신의 기대대로 되지 않는다. 쾌락을 추구하려는 나의 노력은 세계와 불화하여, 쾌락원칙은 실현될 가능성이 없다. 프로이트는 이점을 "인간을 행복하게 살게 하려는 신의 의도는 천지창조의 계획에 포함되지 않은 듯하다"고 표현한다. 둘째, 세계가 내 뜻대로 되지 않는 것과 별도로 인간의 성격구조 자체가 쾌락을 장기간 유지하기 힘들게 되어 있다. 다행히 어떤 일을 성취하여 쾌락을 얻더라도 시간이 지나면 그 상황이 익숙하게 되어 만족도는 원래대로 돌아가는 것이다. 쾌락원칙이 소망하는 상황도 오래 지속하면 별 것이 아니게 된다. 이 점을 지적하기 위해 프로이트는 "화창한 날들이 계속되는 것보다 더 견디기 힘든 것은 없다"는 괴테의 말을 인용한다.

인간은 감각적 변화에 빨리 적응한다. 곰팡이 냄새나는 방에 처음 들어갈 때는 코를 찌르는 냄새 때문에 얼마 견디지 못할 것 같지만 몇 분만 있으면 그 냄새를 알아채지 못한다. 이런 현상을 감각적 적응sensory adaptation이라고 부른다.[11] 동일한 현상이 쾌락의 변화에도 일어난다. 큰 집으로 이사하고, 사랑하는 사람과 결혼하고, 번듯한 직업을 얻어도 일시적으로만 더 행복할 뿐 행복 지수는 그 이전으로 돌아가는 것이다. 이런 현상을 쾌락적 적응hedonic adaptation이라고 한다.[12] 누구나 쾌락적 적응 현상을 경험한 적이 있을 것이다. 쾌락적 적응은 인간의 행복에 좋은 측면도 있고 나쁜 측면도 있다. 나쁜 점은 그것 때문에 일정한 기간이 지나면, 행복과 만족이 낮아진다는 것이다. 좋은 측면은, 쾌락적 적응의 도움으로 질병이나 사고 이후에도 우리는 행복의 상당 부분을 회복하는 경이로운 능력을 가지게 된다는 점이다. 물론 인간이 모든 불행

---

11 David G. Myers and C. Nathan Dewall, *Psychology*, eleventh edition (Worth Publisher, 2015), p.234.
12 Lyubormirsky Sonia, *The How of Happiness* (Penguin Books, 2007), pp.49-52.

한 사건에 다 적응하지는 않을 것이지만, 긍정적 사건에 대해서는 쾌락적 적응의 증거는 강력하다. 인간은 좋은 변화(재물, 주택, 미모. 건강, 결혼 등등)에 대해서는 특히나 잘 적응하는 것이다.

위에서 말한 바와 같이 인간은 고통의 가능성에 짓눌려 행복의 요구를 줄여 버린다. 프로이트는 적극적 행복 추구, 즉 쾌락을 획득하려는 과제는 고통을 피하려는 과제의 뒷전으로 밀려난다는 점을 지적한다. 불쾌를 피하려는 방법은 불쾌의 원천이 무엇이냐에 따라 여러 가지로 갈라진다(GW 14, 436-439).

(1) 자발적 고립

이 방법은 타인으로부터 거리를 두는 것이다. 우리를 위협하는 외부 세계로부터 우리를 지키기 위해, 그것으로부터 외면하는 방법을 사용할 수 있다. 우리가 인간관계를 단절하고 안전한 장소에서 머무른다면 자발적 고립의 방법에 따라 고통을 피하고 있다. 타인으로부터 거리두기는 인간관계에서 자라나는 고통을 피하기 위한 가장 손쉬운 책략일 것이다. 지리산 청학동에 은거하는 사람이나, 도시에서 직장 생활을 하더라도 인간관계를 최소화하면서 살아가는 사람은 이런 책략을 구사하고 있다. 이러한 길에서 얻을 수 있는 행복을 프로이트는 평온의 행복 das Glück der Ruhe이라고 부른다. 이것은 쾌락이라기보다 고통이 없는 정도일 것이다.

(2) 사회 활동에 참여하기

우리가 인간 공동체의 일원이 되어 과학과 기술의 도움을 받아 자연을 공격하여 자연을 인간의 의지에 굴복시킬 수 있다. 이때 인간은 다른 사람과 함께 만인의 행복을 위해 일하므로, 이 방법은 멋지게 보인다. 그러나 타인과 어울려 집단 속에서 활동하기 때문에 인간관계로부터 오는 고통은 견디어 내야 한다. 사회 속에서 개인이 겪는 불행이 이 책의 주제라는 점을 환기한다면, 인간관계의 고통을 감내한다는 것은 쉬운 일이 아니라는 점을 짐작할 수 있다.

(3) 내면에 영향 미치기

이것은 우리 자신의 유기체에 영향을 행사하려고 시도하는 것이다. 모든 고통은 궁극적으로 감각이므로, 고통은 우리가 그것을 느끼는 한 존재하는 것이다. 따라서 고통의 원천인 외부의 사물을 지배하지 못하더라도 고통을 느끼는 감각을 제어한다면 불쾌감을 낮추거나 제거할 수 있다.

(a) 도취제 또는 마취제. 유기체에 영향을 주는 방법 중 가장 효과가 큰 것은 화학적 방법일 것이다. 어떤 물질은 혈액과 조직에 투입되면 즉각 쾌락감각을 조성하거나, 우리의 감각 작용의 상태를 바꾸어 불쾌 자극을 수용하기 어렵게 한다. 술이나 모르핀이 그런 물질이다. 우리 신체 안에도 그런 화학작용을 하는 물질이 있는데, 그것을 엔도르핀이라고 한다. 마라톤을 할 때 엔도르핀이 발생하면 마취상태가 일어나 고통스럽지 않다. 우리는 그런 '근심을 깨어 버리는 물질'의 도움으로 현실의 압박에서 벗어나 내면의 기분에서 도피처를 발견할 수 있다. 술을 찬미하는 글들은 행복을 얻고, 비참함을 멀리하기 위한 투쟁에서 도취제가 수행한 업적을 높이 평가하고 있다. 그러나 잘 알다시피, 도취제는 두뇌와 신체의 건강을 망치고, 어떤 경우에는 인간의 운명을 개선하는 데에 사용될 수 있을 에너지의 많은 분량을 쓸데없이 상실하게 한

다. 프로이트는 이 점을 종교의 결점을 지적할 때도 강조한다.

(b) 충동 통제. 우리의 영혼 장치는 구조가 복잡하여 도취제와 다른 방식으로도 영향을 미칠 수 있다. 충동통제의 고통회피 방식은 감각장치에 조작을 가하려고 하지 않고, 욕구의 내적 원천(욕구를 일으키는 근원)을 통제하려고 한다. 충동 만족이 행복이므로, 외부 세계가 우리를 결핍에 시달리게 하고, 우리 욕구의 갈증을 풀어 주지 못한다면 그것은 심각한 고통의 원인이 된다. 따라서 고통을 피하려면 앞의 방법처럼 감각을 흥분시키거나 마비시켜도 되지만, 욕구 자체를 통제하여 충동이 영혼을 자극하지 않도록 하면 되는 것이다. 충동발동^{Triebregung}이 없다면, 충동을 만족하지 못해서 일어나는 고통도 없을 것이다.

① 충동 통제의 하나는 충동을 줄이거나 제거하는 책략으로 고통을 피한다. 불교의 가르침이나 요가 수련이 이 방법을 실행한다. 이것이 극단적 방식으로 일어나면 인간의 충동은 소멸한다. 그러면 어떻게 될까? 프로이트는 그런 삶은 삶이 아니라고 보고, 그런 사람들은 삶을 희생한다고 지적한다. 보통 사람들은 수도를 통하여 욕망을 줄이거나 제거한 사람을 보고 현인이라고 추앙하는 경향이 있지만, 프로이트는 그런 사람들을 충동 통제를 통하여 고통을 피하려는 책략을 구사하는 사람 정도로 볼 것이다.

② 충동의 완전 통제보다 좀 목표를 낮추어 충동의 만족을 꾀하는 방법도 있다. '꿩 대신 닭'이라는 속담처럼 우리는 충동을 완전히 포기하지 않고 원래의 목표보다 좀 더 하위의 목표를 지향할 수는 있는 것이다. 결혼을 앞둔 사람들은 눈을 낮추어 배우자를 선택한다. 이런 식으로 충동 생활을 제어하는 것은 현실을 고려하며 충동의 만족을 추구한다는 점에서 현실원칙을 따르고 있다. 현실원칙은 고통을 어느 정도

막아 준다. 충동의 목표를 줄이면 그렇지 않은 경우보다 불만족이 덜 고통스럽기 때문이다. 똑같이 작은 집에 살더라도 목표를 큰 집에 두고 있는 사람은 목표를 낮춘 사람에 비해 고통이 클 것이다. 그러나 이 방식도 문제를 근원적으로 해결해 주지는 못한다. 프로이트는 충동의 제어는 향유 가능성의 감소, 즉 쾌락을 향유할 수 있는 범위와 정도를 줄어들게 한다는 점을 지적한다. '자아'로부터 길들여지지 않은 야생의 충동발동을 충족할 때 얻는 행복감은 조절된 자극을 충족할 때 보다 비교할 수 없이 더욱 강렬한 것이다.

(c) 리비도의 전위Libidoverschiebungen. '리비도'는 사랑의 욕구나 성적 충동에서 에너지를 지적하는 말이다.[13] 우리는 배가 고프면 밥을 먹으려고 하고, 목이 마르면 물을 마시려고 한다. 프로이트는 성생활에서 허기나 갈증에 해당하는 말이 없다는 점을 지적하며 새로 리비도라는 용어를 만든다(GW 5, 33/GW 11, 323). 허기는 식욕으로 표출되듯이, 리비도는 성적 충동(욕구)으로 분출된다. 에너지가 이 대상을 채우다가 저 대상으로 이동하듯이, 리비도(성적 갈망)도 마찬가지이다. 리비도의 전위란 충동생활(충동을 만족하는 활동)에 외부 세계의 거절이 접촉하지 못하도록 충동의 목표를 옮기는 방법을 말한다. 이 방식은 충동의 목표가 바뀐다는 점에서 위의 충동 제어와 비슷하게 보이는데, 프로이트 자신은 그 차이를 명확하게는 설명하지 않는다. 그러나 목표의 종류를 고려하면 두 방법의 차이가 드러날 수 있다고 필자는 생각한다. 위의 충동 제어 방법에서도 목표는 변경되지만 목표의 종류는 동일하다. 큰 차

---

13 "리비도(Libido)는 우리가 사랑으로 포괄할 수 있는 충동의 에너지(양적 단위로 고찰할 수 있는 에너지)를 말한다."(Freud, Massenpsychologie und Ich-Analyse. GW 13, p.98.)

대신 작은 차를 원할 때에도 자동차라는 종류는 같은 것이다. 그러나 리비도의 이전 방법에서는 목표의 종류가 달라진다. 예를 들어 연인을 사귀는 대신 화단을 조성하면, 목표의 종류가 변경되는 것이다. 이때 리비도는 여자를 정향하다가, 화단으로 이동한다.

승화는 리비도의 전위 방법에 포함된다. 승화란 우리가 성생활의 에너지를 사회가 권장하는 목표로 이동하는 방법이기 때문이다. 성적 충동의 만족을 예술가는 창작에서 획득한다. 화가 로트레크가 물랭루주의 무도회 장면을 그릴 때, 상상을 구체적 사물에 옮겨서 기쁨을 얻는다.[14] 과학자는 성적 충동의 에너지를 문제 해결과 진리를 인식하는 데로 옮긴다. 예술가와 과학자의 노력은 세련되고 고상하게 보인다. 그러나 그런 식의 만족에는 프로이트가 보기에 세 가지 약점이 있다. [첫째, 리비도의 이동에서 얻는 만족은 원래의 일차적 충동의 만족과 비교하면 다 꺼져 가는 불처럼 미약하다. 시를 쓰는 데서 얻는 즐거움은 일차적 즐거움을 변형시킨 이차적 쾌락이다. 그런 만족은 우리의 몸을 떨게 하지 않는다. 둘째, 이 방식은 일반적으로 사용할 수 없고, 소수의 사람만이 활용할 수 있다. 셋째, 이 방식으로는 외부 세계나 자신의 신체로부터 오는 고통(질병이나 노화 등등)으로부터 인간을 보호해 주기에는 역부족이다. 그것은 운명의 화살을 막아 내는 갑옷을 제공하지 못하는 것이다.] 첫째 약점은 충동의 에너지를 이동하여서 획득하는 쾌락이 원래의 목표에서 얻는 쾌락에 비교하면 매우 약하다는 점을 지적한다. 둘째 약점은 아무나 이 방법을 활용할 수 없다는 점을 말한다. 예술과 학문은 특별한 소질과 재능을 전제하므로 소수의

---

14 앙리 드 툴루즈 로트레크(Henri de Toulouse-Lautrec), 물랭루주에서의 춤「La danse au Moulin Rouge」, 1890.

사람만이 이 방법을 사용할 수 있다. 셋째 약점은 필자가 보기에는 적절한 지적이 아니다. 사업의 실패 같은 외부로부터 오는 고통이나, 질병이나 노화처럼 내부로부터 오는 고통을 어떤 방식이 막아 줄 수 있을까? 이것은 승화만의 결함은 아니다.

(d) 공상 생활Phantasieleben. 이 방법은 우리가 상상의 세계를 구축함으로써 외부 세계로부터 자신을 떨어지게 하는 것이다. 사람들은 지하철에 앉아 먼 나라를 여행하며, 새로운 사람들과 만나는 상상을 한다. 이제 만족은 현실 세계에서가 아니라 환상에서 획득된다. 이때 사람들은 그것이 상상일 뿐 현실이 아니라는 점을 안다. 그래도 향유는 방해를 받지 않는다. 공상 생활을 통하여 우리는 만족을 주는 대상이 현실인지 따지는 현실검사의 요구를 면제받으며, 실제로 실현하기 어려운 소원을 충족한다.

공상적 만족Phantasiebefriedigung의 선두에 예술 작품의 감상이 있다는 점을 프로이트는 지적한다. 예술 창작은 재능이 있어야 할 수 있으나, 예술 작품을 창작하지 못하는 일반인은 예술가의 매개를 통하여 상상의 세계에 접근할 수 있다. 일반인은 시인이 쓴 시를 읽으며 청춘의 열정으로 돌아간다. 음악 애호가처럼 예술의 영향에 특히 민감한 사람들이 있다. 그들은 예술이 쾌락의 원천이며, 삶의 위안이라고 매우 높게 평가한다. 실제로 예술 작품은 우리를 마취에 빠지게 한다. 그러나 프로이트의 판단에는 예술을 통한 공상적 만족은 생활의 곤궁으로부터 잠깐 벗어나 잠시 체류하는 정도 이상을 넘지 않으며, 실제적 불행을 망각하게 만들 정도로 강력하지도 않다.

(e) 망상. 이것은 현실세계를 완전히 무시하고 새로운 세계를 건설한 다음 거기서 체류하면서 공상으로 만족을 추구하는 방식이다. 이것과

앞에서 언급한 공상 생활의 차이는 현실 세계의 인정 여부에 있다. 영화를 보며 모험을 즐기는 사람은 영화의 이야기가 현실이 아니라는 점은 알지만, 망상의 세계에서 국가의 지도자가 되는 경험을 하는 사람은 그것이 현실이 아니라는 점을 모른다. 망상의 인생 기술을 선택한 사람은 현실 세상을 변화시키기보다 대신 새로운 세상을 상상 속에 건설함으로써 관념적으로 세상을 변혁하려고 한다. 새로운 세상은 그들이 견딜 수 없는 특징들이 제거되고, 그들의 소망에 부합하는 특징으로 대체되어 있다. 물론 새롭게 건설되는 세계는 상상 속에서 존재하는데, 그들은 이것이 정말로 존재한다고 확신한다. 이점에서 그들의 상상은 공상이 아니라 망상이다.

종교 집회나 정치 집회를 생각해 보자. 많은 사람들이 공통적으로 같은 시도를 하면 특별한 의미가 생긴다. 행복을 확보하고 고통으로부터 보호받기 위하여 세계를 망상적 방식으로 변형하는 작업은 종교 집회에서처럼 사람들이 모여서 하면 강력해진다. 한 사람의 망상은 주관적 오류이지만, 많은 사람들이 동일한 망상을 공유하면 주관적 확신이 객관적 진리라는 착각을 일으키는 것이다.

프로이트는 인류의 종교를 그러한 집단 망상Massenwahn으로 분류해야 한다고 주장한다. 종교라는 인생의 기술은 고통으로부터 인간을 보호하여 많은 사람들을 신경증에 걸리지 않게 한다. 그러나 그런 방법은 행복의 가치를 얻기 위해 지불하는 비용이 너무 크다는 점을 프로이트는 강조한다(GW 14, 443-444). [종교는 본질적으로 삶의 가치를 떨어뜨리고, 실제 세계를 망상적으로 왜곡하기 때문에 지성이 위협된다. 종교 역시 모든 사람에게 행복을 보장한다는 자신의 약속을 지킬 수 없다.] 인류는 지성의 노력을 통하여 현실을 개선하여 왔다. 인간이 망상의 세계에서 만족을 획득한다면, 인간은 더 이상 지성적 존재는 아니므로 프로이트는 종교가 삶의 가치를 떨어뜨린다고 주장한다. 그리고 종교가 주는 쾌락도 현실의 고통을 잊을 수 있을 만큼 강력하지 않으므로, 종교의 구원은 공허한 약속이라고 프로이트는 지적하는 듯하다.

(4) 감정 관계

이 삶의 기술Lebenskunst/art of living은 사랑을 중심점을 삼아, 사랑하고 사랑받는 데서 모든 만족을 기대한다(GW 14, 440-441). 사랑에는 자기 사랑, 부모 사랑, 아이 사랑, 우정, 그리고 보편적 인간 사랑, 구체적 대상에 대한 몰두, 추상적 이념에 대한 전념들이 포함되어 있다. 프로이트에 따르면 이 모든 리비도는 동일한 충동, 즉 성적 충동의 발현이다 (GW 13, 98). 가족의 사랑이나 동성 사이의 우정, 그리고 조국에 대한 사랑도 그것의 원형이 성적 충동의 발현이라는 프로이트의 견해는 일반인에게 매우 낯설 것이다. 프로이트에 따르면 성적 사랑은 사랑의 다양한 출현 형태 중 하나가 아니라, 그것은 모든 행복추구의 모범이다. 이유는 두 가지이다. 첫째, 성적 사랑die geschlechtliche Liebe/sexual love은 인간에게 모든 것을 능가하는 강력한 쾌락감정을 경험하게 한다. 둘째, 성적 사랑의 길에서 인간은 인생에서 처음 행복을 만났기 때문에 성장해서도 같은 방식으로 행복을 추구한다. 인간에게 처음 사랑의 대상은 어머니이다. 어른이 되어서도 인간은 어머니와 경험한 성적 사랑을 찾는다고 프로이트는 강조한다.

감정관계의 인생 기술은 현실을 부정하지 않는다. 그러나 이것에도 큰 약점이 있다는 점을 프로이트는 지적한다. 우리는 사랑하고 있을 때는 고통에 대해서나, 다가오는 위험에 대해 아무런 대비나 보호 조치를 취하지 않는다는 것이다. 연애에 빠진 학생들은 공부도 하지 않고 취직 준비도 하지 않는다. 그리고 사랑하는 사람이 죽거나 배신하여 사랑을 상실할 때는 끔찍한 불행으로 빠져 버린다.

그런데 이러한 위험이 있음에도 불구하고, 감정관계에서 행복을 성공적으로 추구하는 경우를 우리는 본다. 그러나 이 경우를 자세히 보면 사랑의 기능에 대한 태도가 많이 변화했음을 프로이트는 지적한다.[15] [사랑에서 행복을 추구하는 사람들은 사랑의 주요 가치를 연인에게 '사랑받는 것Geliebtwerden'으로부터 '자신의 사랑 그 자체eigne Liebe'로 자리를 옮긴다.](GW 14, 461) 시인 유치환은 "사랑하는 것은 사랑받느니보다 행복하나니라"라고 '행복'이란 제목의 시에서 노래한다. 사랑의 대상으로부터 사랑이 돌아오는 말든, 우리가 사랑하는 활동 자체에서 행복을 얻을 수 있다면, 외부 대상의 찬동과 무관하게 삶을 살아갈 수 있다. 이렇게 하여 우리는 연인의 상실로부터 우리 자신을 보호한다. 대신 대가를 지불해야 한다. 그것은 사랑의 질적 변화이다. [생식기적 사랑genitale Liebe에 내포된 불확실성과 실망을 피하는 대신, 원래의 성적 목표Sexualziel는 포기되고 대신, 생식기적 사랑은 '목표가 저지된 충동zielgehemmte Regung'으로 변환된다.] 올림픽에 출전하면서 어떤 선수는 목표를 우승이 아니라 참가에 둔다. 이 경우에도 우리는 '승리의 목표가 저지된 충동'을 본다. 원래의 성적 사랑을 '성적 목표가 저지된 충동'을 변환하면, 원래의 폭풍우처럼 요동하는 사랑은 안정되고 부드러운 사랑으로 바뀐다. 이렇게 우정과 같은 온화한 사랑도 원천은 열렬한 생식기적 사랑인 것이다. '목표가 저지된 사랑'은 보답의 사랑을 기대하지 않기 때문에 많은 사람으로 퍼져 나가

---

15 이 점은 프로이트가 4절에서 논의하는데, 필자는 그것을 이 자리로 옮긴다.

인류애로 발전할 수 있다. 그러나 '목표가 저지된 사랑'이 제공하는 쾌락은 원래의 사랑이 주는 만족에 비교하면 프로이트의 표현대로 꺼져가는 촛불처럼 미약할 것이다.

(5) 직업 활동

직업 활동은 생존을 유지하는 데 필수적 활동일 뿐 아니라 프로이트가 보기에 여러 훌륭한 행복가치를 지니고 있다(GW 14, 438, 각주 1). [첫째, 특별한 소질이 없는 사람이라도 직업을 선택하여 일할 수 있다. 둘째, 노동은 개인을 현실 및 인간 사회와 연결한다. 셋째, 노동이 자유롭게 선택된 것이라면, 노동으로 정열을 이동시켜서 인간은 성적 충동을 승화시킬 수 있다.] 노동은 예술 창작과 달리 누구나 수행할 수 있다. 그리고 고통을 피하기 위해 인간이 현실과 사회로부터 멀어지면, 현실을 변화시켜 운명을 개선하는 데 에너지를 제대로 사용하지 못하지만, 노동은 현실 및 타인과 우리 자신을 연결시켜 준다. 아울러 노동을 하면서 인간은 승화된 방식으로 성적 충동의 만족을 얻는다. 그러나 프로이트는 사람들이 노동을 행복으로 인도하는 길이라고 평가하지 않고, 대다수의 사람들은 어쩔 수 없이 일할 뿐, 충동 충족을 위한 방법으로 노동을 선택하지 않는다며 노동의 행복가치를 잘 모르고 있다고 개탄한다.[16]

---

16 마르쿠제는 성적 만족을 승화시킬 수 있는 노동은 예술 활동밖에 없다는 점을 지적하며 프로이트의 견해를 비판한다. 문명을 건설하는 대부분의 작업(노동)들은 예술 창작 활동과 종류가 다르다. 프로이트는 생활비를 버는 일상의 작업도 자유롭게 선택되었다면 만족을 줄 수 있다고 하였다. 그러나 자유로운 선택(free choice)이라고 해도, 그것은 대개 이미 확립된 필수적 작업 중의 하나이며, 그런 작업을 하는 데 사용되는 충동과 경향은 억압적 현실 원리(repressive reality principle)에 의해 형성된 것이다. 문명의 물질적 토대를 만들고 확대하는 작업은 대개 소외된 노동, 고통스러운 것이다. 그런 작업의 수행은 개인적 필요와 성향을 만족시키지 못한다. Herbert Marcuse, *Eros and Civilization: A Philosophical inquiry into Freud*(Boston: Beacon Press, 1955, 1966, 1974), pp.84-85.

인생의 기술이란 행복하게 살기 위한 기술, 즉 행복을 획득하고 고통을 멀리하는 방법이다. 위에서 프로이트는 인생의 기술을 상당히 많이 열거하였다. 그러나 그는 모두 다 언급하지는 못했다는 점을 인정하면서, 인간은 여러 가지 방식을 활용해야 할 것이라고 충고한다(GW 14, 442-443). 하나의 인생 기술만을 선택하였을 때 그것이 부적절하면 위험에 빠지므로, 극단적 선택은 위험할 수 있다. 계란을 한 바구니에 담지 말라는 주식 시장의 격언처럼, 삶의 지혜도 모든 만족을 하나의 방향으로부터 기대하지 말아야 하는 것이다.

행복을 위한 인생 기술을 제대로 사용할 수 없는 사람도 있을 것이다. 불리한 소질을 가지고 태어난 사람들, 성도착처럼 충동을 실현하는 단계가 제대로 발전하지 않은 사람들이 여기에 해당한다고 프로이트는 생각한다. 이런 사람들에게 부모의 병간호를 해야 하는 과제 같은 힘든 업무가 부과되어 있으면 더욱더 상황은 나쁘다. 어떤 인생의 기술에도 접근할 수 없을 때, 사람들은 신경증을 선택하여 대체만족을 얻는다(GW 14, 443). 프로이트는 신경증의 질환을 행복을 찾는 인생의 기술에 포함시킨다.[17] 신경증은 최후의 인생 기술인 것이다.

3. 3절 문명의 충동 억제적 성격

프로이트는 인간을 불행하게 만드는 고통의 원천을 다음 세 가지로 요약한다(GW 14, 434). "① 우리의 신체로부터: 신체는 늙어서 소멸하게

---

17 필자는 다음의 5장에서 신경증의 기전과 행복가치를 자세히 다룰 것이다.

되어 있다. ② 자연 세계로부터: 외부 세계는 막강하고 잔혹하게 파괴하는 힘을 우리에게 행사한다. ③ 사회세계(인간관계)로부터: 우리는 사회조직을 지탱하는 규범 때문에 괴롭다." 첫 번째 고통의 원인은 어쩔 수 없을 것이다. 노화의 과정을 밝혀내어 노화를 늦추는 기술을 개발할 수는 있겠지만, 인간이 늙어서 죽는 것은 막을 수 없다. 두 번째 문제와 세 번째 문제는 역사적 근원을 가지고 있다. 자연의 우월한 힘과 사회적 조직은 문화의 발전에 따라 변화하기 때문에 억압과 억압으로부터 나오는 고통의 필연성은 문화의 성숙과 함께 변화할 수 있을 것이다.[18] 프로이트가 예상하듯이 사람들은 앞의 두 개가 고통의 원천이라는 점은 쉽게 수긍하지만, 세 번째 것에 대해서는 다른 태도를 취할 수도 있다. 행복하게 살자고 우리가 만든 사회조직이라는 문명 제도가 왜 우리를 고통으로부터 보호하여 행복을 위한 혜택을 주지 않는지, 이 점을 이해할 수 없는 것이다.

프로이트의 중심 문제는 문화의 행복가치Glückswert, 즉 행복에 이르는 수단으로서의 문명의 가치이다(GW 14, 448-449). 그는 문화와 문명을 완전히 동일한 의미로 사용한다.[19] 문명, 즉 문화는 처음부터 인간 세상에 존재하던 것이 아니다. 그것은 인류가 행복하게 살기 위해서 만든 제도이다. 그런데 문명은 인간을 불행에 빠트린다. 인간은 문명을 버릴 수도 없고 채택할 수도 없는 딜레마, 즉 이율배반에 빠져 있다. "이러한 곤경에 왜 인간은 빠져 들어갔으며, 어떻게 하면 그것으로부터 빠져나올 수 있는가?" 이것이 『문명 속의 불만』의 핵심 물음이다. 이런 문제를

---

18 Marcuse, op. cit., p.88.
19 "나는 문화(Kultur)와 문명(Zivilisation)을 구별하는 시도를 경멸한다."(GW 14, 326)

다루기 전에 프로이트는 3절에서 문화 일반의 억제적 성격을 설명한다.

문명은 활동과 제도의 총체인데, 그것들은 다음 두 가지 목적에 봉사한다고 프로이트는 지적한다. ① 자연으로부터 인간을 보호한다. ② 인간 상호 간의 관계를 규제한다.

첫 번째 목적에 봉사하는 문화는 과학과 기술이다. 과학과 기술은 자연의 폭력으로부터 인간을 보호하기 위해 이모저모 노력하는 과정에서 건립된 문화이다(GW 14, 449-450). [도구의 사용, 불에 대한 지배력의 획득, 거주지의 건설 등이 여기에 포함된다. 모든 도구는 인간이 자신의 기관을 보호하고, 그것의 기능 제한을 제거하는 수단이다. 모터를 이용하여 거대한 힘을 인간이 수중에 넣었고, 모터의 힘을 근육처럼 사용할 수 있다. 배와 비행기 덕분에 물과 공기는 인간이 운동하는 것을 방해하지 못한다. 안경으로 인간은 눈의 수정체에 생긴 결함을 교정하고, 망원경으로 인간은 먼 거리를 본다. 현미경, 사진기, 축음기, 전화, 문자도 마찬가지이다.]

프로이트는 이 책을 쓸 당시인 1930년의 과학과 기술의 수준을 매우 높게 평가하여 인간이 신의 경지에 올랐다고 생각한다. 인간은 오래전부터 전능과 전지의 이상Idealvorstellung을 상상했으며, 그 표상을 신들에게 넣어 표상에 실체를 부여하였다. 인간은 자신이 도달하려고 소망해도 도달할 수 없었던 모든 이상을 신에게 투사했던 것이다. 과학 기술이 고도로 발달하여 이제 인간 자신이 신에 가까이 접근한다. 프로이트는 인간이 일종의 인조신Prothesengott이 되었다고 표현한다(GW 14, 450-451). 1930년부터 지금 2017년까지 프로이트가 예상한 대로 과학과 기술은 계속 발전하여 왔다. 앞으로 이런 발전이 이 시점에서 끝나지 않을 것이다. 신이 전지전능의 존재라면 미래 시대는 지금 상상할 수 없는 거대한 진보를 문명 분야에서 일으켜, 인간이 신에 더 가까이 다가

가게 할 것이다.

그러나 문제는 인간이 신의 수준에 접근하고 있지만 우리가 행복하다고 느끼지 않는다는 것이다. 과학과 기술이 좀 더 발전하면 인간은 더 행복해질 수 있을까? 프로이트는 부정적 전망을 갖는 듯하다. 그것은 문명의 두 번째 측면 때문이다.

둘째, 문명의 두 번째 요소는 인간관계를 규제하는 방식이다(GW 14, 454). 인간은 타인을 여러 의미로 만난다. 타인은 나에게 이웃, 부하, 성적 대상, 가족의 구성원, 동료 시민이다. 프로이트에 따르면 인간의 사회적 관계를 규제하려는 최초의 시도는 부친살해와 근친상간의 금지이다. 그는 이런 인간관계의 규제에서 출발하여 여러 가지 다른 규제가 생겨났을 것이라고 추측한다. 아마 이런 규제가 이루어지기 전의 인간 집단은 개인의 자의적 의지에 맡겨지는 정글이나 다름없을 것이다. 정글은 문명이 아니라 야만 상태이다.

개인의 행위를 제약하는 금지령을 수용하면서도 인간이 공동생활을 하려는 이유는 무엇일까? 그중 하나는 다수가 뭉치면 개인보다 더욱 강력한 힘을 발휘할 수 있기 때문일 것이다. 그런데 공동생활을 하려면 개인은 비용을 지불해야 한다. 인간은 충동의 만족 가능성 Befriedigunsmöglichkeit을 제한하지 않고서는 공동생활을 할 수 없는 것이다 (GW 14, 454- 455). 회사원은 늦잠을 자고 싶지만 자제하고, 정시에 출근해야 기업이 돌아간다. 개인의 자유 제약은 문화의 필수 조건으로 보인다.

프로이트는 문화의 일반적 성격을 검토하면서 문화와 행복의 충돌을 확인한다(GW 14, 457). "문화는 주요 충동들의 불만족을 전제한다. 문화는 어느 정도 충동의 포기Triebverzicht 위에 건립되어 있는 것이다." 어떤 형태의 문명이라도 문명은 충동의 만족을 거절한다. 많은 문명비판가들이 지적하였듯이 문명에 내포된 충동 만족의 거절^{Kulturversagung} 때문에 사람들은 문명에 대해 적대적 태도를 취한다. 문화가 유지되고 발전하려면 그 적대성을 문화가 이겨 내야 한다. 만약 그렇지 못한다면 문화는 붕괴될 것이다.

4. 4절 문명과 사랑의 갈등

문명에 사람들이 적대적 태도를 취하는 이유는 문명의 성립과 발전을 위해 충동의 포기가 강요되기 때문이다. 프로이트에게 인간의 기본 충동은 사랑과 파괴이다. 4절에서 그는 사랑의 충동이 문명에서 어떤 기능을 담당하는지, 그리고 문명과 사랑이 어떻게 충돌하는지를 논의한다.

　사랑에는 정말 많은 종류가 있다. 프로이트는 목표 달성의 관점에서 사랑을 두 부류로 구별한다(GW 14, 461-462). 사랑의 목표는 무엇일까? 사람들은 소통, 서로의 배려라고 답할지도 모른다. 그런데 프로이트는 사랑의 본래 목표는 남녀 사이의 성적 기관들의 결합이라고 확실하게 말한다. 사랑에는 이 목표가 추구되는 부류와 추구되지 못하고 저지된 부류가 있다. 프로이트는 전자를 성적 사랑 또는 생식기적 사랑^{die geschlechtlche, genitale Liebe}이라고 부르고, 후자를 목표 저지적 사랑^{die zielgehemmte Liebe}이라고 부른다. 두 부류의 사랑 중 전자가 원형이다. 사람들은 남자와 여자 사이의 관계를 사랑이라고 부르는데, 프로이트는 그 사랑은 생식기적 욕구^{genitale Bedürfnisse}에서 출발한다고 보는 것이다. 이 토대 위에 가족이 건설된다. 사람들은 가족에서 부모와 자식 사이, 형제 사이의 긍정적 감정도 사랑이라고 한다. 프로이트의 관점에서 이런 관계는 목표 저지적 사랑^{zielgehemmte Liebe}이며, 이것을 애착^{Zärtlichkeit/affection}이라고 부른다. 목표 저지적 사랑도 원래 완전히 관능적 사랑^{vollsinnliche Liebe}이었으므로, 인간의 무의식에서는 원래의 흔적이 언제나 남아 있다고 프로이트는 본다. 두 형태의 사랑은 존재론적 서열이 평등하지 않는다. 사랑의 원초적 형태는 생식기적 사랑이며, 애착은 원래 목표가 저지되어 변형된 형태의 사랑인 것이다.

두 형태의 사랑은 모두 문명에서 작동하고 있다고 프로이트는 지적한다. 생식기적 사랑은 새로운 가정을 형성하게 하고, 목표 저지적 사랑은 가족애와 우정으로 나아간다. 사랑은 사람들을 묶는 감정적 연대이다. 완전 관능적 사랑이든 목표 저지적 사랑이든 모두 가족을 넘어 확대되어, 여태까지는 낯설었던 사람들을 결속시킨다. 이 두 형태의 사랑 중 우정(목표 저지적 사랑)은 문화의 관점에서 더욱 중요하다는 점을 프로이트는 깨우쳐 준다. 왜냐하면 우정이 생식기적 사랑의 여러 가지 제약(예를 들어 배타성)을 피할 수 있기 때문이다. 생식기적 사랑은 일정한 시기에 단 한 사람만을 향하지만, 우정을 여러 사람과 나눌 수 있다. 애인은 하나이지만, 친구는 여럿일 수 있는 것이다.

각각의 문명에서 사랑이 사람들을 묶어 주는 기능을 수행하고 있다고 프로이트는 통찰한다. 이 견해는 새롭다. 보통 사람들은 공동 노동의 이익 때문에 집단이 결속된다고 믿는다. 그러나 함께 일해야 이득이 된다는 점만 가지고는 사람들은 단단하게 결속되지 못한다고 프로이트는 본다. 왜냐하면 인간에게는 충동적 열정^{Leidenschaft}이 합리적 이익보다 더욱 강력하기 때문이다(GW 14, 471). 프로이트는 "집단 심리학과 자아 분석^{Massenpsychologie und Ich-Analyse}"에서 교회와 군대의 사례를 들며 사랑이 집단 결속의 핵심이라는 점을 분석한다(GW 13, 104-105). [두 집단의 구성원은 한편에서는 지도자와 리비도 연대^{libidinöse Bindung}로 묶여 있고 또 한편에서는 집단의 다른 구성원들과 리비도 연대로 묶여 있다.] 프로이트는 집단 형성의 본질은 집단에 현존하는 사랑의 힘 즉 감정적 연대라고 보는 것이다.

공동 작업의 이익보다 리비도가 집단 결속의 핵심이라는 프로이트의 견해는 다음 두 가지 이유에 토대를 두고 있다. 첫째, 낯선 사람에 대한 적대성과, 둘째, 지도자에 대한 구성원의 연모 태도.

첫째, 사람들은 원래 자기 자신을 사랑하기 때문에 낯선 사람에게 노골적으로 반감이나 적대성을 보이는데 이것을 억제하는 것은 타인에 대한 리비도 연대(타인을 성적으로 갈망하여 이루어지는 결속)이다(GW 13, 111-113). 프로이트는 사랑의 출발이 대상이 아니라 자기라는 견해를 취하고 있다. 이것은 자기 사랑^{Selbstliebe}, 즉 자아도취증^{Narzißmus}이다. 사람들은 자기보존을 위하여 자기를 사랑하고, 자신의 특정한 삶의 방향으로부터 벗어나는 모든 사건을 자기 삶에 대한 비난이라든지 혹은 자기 삶을 변경하라는 요구라고 여기어 그것을 싫어한다. 인간은 타인의 생활방식을 단순한 차이라고 용납하지 못한다. 이유는 타자는 그 자신이 옳다고 선언하며 우리 자신이 틀렸다고 주장하는 것처럼 우리에게 보이기 때문이다. 예를 들어 복장도착^{Transvestism}은 남자들이 여자 옷을 입기 좋아하는 경향을 말한다. 보통 사람들은 복장도착에 대해 혐오감을 표시하는데 그것은 복장도착을 드러내는 사람들이 자신들이 옳고 보통 사람들의 일반적 의복 착용 방식이 나쁘다고 주장하는 것처럼 보이기 때문이다. 인접한 집단이나, 마을 사람들의 사이가 적대적 관계인 이유도 프로이트는 이것 때문이라고 본다. 이런 불관용의 태도는 개인의 자기 사랑의 경향에서 나오는데 이 점을 극복하지 못하면 집단은 형성되기 어렵다. 자아도취를 억제하는 유일한 계기는 타인과의 리비도 연대라고 프로이트는 지적한다. 이열치열以熱治熱은 열이 날 때에 땀을 낸다든지, 뜨거운 차를 마셔서 더위를 이겨 내는 것처럼 열을 열로써 다스리는 방식이다. 마찬가지로 사랑은 사랑으로써 극복할 수 있다. 개인이 자기 사랑에 머물러 있다면 집단을 형성할 수 없다. 타인을 사랑하고 그들로부터 사랑받고 싶다는 리비도 소망을 수단으로 하여 개인은 자기에 대한 사랑을 억제할 수 있다.

둘째, 지도자에 대한 연모Verliebheit란 구성원들이 리더를 흠모하는 현상을 지적한다. 아이는 어머니로부터 보호받기 때문에 어머니를 흠모한다, 마찬가지로 집단의 구성원들은 지도자로부터 보호받고 있다고 믿기 때문에 지도자를 사랑한다. 지도자에 대한 연모를 토대로 구성원들은 서로 사랑하게 된다. 보호를 베풀어 주고 있는 지도자를 구성원들이 사랑하는 것은 납득할 수 있지만, 구성원들이 하나의 지도자를 흠모한다고 해서 서로가 리비도 연대(갈망적 연대)로 결속된다는 것은 언뜻 이해하기 어렵다. 프로이트는 이 과정을 다음과 같이 설명한다(GW 13, 128). [집단은 하나의 지도자가 영도하고, 집단의 구성원들은 하나의 동일한 대상을 자아-이상의 자리에 받아들여 설치하고, 이것 때문에 각각의 자아가 닮아 간다.] 지도자가 개인을 보호하여 준다는 믿음을 구성원들이 가지고 있을 때 구성원들은 지도자를 흠모하고 지도자를 자신의 이상으로 삼게 된다. 모든 구성원들이 하나의 인물을 자아-이상으로 받아들이면 그점에서 개인들은 서로 비슷하게 된다. 인간은 타자에게서 자아의 이상을 보게 되면 그를 사랑하게 된다. 인간은 남을 사랑하는 것 같지만,

실제로는 타자 속에 있는 자신을 사랑한다.

집단 형성의 핵심은 구성원 사이의 리비도(갈망적 연대)인데 그것의 토대는 구성원과 지도자 사이의 리비도 연대이다. 실제로 국가의 지도자가 시민을 사랑하든 않든 시민들은 자신을 지도자가 보호하고 있다는 환상을 품고 있을 때 국가라는 조직은 단단하게 유지될 수 있다. 그런 사회에서는 시민들 각자는 지도자를 자아-이상으로 받아들이고, 타인에게서 그 자아-이상을 발견하여 타인을 사랑할 수 있기 때문이다. 집단의 핵심인 구성원들 사이의 리비도 연대는 이렇게 일어난다.

프로이트는 역사적 관점에서 공동생활이 성적 생활을 위해서 발생하고 유지된다는 점을 보여 준다. 『토템과 터부』(1912-1913)의 설명을 보면, 최초의 인간 집단에서 우두머리인 아버지는 모든 여자를 독점하고 아들들이 여자에게 접근하지 못하게 금지한다.[20] 그러자 아들들은 동맹을 맺어 여자를 차지하기 위해 아버지를 살해한다. 아들들은 앞으로 그런 투쟁을 피하기 위해 계약을 맺음으로써 문명이 시작된다. 프로이트의 관점에 따르면, 인간이 사회라는 조직을 구성하여 공동생활을 하는 이유는 자연의 공격을 막아 내려는 목표 말고도, 여자를 확보하려는 의도 때문이다. 즉 공동생활은 아난케^{Ananke}와 에로스^{Eros}의 힘으로 건설된 것이다(GW 14, 458-460). 여기서 아난케는 생존의 압박, 생활의 위한 필요조건을 의미한다.

그러나 문화와 사랑의 관계는 문화의 발전 과정에서 하나의 의미만을 보유하지는 않게 된다. 사랑은 한편에서 문화의 이익에 도움을 주면서, 다른 한편에서는 문화의 이익에 저항하는 것이다. 사랑에 깊이 빠

---

20 필자는 3장 종교의 기능과 원천에서 이 주제를 자세히 설명할 것이다.

진 연인들은 단 두 사람의 관계만을 요구하며 여타의 사회관계를 거부하고 아이마저도 낳으려고 하지 않는다. 이렇게 사랑이 문화의 발전 방향에 반항하기 때문에 문화는 사랑을 제약하려고 위협한다.

사랑으로부터 프로이트의 의도는 이중성을 발견하는 것이다. 사랑은 문화를 건설하는 토대이면서 문화를 붕괴시키는 위험한 요인이다. 문화가 성적 생활을 제약하는 경향은 문화의 영역이 확대되면 더욱 분명해진다. 프로이트는 최초의 문화 단계인 토테미즘이 근친상간적 대상선택inzestuöse Objektwahl을 금지했다고 추정한다. 그리고 여러 가지 터부, 법률, 도덕을 통하여 더 많은 제약이 생겨났다. 제약의 정도는 모든 문화에 동일하지 않을 것이다. 사회의 경제 상황이 어렵다면 성적 자유는 더 제약될 수 있다. 문화는 사랑의 힘을 통하여 건립되었으나, 경제적 필요의 압박에 복종하여 사랑의 충동을 억제한다. 왜냐하면 문화는 성적 생활Sexualität에서 심리적 에너지의 많은 분량을 빼앗아 와서, 그 에너지를 문화에 사용해야 하기 때문이다.

성적 생활의 제약은 유아와 성인의 시기 모두 일어난다고 프로이트는 관찰한다(GW 14, 463-465). 먼저 문화는 성적 욕구가 문화에 반란을 일으키지 않도록 예방적 차원에서 유아의 성적 생활을 억제한다. 세 살 버릇 여든까지 간다는 말이 있듯이 어린 시절부터 성적 자유를 억제하지 않으면 성인이 되고나서 제약하기 힘들 것이다. 성인의 성적 충동을 제약하는 일이 성공하려면 어린 시절부터 준비를 해야 한다. 부모는 아이가 대변을 참으면서 성적 쾌락을 즐기지(항문 성애) 못하게 하고, 자위도 금지한다. 문화의 요구가 이런 준비를 하게 하는 것이다.

그리고 문화는 성인의 성적 생활을 생식의 성생활로 제약한다. 이 점은 너무나 당연하게 여겨져서 제약 자체를 인정하지 못할 수도 있다.

프로이트에 따르면 인간에게는 각자 성적 조성이 각자 달라서 성충동의 만족을 추구하는 방식이 다양하다. 문화는 여러 가지 성적 생활을 도착이라고 비난하고 금지하는데, 정상적 성적 생활과 비정상적 성적 생활을 나누는 기준은 어디에서 나왔을까? 문화적 관점이 아니라면 도착 역시 나름대로 타당한 성적 생활일 것이다. 문화는 생식을 목표로 삼는 행위만을 허용한다. 사랑의 대상선택은 반대편 성(남자에게는 여자, 여자에게는 남자)에게 제한되고, 생식기 이외의 다른 기관의 만족은 대부분 도착으로 간주되어 문화에 의해 금지된다. 문명은 하나의 성적 생활만을 구성원에게 강요한다. 이렇게 되면 문화의 강압 때문에 상당수의 사람들이 성적 즐거움을 누리지 못한다. 일부일처제 결혼제도도 에로스를 만족시켜 주는 측면도 있지만 억제하는 측면도 있다. 문명은 이성 간의 생식기적 사랑을 권장하지만, 그것마저도 일부일처제의 제약을 통하여 여전히 침해되고 있다. 여기서 프로이트는 문명과 사랑(에로스)의 갈등을 본다.

어떤 사람들은 문명의 성적 생활에 대한 제약이 실제로 나쁜 영향을 주지 않는다고 주장할 수 있다. 왜냐하면 명목상으로는 문명이 성적 생활을 제한하더라도 실제로는 사람들은 그것을 위반하기 때문이다. 성매매 금지법이 있지만 많은 사람들은 돈을 주고 성관계를 가지며, 결혼의 배타성이라는 도덕 속에서도 불륜이 일어나고 있다. 성에 관한 문명의 강압은 관철될 수 없다는 점을 프로이트도 인정한다. 성적 생활의 욕구는 너무 강하여 문화 사회는 많은 위반을 처벌하지 못하고 용인해 줄 수밖에 없다. 그러나 프로이트는 그렇게 문화가 위반에 대해 어느 정도 침묵의 용인 자세를 취한다고 해서, 인간에게 해악을 끼치지 않는다고 판단해서는 안 된다고 주장한다(GW 14, 465). 문화의 영향 때문에 성기능이 치아나 머리카락 같은 기관처럼 쇠퇴의 길을 밟는다는 인상을 그는 받고 있는 것이다. [이렇게 가정해도 좋을 것이다. 문명의 압력 때문에 성생활은 행복 감각의 원천이라는 의미를, 따라서 인생의 목적을 달성하는 의미를 상당히 잃어버렸다.] 성생활에 대한 문화의 제약은 완벽하지는 않더라도 여전히 영향을 행사하고 있다. 이것이 인간의 행복에 심한 상해를 입히고 있다는 것이 프로이트의 의견이다.

마르쿠제는 성생활의 억압이 위험하다는 점에 대해 더 중요한 이유를 제시한다.[21] 문화는 두 부류의 사랑 중 특히 목표 저지적 사랑을 권장한다. 우정이나 동료애는 대상의 제한 없이 많은 사람에게 확대될 수 있기 때문이다. 그러나 이것은 사랑의 원형이 아니라서 만족 또한 강렬하지 않다. [문화의 주요 영역은 승화의 영역으로 나타난다. 그러나 승화는 비성화desexualization를 포함한다. 승화의 과정은 사랑과 죽음의 충동 사이의 밸런스를 변경한다. 사랑이 승화를 하고 나면 사랑의 요소는 약화되어 더 이상 파괴적 요소를 구속하는 힘을 갖지 못한다. 그러면 죽음의 요소들이 공격과 파괴의 경향으로 풀려 나온다.](GW 13, 284-285) 목표 저지적 사랑은 성적 사랑의 승화이다. 승화에서는 성적 만족의 알맹이가 제거되어 승화의 활동이 인간에게 주는 만족은 원래적 충동의 추구가 제공하는 만족에 비교할 수 없이 미약하다. 인간의 기본 충동은 사랑과 파괴이다. 문명사회에서는 사랑의 힘이 파괴의 힘을 억제하고 있다. 그런데 문명 속에서 우정과 인간애가 점점 발전하여 오히려 그것이 에로스의 불만족을 야기하고, 그렇게 약화된 에로스는 파괴의 충동을 제어할 수 없게 된다. 에로스의 만족을 얻기 위해 인간이 승화적 문화 작업에 참여하지

---

21 Marcuse, op. cit., p.83.

만, 그런 행동을 통하여 성적 쾌락을 얻지는 못한다. 인간은 성적 쾌락을 얻지도 못하면서 파괴의 충동마저 참아야 할 이유가 없는 것이다. 이렇게 파괴의 힘이 풀려나온다. 에로스를 강화해야 파괴적 충동을 구속할 수 있는데 에로스의 약화는 파괴충동을 해방하고, 이것은 문화의 존속을 위협한다. 이것이 에로스와 타나토스의 투쟁, 문명 변증법의 핵심이다.

5. 5절 문명과 파괴성의 갈등

문화가 희생을 요구하는 것은 성적 만족만이 아니다. 문화는 성충동의 만족만이 아니라 또 다른 기본 충동의 만족도 제약하려고 하는데, 이것은 파괴의 충동이다. 5장에서 프로이트는 문명과 파괴성향이 어떻게 갈등하고 있는지를 탐구한다.

　인간의 충동들은 기본충동들로 환원할 수 있고, 목표를 변경할 수 있고, 한 충동의 에너지를 다른 충동으로 옮겨 놓을 수 있다. 프로이트는 두 개의 근본 충동을 상정한다. 사랑(에로스)과 파괴충동^{Destruktionstrieb}. 에로스의 목적은 단위를 크게 하고 결합하는 데 반해, 파괴충동은 결합을 해체하고, 사물을 파괴한다. 파괴충동에서 최종 목표는 살아 있는 생물체를 비유기적 상태로 만드는 것이라고 생각할 수 있다. 이 때문에 파괴충동을 죽음의 충동^{Todestrieb}이라고도 한다(GW 17, 70-71). 파괴성은 자신과 타인, 양쪽을 지향할 수 있다. 파괴성이 타자를 향하여 타자를 파괴하면 공격성향이 되며, 자신을 향하여 죽음에 이르도록 파괴한다면 죽음의 충동이 된다.

유가儒家 전통의 국가에서는 파괴성의 존재를 받아들이기 힘들다. 그런 사회에서는 인간의 마음은 원래 착한데, 나쁜 친구나 가난 때문에 성품이 나쁘게 변질된다는 신념이 자리하고 있다. 사람들은 인간이 타인에 대한 파괴성향, 즉 공격성향Aggressionsneigung을 가지고 있다는 점을 인정하려고 하지 않는다. 그러나 프로이트가 볼 때, 인간은 사랑에 굶주린 존재인 양 타인에게 부드럽고, 타인으로부터 공격을 받아도 방어만 하는 그런 존재가 아니다. 오히려 인간은 그 반대이다. [실제로 인간은 이웃의 노동력을 보상도 없이 착취하고, 이웃을 동의 없이 성적으로 이용하고, 이웃의 소유를 빼앗고, 이웃을 모욕하고, 고통 주고, 고문하고 살해한다.] 프로이트는 인간의 공격성향을 강조하기 위해 "인간은 인간에게 늑대이다Homo homini lupus"라는 문장을 인용하며, 학살과 약탈이 대량으로 벌어졌던 역사적 사건을 언급한다(GW 14, 470-471). [민족 이동 시기의 만행, 훈족의 침입, 칭기즈 칸과 티무르가 이끄는 몽골족의 침입, 경건한 십자군의 예루살렘 점령, 최근 세계 대전(1차 세계 대전)의 끔찍한 일.] 프로이트는 이런 것을 기억하는 사람은 인간의 충동에 공격성향이 있다는 견해를 인정하지 않을 수 없을 것이라고 확신한다.

프로이트는 인간에게 원래 파괴성, 또는 공격적 성향이 있다고 믿는다. 그는 초기에 파괴성을 인간의 충동이라고 인정하지 않았다. 그러다 프로이트는 어떤 환자들이 어린 시절의 고통스런 체험을 계속 반복하는 경향을 보이며, 1차 대전에 참전한 군인들이 끔찍한 살육의 장면이 나타나는 꿈을 반복해서 꾸는 현상을 이해하기 위해 파괴의 충동을 가정한다. 모든 유기체는 결국은 사멸한다. 모든 생명체는 사고나 불리한 환경 같은 외부의 요인이 없더라도 내적 근거 때문에 언젠가는 죽게 된다. 이 현상을 모든 유기체에 죽음의 충동이 있기 때문이라고 가정하면 어떨까? 프로이트에게 죽음의 충동이란 모든 생명체에 내재된, 탄생 이전으로 돌아가려는 성향이다. "모든 생명의 목적은 죽음이며, 회귀적 성격이다. 무생물이 생물보다 이전이다."(GW 13, 40) 생명체는 살다가 죽는다는 점에서 삶은 죽음이란 목적으로 나아가는 도정이라고 볼 수도 있다.

죽음의 충동을 가정하면 삶은 살고자 하는 충동과 죽고자 하는 충동 사이의 투쟁이다. 살고자 하는 충동은 앞에서 언급한 사랑, 에로스이다. 프로이트는 초기 저작에서 자아보존 본능과 성적 대상충동(대상을 사랑하는 충동)을 구별했지만, 후기에는 사랑의 충동에 자아충동(자아보존 본능)과 성적 대상충동이 모두 포함된다. 이제 사랑의 충동에 맞서는 것은 죽음의 충동이다. 삶의 과정은 이 두 가지 경향의 갈등이다. "생명의 출현은 삶을 계속 살아가도록 하는 원인이면서 동시에 죽음을 향한 노력이다. 삶 자체란 이 두 가지 노력 사이의 투쟁과 타협이다."(GW 13, 269) 두 가지 충동의 관계를 고려하면 사랑과 죽음의 투쟁에서 어떤 것이 우세하다고 말할 수도 있다. 청년에게는 사랑이 죽음보다 힘이 셀 것이며, 노인에게는 반대일 것이다.

한 생명체가 죽지 않고 계속 성장한다면, 다음 두 가지 경우이다(GW 13, 269). 죽음의 충동이 위력을 발휘하지 못하고 중성화되거나, 또는 죽음의 충동을 특정한 기관의 매개를 통하여 외부 세계로 전향하는 것이다. 사랑의 충동이 죽음의 충동을 억제하고도 남는다면 그 여분의 에너지는 유기체의 증식에 쓰일 수 있다. 그리고 우리가 주먹으로 상대를 때려서 우리 자신에게 향하는 파괴의 충동을 바깥세상으로 향하게 할 수 있다면 죽음을 충동을 약화시킬 수 있다. 내부를 향한 파괴충동을 외부로 돌리는 것은 개체의 생명을 유지하는 데 유리할 조건이다. 그러나 외부를 향한 공격성은 문화의 확립과 발전을 저해한다. 타인에 대한 인간의 적대성은 이웃에 대한 우리의 관계를 해치고, 문화가 그것을 억제하는 작업에 에너지를 소비하게 한다. 이런 점에서 공격성은 문화 사회Kulturgesellschaft를 붕괴시키려고 위협하는 것이다.

프로이트는 문화가 이런 위협에 두 가지 방식으로 대응한다고 지적한다(GW 14, 471). "첫째, 문화는 인간의 공격 충동Agressionstrieb에 제한을 둔다. 둘째, 심리적 반동형성Reaktionsbildung을 통하여 공격충동이 표출되지 않도록 억누른다." 폭력과 살인을 금지하고 처벌하는 제도는 첫 번째 방식이다. 반동형성이란 반작용을 만들어서 균형을 유지하는 과정이다. 인간의 공격성을 저지하려면 그것과 반대의 힘인 사랑을 형성하는 것이 좋다. 사회는 구성원들이 서로 사랑할 수 있도록 여러 방법을 활용할 수 있다. 동일화Identifizierung와 목표 저지적 사랑관계를 고무하는 방법이 여기에 해당한다. [동일화를 통하여 우리는 타인에게서 우리 자신의 특징이나 이상을 발견하여 우리와 타인 사이에 감정적 유대를 만들고, 목표 저지적 사랑 관계를 통하여 우리는 타인에 대한 인간애를 조성한다.] 사회는 개인을 특정 집단에 소속시키고, 조직원들 사이에 공통성을 발견할 수 있도록 체육 대회 같은 행사를 열어 구성원들끼리의 동일화를 유도한다. 그리고 "이웃을 자신처럼 사랑하라"는 윤리를 권장하여 인류애와 같은 사랑으로 사람들을 결속하려고 한다.

그러나 이런 모든 수고에도 불구하고 문화적 노력은 지금까지 별로 성과를 내지 못했다고 프로이트는 평가한다. 문명이 공격성을 억제하는 데 실패한 이유의 하나는 공격성이 인간의 기본적 충동이라는 점을 제대로 파악하지 못한 데에 있다. 공산주의도 여기에 해당한다. 프로이트는 공산주의가 인간의 공격성을 제대로 보지 못했다고 판단한다(GW

14, 472). [공산주의자는 인류를 악으로부터 구원하는 길을 발견했다고 믿는다. 그들에 따르면, 인간은 본래 완전히 선하고, 이웃을 사랑하지만, 사유재산 제도가 인간의 본성을 부패하게 한다. 사유재산을 소유하면 개인은 힘을 갖는다. 개인은 그것으로 이웃을 학대하고 싶은 유혹을 느낀다. 반면 재산이 없는 사람들은 그들을 억누르는 사람들에게 적대감을 가지고 반항하지 않을 수 없다. 만약 사유재산이 폐지되면, 모든 재산이 공유되어, 모든 사람들이 그것을 함께 즐기고, 사람들 사이에 악의와 적대성은 사라질 것이다.] 공산주의는 인간의 본성을 맹자처럼 선하다고 전제하여, 사유재산을 폐지하면 인간이 원래의 선한 마음으로 돌아갈 수 있다고 믿는다. 공산주의는 인간의 본성을 이렇게 오해하여 공격성을 인정하지 않기 때문에 그것을 억제하는 대책도 부실하게 된다.

공산주의 체계는 성선설이라는 특정한 심리적 전제 위에 건립되어 있다. 프로이트는 그것이 유지될 수 없는 환상Illusion이라는 점을 인식한다(GW 14, 472-473). 사람들은 재산을 활용하여 타인을 억누르므로, 사유재산을 폐지하면 인간의 공격성이 이용할 도구 하나를 제거하는 커다란 성과를 거둘 것이다. 그러나 사유재산을 폐지하더라도, 권력과 영향력의 차이가 인간들 사이에 남아 있을 것이며, 이런 것 때문에 타인에 대한 공격성은 일어날 것이다. 공격성은 아주 먼 원시 시절부터, 사유재산이 거의 없던 시절부터 지배력을 떨쳐 왔다. 인간에게 원래 공격성이 없었는데, 사유재산이 형성되면서 공격성이 생겨난 것은 아닌 것이다. 사유재산이 폐지되어 물질적 재산에 대한 개인의 권리가 사라져도, 여전히 성적 관계의 특권이 남아 있을 것이다. 미남은 여자의 관심을 끌기 유리하다. 이것은 다른 면에서는 동일한 발판 위에 서 있는 남자들 사이에서 가장 강력한 질투와 격렬한 적대성의 원천이 될 것이다.

우리가 공격성향의 충족을 포기하기란 쉽지 않지만, 공격성을 포기하는 데 성공해도 문제라고 프로이트는 지적한다. 공격성향이 만족되지 않으면, 인간은 편안함을 느끼지 못하기 때문이다(GW 14, 473-474). 소규모의 문명 집단은 외부인을 적대시하여 공격성의 충동에 출구를 허용한다. 프로이트는 이런 이득이 과소평가 되어서는 안 된다고 본다. [포르투갈 사람과 스페인 사람, 남부 독일 사람과 북부 독일 사람, 영국 사람과 스코틀랜드 사람은 서로 반목하고 조롱한다. 이런 일은 공격성향을 편리하고 별다른 해악 없이 충족하고, 이 때문에 공동체 구성원 사이의 결속이 수월해진다. 외부에 공격성의 에너지를 소모하면, 내부에서 사랑으로 뭉칠 수 있다.] 필자는 이와 유사한 현상을 국가 대표 팀의 축구 시합에서도 발견할 수 있다고 생각한다. 한국이 일본과 서울의 올림픽 경기장에서 시합하는 동안 관중들은 일본팀을 비난하며 공격성을 소모하여 한국의 관중들 사이에는 친밀감이 형성된다. 물론 도쿄에서 위성중계로 경기를 시청하는 일본 사람들도 마찬가지일 것이다.

문화가 인간의 성적 성향뿐만 아니라 공격성향에도 거대한 희생을 부과한다면, 우리는 인간이 문화 속에서 행복하기 힘들다는 점을 더 잘 이해할 수 있다. 우리는 점점 더 문명이 개선되어 우리의 욕구를 더 잘 충족할 수 있을 것이라고 기대할 수도 있다. 그러나 프로이트는 문화의 본성이나 인간의 충동에는 개혁을 거부하는 요소가 있다고 판단한다. 이런 점에서 프로이트는 문명 속에 살아가는 인간의 운명에 대하여 비관적 태도를 취하고 있다.

6. 6절 충동 이론의 변천

문명을 건설하기 위해서 인간은 충동을 전부 또는 일부 포기해야 한다. 문명이 억제하는 기본 충동은 사랑과 파괴성(공격성)이다. 파괴성은 이전에는 프로이트가 인간의 기본충동이라고 인정하지 않았던 새로운 것이다. 프로이트는 자신의 충동 이론이 어떻게 변화하여 왔는지 이 절에서 설명한다.

제임스 스트래치James Strachey가 편집한 프로이트 전집의 영어 번역 표준판The Standard Edition에는 충동Trieb이 본능instinct으로 번역되었다. 최근 영미권 학자들은 이 번역어가 잘못되었다고 보고 'drive'라고 옮긴다.[22] 그러나 이렇게 'drive'라는 번역어를 선택하면 이 말의 형용사형이 없다는 점 때문에 프로이트가 충동Trieb 대신 자주 사용하는 충동발동Triebregung을 영어로 번역하기 어렵다. 만약 스트래치처럼 'instinct'를 번역어로 선택하면 'Triebregung'을 'instinctual impulse'라고 번역할 수 있다.[23] '충동'과 '충동발동'은 뜻이 거의 같다. 그 차이란 프로이트의 저술에서 억압된 충동der verdrängte Trieb이라는 말은 드물고 대신 '억압된 충동발동die verdrängte Treibregung'이라는 표현을 자주 사용하는 정도이다. 억압된 충동발동을 줄여서 '억압된 발동die verdränge Regung'이라고도 한다.

필자는 '트립Trieb'을 충동이라고 번역한다. 반면 보통 프로이트의 한국어 번역판에서는 '트립'은 영어 번역에서처럼 '본능'으로 번역한다. 보통 본능이라면 동물에게 타고난 고정된 특정한 행위(예를 들어 둥지를

---

22 Richard Boothby, *Freud as Philosopher: Metapsychology After Lacan*, Routledge, 2001, pp.297-298.
23 SE I, xxiv-xxvi.

짓고, 이동하는 행위 등등)를 연상케 하는 생물학적 필연의 작용을 함축한다. 프로이트는 동물의 본능 같은 것을 지적할 때 'Instinkt'라는 용어를 사용한다(GW 10, 294). 충동Trieb은 그런 것이 아니다. 그에게 충동은 그 자체로는 어떤 성질도 소유하고 있지 않다. 그런데 충동이 어떤 신체적 근원이나 목표와 관계를 맺으면, 성적 충동, 공격적 충동처럼 서로 서로 구별되어 특정한 속성을 갖추게 된다.

우리말에서 '충동'은 '충동구매'라는 말이 보여 주듯이 외부적 자극에 대한 반응의 의미로 자주 쓰인다. 이것은 프로이트가 충동의 의미를 설명할 때 배제한 것이다.[24] 그러나 '내적 충동'이라는 말도 쓰이고 있으니, 프로이트의 'Trieb'를 '충동'이라고 번역할 수 있다고 본다. 더 나아가 'Trieb'을 '본능'이라고 번역하면, 'Triebregung'을 번역하기 힘들다. 보통 한국어 번역에서 'Triebregung'은 '본능 충동'이라고 하는데 매우 이해하기 어려운 용어가 되어 버린다.

충동의 의미를 제대로 이해하려면 정신과 신체에 관한 프로이트의 가정을 알아야 한다. 정신과 신체의 관계에 관한 이론에는 크게 두 가지 종류가 있다. 하나는 정신과 육체는 완전히 다른 실체라고 간주하는 것이다. 이런 견해를 이원론이라고 부른다. 다른 하나는 두뇌나 신경계 같은 신체 과정만이 존재하며 정신 과정이란 신체 과정에 대한 새로운 서술이라고 여기는 견해이다. 이런 태도를 동일성 이론이라고 부른다. 프로이트의 견해는 후자의 진영에 속한다.[25] 그는 감각, 기억, 욕

---

24 충동(Trieb)은 연속적으로 흐르는, 육체 내부의 자극원천(Reizquell)에 대한 대표(Repräsentant)이며, 외부에서 오는 자극(Reiz)을 통하여 생기는 흥분(Erregung)과는 구별된다(GW 5, 67).

25 Sigmund Freud, *Entwürfe einer Psyhologie* (In: Aus den Anfängen der Psychoanalyse 1887-1902, S. Fischer, 1975), p.320.

구, 소망 같은 정신적 과정이 모두 두뇌의 피질이나 신경세포에서 일어나는 신체 과정과 동일하다고 여긴다. 예를 들어 신경계에 흥분이 잔뜩 쌓이면, 그것은 심리에서는 불쾌로, 그리고 신경계로부터 흥분이 방출되면 심리에서는 쾌락으로 현상한다. 정신과 신체의 관계에 관한 프로이트의 견해는 심신평행이론으로 기울기도 하였으나 최종적으로 동일성 이론으로 귀착하는 듯하다.[26] 프로이트는 심신 관계를 수반과정 Begleitvorgang으로 이해하는 것이다(GW 17, 80). 심리 과정이란 물리적 신체적 과정에 동반되는 현상인 것이다.

미발표 원고 "심리학 초안*Entwurfe einer Psychologie*"에는 자연과학적 심리학을 확립하고자 하는 프로이트의 의도가 잘 드러난다. 자연과학적 심리학이란 심리 과정을 물질적 부분들의 특정한 수량적 상태로 환원하여 서술하는 심리학을 말한다. 여기서 물질이란 신경세포이며 수량적 상태란 신경 세포에 전달되는 자극이나 흥분의 양이다. 프로이트는 인간의 심리 현상을 신경세포의 체계인 신경계에 자극이 들어와서 축적되고 방출되는 과정으로 이해하는 것이다.

뉴런(신경세포)에는 자극이 흘러 다닌다. 그 자극은 신체 내부로부터 오거나 외부 세계로부터 온다. 내부성 자극*der endogene Reiz*은 신체 세포에서 일어나서 뉴런으로 흘러들어 온다. 자극이 뉴런에 쌓이면 흥분의 양이 증가하고, 그러면 그것은 신경계가 행동을 통하여 흥분의 분량을 방출하도록 압박을 가하고, 흥분이 배출되면 양이 줄어들거나 사라진다. 위의 세포에서 허기의 자극이 일어나 뉴런에 전달되는데 자극의 양

---

26 프로이트는 한때 심신평행론(der psychophysische Parallelismus)을 수용하였으나 그것이 해결할 수 없는 난점을 포함하고 있다고 고백한다(GW 10, 266, SE 19, 각주 1).

이 뉴런에 축적되어 일정 수준을 넘어서면, 신경계가 어떤 경로를 선택하여 흥분의 수량을 방출하도록 신경계에 압력을 행사한다. 신체 세포에서 일어나는 내부성 자극은 신경계에 들어와 식사, 호흡, 성생활 같은 욕구Bedürfnis를 산출한다, 밥을 먹고, 숨을 쉬고, 성행위를 하고자 하는 욕구를 프로이트는 신경세포 체계에 축적된 흥분의 수량이 행사하는 압력이라고 보는 것이다.

흥분은 신경계에 유입, 축적, 방출된다. 프로이트의 충동이란 흥분의 분량이 쌓여서 일어나는 신경계의 압력이다. 허기를 채우지 못하면 신경계에 흥분이 쌓일 것이다. 프로이트는 신경계의 흥분 상태Erregungszustand가 충동의 근원이며, 충동의 목표는 그 흥분의 제거라고 본다. 그는 흥분상태가 신경계를 특정한 방향으로 밀고 간다고 상상하고 이렇게 '밀고 간다Drängen'는 점을 강조하며 '충동Trieb'이라는 이름을 선택한다(GW 15, 103). 축적된 흥분을 발산하려고 신경계를 밀고 가는 압력이 바로 충동인 것이다. 충동 자체는 원래 어떤 특징도 없다(GW 5, 67). 그것이 먹는 것과 연결되면 먹고 싶은 충동, 성적 자극과 연결되면 성적 충동이 된다.

뉴런의 체계(신경계)는 흥분의 분량을 제거하여 흥분의 양을 영의 상태로 만들고자 한다. 흥분의 수량을 방출하는 데 근육장치가 활용된다. 식욕은 밥을 먹으면 신경계에 쌓인 흥분의 분량이 방출되어 사라진다. 신경계에 분노의 양이 쌓여 주먹을 휘둘러 상대를 치면 양이 배출된다. 흥분의 양을 제거하여 영의 상태를 유지하고자 하는 신경계의 노력을 프로이트는 타성Trägheit/inertia의 원칙이라고 부른다.[27] 그런데 늘

---

27 Freud, op. cit., pp.305-306, p.323.

신경계가 이렇게 흥분의 분량을 즉각 방출할 수 있는 것은 아니다. 곤궁한 생활 여건(Not des Lebens) 때문에 먹고 싶어도 욕구를 충족할 수 없으며, 분노의 흥분이 쌓여도 상대가 너무나 강하면 주먹으로 타격을 가할 수 없다. 신경계를 둘러싼 환경이 불리하기 때문에 타성의 원칙은 수정이 필요하다. 흥분의 양을 영의 상태로 만들 수 없는 상황에서 신경계는 흥분의 수량을 가능한 한 낮추거나 적어도 상승하지는 않도록 노력한다. 이렇게 수정된 원칙은 프로이트가 나중에 항상성의 원칙principle of constancy이라고 부른다. 정신의 사건은 신경계의 과정에 대한 또 다른 표현이므로, 신경계의 원칙은 정신(심리)의 원칙이다.

프로이트는 신경계 즉 심리를 반사장치라고 여긴다. 반사장치란 자극이 들어와서 바깥으로 흘러나가는 조직인 것이다. 자극에는 내부성 자극과 외부성 자극이 있다. 목이 말라 물을 마시고 싶은 욕망은 외부가 아니라 유기체의 내부에서 온다. 반면 빛은 외부성 자극이다. 강렬한 빛이 눈에 떨어지면, 그것은 신경계(심리 장치)에 자극을 주는데, 이것은 외부 세계로부터 오는 것이다. 외부의 자극을 수용하는 신경세포를 프로이트는 파이 뉴런$^{\Phi-Neuron}$, 내부성 자극이 흘러들어 오는 신경세포를 사이 뉴런$^{\psi-Neuron}$이라고 불러 양자를 구별한다.[28] 파이 뉴런들로 구성된 파이 신경체계는 보호막이 말단에 붙어 있어서 외부로부터 들어오는 자극을 차단한다. 반면 사이 뉴런에는 보호막이 없어서 내부성 자극이 그대로 사이(ψ) 신경계로 유입된다. 신경계는 흥분의 분량을 무의 상태로 만들려는 경향이 있으므로 파이 신경계는 외부성 자극의 흥분 수량을 유입되지 못하게 차단하여 흥분의 상태를 영의 수준으로 유

28 Freud, op. cit., pp.308-309, pp.314-315.

지하지만, 외부성 자극의 양이 너무 크면 보호막을 뚫고 파이 신경계 안으로 들어오고, 이것은 사이(ψ) 신경계에 전달된다.[29] 사이(ψ) 뉴런으로 들어오는 자극의 원천이 둘인 셈이다: 신체의 내부 세포와 파이 신경계. 자극은 대개 신체의 세포에서 오고 특별한 경우 파이 뉴런으로부터 온다. 프로이트의 충동은 첫 번째 경우, 내부에서 발생하는 자극의 압박을 말한다.

우리의 심리는 주로 사이(ψ) 뉴런의 활동이다. 생물학적 관점에서 프로이트는 파이 뉴런 체계는 척수, 사이(ψ) 뉴런 체계는 두뇌에 해당한다고 본다.[30] 현대 심리학에서 뉴런은 세 종류이다. 감각 뉴런sensory neuron, 운동 뉴런motor neuron, 그리고 인터 뉴런inter neuron. 감각 뉴런은 외부 세계의 정보를 척수를 거쳐 두뇌의 인터 뉴런에 전달하고, 운동 뉴런은 인터 뉴런의 지시를 근육이나 분비샘에 전달하며, 인터 뉴런은 감각 뉴런과 운동 뉴런 사이에서 감각 뉴런으로부터 받은 정보를 해석하고 판단하여 운동 뉴런을 거쳐 신체의 요소에 명령을 내린다. 프로이트의 파이 뉴런체계는 감각 신경계이며, 사이(ψ) 뉴런 체계는 인터 뉴런 체계에 해당할 것이다.

프로이트에게 충동은 신체 내부성 자극의 축적에 수반되는 압박을 말한다. 내부성 자극과 외부성 자극은 제거하는 방식이 다르다. 외부 세계로부터 오는 자극은 일회적 타격처럼 심리(신경계)에 영향을 주기 때문에 적절한 일회적 행동을 통하여 제거된다. 예를 들어 강렬한 불빛

---

29 "Ψ는 정상적으로 내부성 자극의 전도의 양에 노출되어 있고, 병이라고는 할 수 없지만 비정상적으로 엄청난 규모의 양이 Φ의 보호장치가 돌파하였을 때 그 양에 노출되어 있다."(Freud, op. cit., p.327)
30 Freud, op. cit., p.312.

을 피해 고개를 돌리듯이, 그런 자극은 자극의 원천으로부터 도피하는 운동을 함으로써 자극을 없앤다. 반면, 신체 세포로부터 신경계에 타격을 가하는 내부성 자극은 유기체 내에 늘 있다. 그래서 고개를 돌리듯이 회피하는 운동으로는 내부성 자극을 제거할 수 없다. 배가 고플 때 음식으로부터 고개를 돌린다고 식욕이 사라지지는 않는다. 유기체는 내적 자극의 수량을 자극으로부터 도피하는 방식으로 소진할 수 없다. 내부성 자극은 행동을 통하여 외부 세계에서 실현되어야 한다는 특정한 조건에서만 사라진다. 영양의 욕구는 밥을 먹어야 정지하는 것이다.

얼마나 많은 충동들이 있을까? 충동은 내부성 자극이 신경계에 유입되어 일어나는 압박이다. 내부성 자극은 신경계 이외의 신체 세포에서 일어나는 것이므로, 세포의 종류만큼 자극은 여러 가지 일이며, 이에 따라 충동도 다양할 것이다. 프로이트는 자극을 원천의 차이에 따라 집단으로 묶어 기본 충동을 확인한다.

(1) 자아충동과 대상충동

프로이트는 처음에 충동들을 두 집단으로 묶어 서로 구별하자고 제안한다. 자아충동Ichtrieb의 집단과 그리고 성충동Sexualtrieb의 집단(GW 10, 216-217). 음식을 먹고자 하는 욕구는 자아충동이며, 남자가 여자와 만나고자 하는 욕구는 성충동이다. 자아충동은 개별자를 존속하게 하므로 자기보존본능Selbsterhaltungstrieb이라고도 한다. 인간의 기본 충동이 자아와 성이라는 가설은 정신 분석의 발전 과정, 특히 전이 신경증(히스테리와 강박신경증)을 분석하는 과정에서 생겨났다.[31] 그런 질환을 겪고 있

---

[31] 신경증에 관해서 필자는 5장에서 자세히 다룬다.

는 환자에게서는 모두 자아das Ich의 요구와 성적 생활Sexualität의 요구가 충돌하고 있었던 것이다.

그런데 프로이트는 자아충동과 성충동이 분리되어 있지 않는 경우를 발견한다(GW 14, 476-477). 가학증적 충동에서는 목표가 사랑으로 가득 차지 않고, 어떤 점에서 자아충동과 연결되어 있는 것이다. 가학증(사디즘)은 성적 충동뿐 아니라 지배충동(지배하고자 하는 충동)을 포함하고 있는 것이다. 우리가 타인을 매질하고 타인이 그것을 맞아 주고 있다면 우리는 타인을 지배하고 있는 것이다. 사디즘에는 이렇게 두 가지 충동이 혼합되어 있다고 프로이트는 보는 것이다.

좀 더 일반적으로 이런 의문을 제기할 수 있다. 성적 충동도 자아보존충동의 하나이며, 거꾸로 자기보존충동도 성적 충동에 봉사하는 것이 아닌가? 우리는 성생활을 하며 자신의 후손을 생산하고, 상대를 유혹하며 자신의 매력을 확인한다. 그리고 우리는 돈을 벌고 건강을 관리하며, 타인에게 사랑을 받고자 한다. 이렇게 두 개의 충동은 서로 섞여서 구별하기 힘든 경우도 많은 것이다.

그러나 프로이트는 처음에는 자아충동과 성충동이 매우 차이가 난다고 믿었던 것 같다. 이 점은 그가 자아충동과 구별되는 성적 충동의 에너지를 지적하기 위해 '리비도libido'라는 용어를 선택했다는 점에서 잘 드러난다.[32] 리비도는 원래 라틴어에서 소망, 갈망, 욕정을 의미하는데, 프로이트는 사랑의 에너지, 즉 수량으로 측정할 수 있는 욕망의 강도를 가리킨다. 프로이트는 성적 능력과 리비도 즉 성욕의 강도를 구별한다. 성적 능력(정력)이 리비도(성욕의 강도)와 조화를 이룰 수도 있고, 정

---

32 "성적 능력은 줄어드는데 리비도는 증가하는 노년의 시기에 불안 신경증이 일어난다."(GW 1, 328)

력은 감소하는데 리비도는 증가할 수 있다. 리비도의 용어를 사용하면 자아충동은 리비도와 관련 없는 의도의 충동이며, 성충동은 리비도의 libidinös 의도가 담긴 충동이 될 것이다.

그런데 위에서 의문을 제기하였듯이 자아충동과 성충동은 서로 겹치기도 하므로, 하나의 정신 에너지로 자아가 충전되면 자아충동이고, 대상이 충전되면 성충동이라고 추리할 수도 있다. 성충동을 프로이트는 여기에서는(6절) 대상충동Objekttrieb/object-instinct라고 부르는 데, 그 이유는 프로이트가 자아충동과 성충동이 겹치는 경우를 만나면서 두 충동 사이에 어떤 통일성을 통찰하였기 때문이라고 필자는 추측한다. 충동을 자아충동과 성충동으로 나누면, 충동 자체의 성격이 처음부터 차이 나게 보이지만, 자아충동과 대상충동이라고 하면, 충동은 동일한데 충동이 지향하는 장소가 자아와 대상으로 서로 다르다는 인상이 드는 것이다.

(2) 하나의 정신적 에너지, 리비도Libido

자아충동과 성충동은 동일한 정신 에너지로부터 발현된다는 가정을 더 밀고 나아가면 리비도 이론에 도달하게 된다. 프로이트는 정신분열증을 이해하려고 노력하는 과정에서 정신분열증 환자는 리비도가 대상이 아니라 자아에 집중한다는 현상을 발견하였다.[33] 개인의 리비도가 대상이 아니라 자신을 향한다는 것은 좀 이상하게 들릴 수도 있다. 그런데 프로이트는 개인의 리비도가 그 자신에게 배치되는 현상이 정신분열증 환자의 특성만이 아니라 모든 인간의 보편적 현상이라는 점을

---

33 "Zur Einführung des Narzissmus."(GW 10, 139)

분석한다.

프로이트는 정신분열증에서 외부 세계로부터의 관심 철회와 과대망상이라는 두 개의 특징을 본다. 환자는 더 이상 외부의 사물이나 사람에게 리비도(성적 에너지)를 두지 않는다. 첫째, 프로이트의 표현을 사용하면, 정신분열증에서는 리비도로 대상이 더 이상 점거되어 있지 않으며 자아가 리비도로 점거되어 있다. 점거Besetzung란 채우거나 점령한다는 의미이다.[34] 이 말은 원래 신경세포가 자극의 수량으로 충전된다는 의미로 사용되며, 심리적 영역으로 활용 범위가 확대된다. 리비도는 성충동의 에너지이므로 첫사랑의 여자(혹은 여자의 기억)가 리비도로 점거되면(충전되면), 자꾸 연락하고 싶을 것이다. 리비도의 대상점거Objektbesetzung란 대상이 성충동의 에너지로 점거되고(충전되고) 있는 상태이며, 리비도의 자아점거란 자아가 리비도로 점거되고(충전되고) 있는 상태를 지적하는데, 전자로부터 후자로의 전환이 정신분열증에서 일어난다. 프로이트는 리비도의 자아점거를 자아의 리비도 점거Libidobesetzung라고도 표현한다. 그리고 자아의 리비도 점거를 자아 리비도, 그리고 대상의 리비도 점거를 대상 리비도라고 부른다. 정신분열증에서 자아 리비도 현상이 나타나는 것이다. 둘째, 과대망상은 아동과 원시 민족의 정신생활에서도 관찰할 수 있다. 그들은 소원이 갖는 힘과

---

34 'Besetzung'이라는 용어는 프로이트가 '히스테리 연구'에서 처음 사용했다. 이 말은 프로이트의 저술에서 일상적 독일어의 용법으로 쓰여, 채움, 점령을 뜻한다. 필자는 'Besetzung'을 '점거'라고 번역한다. 기존의 한국어 번역에서는 Besetzung에 대해 '집중,' 또는 '리비도 집중'이라는 용어가 자주 쓰인다. 어떤 표상이 흥분의 수량으로 점거되면, 흥분의 수량이 집중된다고 생각하여 그렇게 번역한 듯하다. 그런데 '집중'이라고 하면 집중의 주어가 에너지가 된다. 그러나 에너지가 신경계나 심리적 표상으로 집중하는 것이 아니라, 신경계나 심리계가 에너지로 점거되는 것이다. 따라서 '집중'이라는 번역어보다 점거라는 번역어가 프로이트의 'Besetzung' 개념에 더 적합하다고 필자는 믿는다. 이 용어의 영어 번역은 cathexis인데, 의미는 점거, 점유이다(SE 3, p.63, 각주 2).

정신력을 과대평가한다. 진실로 무언가를 소망하면 반드시 이루어진다는 식의 사고 전능성에 대한 확신, 기우제 같은 마법적 의식으로 외부 세계와 대항할 수 있다는 믿음은 자신의 존재에 대한 과대망상의 발현인 것이다. 이것은 정신분열증의 두 번째 특징이다.

정신분열증에서 리비도는 대상으로부터 벗어나 자아를 향한다. 이런 태도를 프로이트는 자아도취증Narzißmus이라고 부른다. 그리스 신화에서 나르키소스Narcissus는 자신과 사랑에 빠진다. 자아도취증은 질병으로도 간주된다. 질병으로서 자아도취증은 개인이 자신의 육체를 성적 대상의 육체처럼 취급하는 태도를 지시한다. 그런 질환은 자신의 육체에서 성적 만족감을 느끼며 바라보고, 쓰다듬고, 애무하여, 충분한 만족에 이른다(GW 10, 138). 우리는 이런 태도를 질환이라고 여기는데 프로이트는 원래 인간의 성생활은 자아도취증에서 출발하였다고 보고, 그것을 근원적 또는 일차적 자아도취증이라고 부른다. 인간은 성장하면서 자아를 점거하고 있는 리비도를 대상으로 돌린다. 이제 리비도의 일부는 대상을 점거한다. 그러다 어떤 기회가 되면 다시 그 리비도는 자아로 돌아온다. 이런 자아도취증은 이차적 자아도취증이다. 우리가 질병이라고 간주하는 자아도취증은 이차적 자아도취증이다.

프로이트는 자아도취증의 현상을 정상인의 생활에서 접근하는 세 가지 길을 제시한다. 필자는 그중 다음 두 개를 요약할 것이다. 신체적 질환과 남녀의 리비도 생활. 첫째, 유기체적 고통과 불쾌감으로 고통을 겪고 있는 사람들은 외부 세계의 사물에 대한 관심을 포기한다(GW 10, 148-149). 그런 사람들은 리비도의 대상인 인간으로부터도 갈망의 관심을 철회한다. 환자는 리비도 점거를 대상으로부터 자아로 회수하고, 병이 나으면 다시 바깥으로 내보낸다. 리비도가 자아로 돌아오면, 리비도와 자아 관심Ichinteresse은 서로 구분이 되지 않는다. 다시 말해 자아에 대한 성적 관심과 영양을 섭취하고 건강에 신경을 쓰는 자아보존본능이 하나가 된다는 것이다.

둘째, 남녀 사이에 다양하게 나타나는 인간의 성생활Liebesleben도 자아도취 현상을 연구할 수 있는 좋은 재료이다(GW 10, 153-156). 아동의 성생활을 보면, 최초의 성적 만족들은 생존에 중요한, 자아보존에 봉사하는 기능과 연결되어 경험된다. 입술과 항문을 통한 성적 만족 행위는 영양섭취, 그리고 배설의 기능과 접합되어 있는 것이다. 처음에는 성적 충동은 먼저 자아보존충동과 하나여서 자아보존충동이 만족하면 성적 충동도 만족한다. 나중에 가서야 성충동은 자아충동으로부터 독립하게 된다.

성충동이 자아충동에 의존하는 관계는 대상선택Objektwahl에서도 나타난다. 아동은 자신의 영양과 보호 임무에 종사하는 사람을 최초의 성적 대상으로 선택한다. 대개 성적 대상은 처음에는 어머니나 어머니의 대리인이 되는 것이다. 프로이트는 어머니를 전범으로 대상을 선택하는 유형을 의존유형Anlehnungstypus이라고 부른다. 이 유형의 인간은 성적 대상을 고를 때 자아보존충동을 만족시켜 줄 수 있는 사람을 선택한다. 돈 많고 따뜻한 배려의 여성을 선택하는 남자는 의존유형일 것이다. 이런 유형 외에 두 번째 유형을 정신분석은 찾아낸다. 이 유형의 인간은 대상선택에서 어머니를 전범으로 삼지 않고 자기 자신을 전범으로 삼는다. 그들은 자기 자신을 사랑의 대상Liebesobjekt으로 발견하여, 자아도취형narzißtisch이라는 대상선택의 유형을 보여 준다.

남자와 여자를 비교하면 대상선택의 유형에서 근본적 차이가 있다. 프로이트는 의존 유형에 따른 대상사랑Objektliebe은 본래 남성의 특징이라고 본다. 남자의 대상사랑은 눈에 두드러지게 성적 과대평가를 보여준다. 남자는 여자를 사랑할 때 그 대상을 엄청나게 과대평가하는 것이다. 프로이트는 이것이 아동의 근원적ursprünglich 자기도취증에서 유래하여, 성적 대상에 전이된 것이라고 추리한다. 남자에게 특정 여성에 대한 성적 과대평가가 일어나면 리비도가 모두 대상에 쏠려, 남자의 자아에게 돌아오는 리비도의 수량은 빈곤하다. 뜨거운 사랑을 하는 남자는 자기 자신에게 관심을 쏟지 않는 것이다.

여성은 다르다. 여성은 사춘기가 전개되면서, 그때까지 잠재상태에 있었던 여성의 성적 기관이 성숙하게 자라면서 근원적 자기도취 경향이 고조된다. 이 때문에 여성은 남성을 사랑의 대상으로 선택하더라도 그 대상을 과대평가하지 않는다고 프로이트는 추리한다. 여성은 자아도취현상 때문에 성적 과대평가가 들어간 대상선택은 어렵게 된다는 것이다. 여성의 욕구는 사랑하는 데 있지 않고, 사랑받는 데 있어서, 이 조건을 충족하는 남자에게 여자는 호감을 갖는다. 우리는 미모의 여자일수록 남자의 아부에 약하다는 점을 안다. 그런 여자는 자아도취 경향이 아주 강하기 때문이다.

남성들은 전형적 여성, 즉 자아도취형의 유형에게 엄청 커다란 매력을 느낀다. 여성의 매력은 아름답다는 미학적 이유뿐 아니라, 자아도취형이라는 흥미로운 심리적 성격 구조 때문에서도 온다고 프로이트는 분석한다. 아이들은 혼자서 잘 놀며, 다른 것에 관심을 두지 않는다. 아동의 매력은 상당부분 그들의 자기도취증, 자기 충족성과 접근불가능성 때문이라고 프로이트는 분석한다. 고양이나 커다란 맹수의 매력 역시 그것들이 인간에게 관심을 두지 않는 데에 있는 것이다. 문학 작품 속에서 중범죄인이 우리의 관심을 강력하게 끄는 이유도 그들의 자아도취적 행적 때문이다. 보통 사람들은 자아 리비도를 포기하는 데 반해 그들은 여전히 리비도를 그들 자신에게 두고 있다. 이런 자아도취적 자세 때문에 우리는 그들에게 관심을 갖고, 그들을 부러워하는 것이다. 남자가 여자를 과대평가하는 이유도 비슷할 것이다.

프로이트는 리비도가 보편적 정신적 에너지일 것이라는 통찰을 하고 그 때문에 충동 이론에 변화가 불가피하게 되었다는 점을 분명히 인정한다(GW 14, 477). 그의 견해에 따르면 원래 리비도로 점거되어 있는 것은 자아이다. 즉 자아는 리비도의 원래 고향이며, 리비도의 본거지이다. 그렇다면 인간에게 일어나는 최초의 성적 태도는 대상사랑이 아니라 자아도취Narzißmus인 것이다. 인간이 성장하면서 자아도취적 리비도는 대상을 지향하여 대상 리비도Objektlibido가 되고, 리비도가 다시 자아로 돌아오면 자아도취적 리비도narzißtische Libido이며, 이것은 이차적 자아도취증이다.

리비도 개념은 충동 이론을 위험에 빠뜨린다(GW 14, 477). 왜냐하면 자아충동도 리비도의 성격이라면, 인간이 태어나서 한동안은 리비도와 자아충동(자아보존) 에너지가 합쳐져 있다. 그렇다면 인간에게 근원적 충동은 하나이며, 여기에서 자아충동과 성충동이 유래하는 셈이다. 이렇게 되면 자아충동과 성충동은 기본 충동이라고 부르기 어렵다고 프로이트는 본다. 프로이트는 충동이 모두 동일한 종류는 아닐 것이라고 확신하지만, 하나의 동일한 심리적 위력이 자아충동과 성충동으로 갈라진다는 추론을 이 단계에서는 프로이트도 피하기 어렵다. 프로이트는 성충동의 힘을 리비도라고 불렀다. 그렇다면 두 충동의 공통적 뿌리는 리비도가 아니게 된다. 실제로 프로이트는 자아 리비도가 대상 리비도로, 그리고 대상 리비도가 자아 리비도로 변환되기 때문에 자아 리비도의 에너지와 대상 리비도의 에너지를 분간할 이유가 없다고 인정하였다. 그러면서 하나의 공통된 뿌리에 대하여 리비도라는 용어를 쓰지 않거나, 그냥 심리적 에너지die psychische Energie라고 부르자고 제안한다(GW 15, 109). 그러나 기본 충동을 하나라고 생각하는 이런 태도는 오래 유지되지 않는다.

(3) 에로스와 파괴성

에로스Eros란 성충동의 확대 개념이다. 초기에 프로이트는 사랑은 성적 사랑에서 유래한다고 판단하여, 사랑충동Liebestrieb을 성충동Sexualtrieb이라고 불렀다. 프로이트의 정신분석은 범성욕주의Pansexualismus라는 비난을 받았는데, 그 이유가 성충동이라는 명칭이 '교양인'들의 분노를 자극했기 때문일 것이라고 프로이트는 이해한다(GW 13, 99-100). 성적 사랑이나 성충동 대신 에로스Eros, 또는 에로틱Erotik이라고 불렀더라면, 대중의 비난을 없었을 것이라는 점을 프로이트는 알고 있었지만, 논란을 감수하고 용어를 포기하지 않았다.

그런데 프로이트는 대중의 비난 속에서도 꿋꿋이 고수하던 성충동이라는 용어 대신 이 책에서는 에로스라는 희랍어를 사용한다. 말년이 되어 그는 대중과 타협하고 싶었을까? 그런 것은 아니다. 왜냐하면 초기 이론에서 성충동과 이 책에 나오는 에로스는 의미가 상당히 다르기 때문이다. 에로스는 성충동뿐만 아니라 자기보존본능도 포함하고 있다. 초기이론에서 전개되었던 성충동과 자아충동의 대립이 이제는 포기되는 것이다. 그 둘은 모두 에로스에 포괄된다(GW 13, 268).[35] 에로스는 삶

---

35 자아충동 즉 자기보존본능은 에로스뿐만 아니라 파괴성으로도 흡수되었을 것이다. 왜냐하면 개인

의 충동이며, 그것의 상대는 이제 파괴의 충동이다.

프로이트는『쾌락의 원칙을 넘어서』(1920)라는 저작에서 새로운 기본 충동이 있음을 확신한다. 그것은 파괴의 충동이다. 에로스가 살아 있는 실체를 존속하게 하고, 더 큰 단위로 그것을 확장하는 충동인데, 파괴의 충동은 복합체를 해체하고, 단순체를 원래의 무기적 상태로 복귀시키고자 열망하는 충동이다. 파괴성은 유기체를 죽음의 상태로 몰고 가기 때문에 죽음의 충동Todestrieb이다. 사람들은 죽음충동이 기본충동이라는 주장을 받아들이려 하지 않을 것이다. 모든 생명은 살아가려고 하는 생의 의지를 가지고 있다고 우리는 확신하고 있는데, 죽음충동은 죽으려고 하는 의지이기 때문이다. 죽음의 충동은 프로이트가 처음부터 인정한 것은 아니다. 파괴충동의 개념이 정신 분석 문헌에 처음 등장했을 때 프로이트는 인정을 유보하고 있다가, 오랜 세월이 지난 후 수용하였다(GW 14, 478-479).

에로스의 발현은 눈에 잘 띄지만 파괴충동은 포착되기 힘들다. 아마도 파괴충동은 유기체 내에서 유기체를 해체하는 작용을 조용히 진행하는 듯하다고 프로이트는 추리한다. 파괴충동을 확인하기 어려운 또 다른 이유는 파괴성이 에로스와 대개 융합하고 있기 때문이다. 프로이트는 두 부류의 충동에서 여러 가지 방식으로 융합과 혼합이 일어난다고 가정한다. 그래서 순수한 죽음충동Todestrieb과 생명충동Lebenstrieb을 찾을 필요가 없다고 주장한다(GW 13, 376). 예를 들어 유기체에는 두 충동이 합금처럼 혼합되어 있다고 프로이트는 본다. 유기체가 성장할 때 각 세포는 죽음의 충동을 중성화하고, 파괴적 충동을 특정한 기관의 매개

이 생존하기 위해서 타인을 공격하는 작업도 필요하기 때문이다(Marcuse, op. cit., p.24).

를 통하여 외부 세계로 전향하는 데 성공해야 한다. 이 기관은 근육일 것이다. 첫째, 다리의 힘을 사용하며 사냥을 하거나 외부의 적에게 타격을 가하면서 죽음충동은 외부를 향하여 파괴충동Destruktionstrieb으로 표출된다(GW 13, 269). 외부를 향한 파괴충동으로 전환된 죽음충동은 타자를 제어하고자 하는 지배충동Bemächtigungstrieb, 또는 타자를 장악하고자 하는 권력의지Wille zur Macht라고 부를 수 있다(GW 13, 376). 어떤 사람은 인간의 기본 충동을 지배욕구나 권력의지라고 주장한다. 그런데 프로이트는 이런 것들을 인간의 자기파괴충동(죽음충동)이 에로스의 통제를 받아 외부로 방향을 바꿔서 생긴 형태라고 간주한다. 둘째, 죽음충동은 외부로 향하지만 에로스와 융합하여 에로스의 형태를 띠고 있을 수 있다. 그것은 파괴적 요소를 내포하는 사랑이다. 일반적으로 남녀의 사랑에는 가학적 요소가 들어 있다. 보통 사랑은 에로스와 파괴성의 융합Mischung이다. 사랑이나 성생활에는 개인이 타자를 공격하고 파괴하는 요소가 섞여 있는 것이다.

충동들 사이에 융합이 있다면, 충동의 탈융합Entmischung/defusion 즉 분리도 있을 것이다. 성행위에 가학적 요소가 포함되어 있을 때 성행위는 에로스와 파괴충동의 융합이다. 만약 에로스로부터 가학증이 떨어져 나가면, 그것은 탈융합의 전형이 될 것이라고 프로이트는 본다(GW 13, 270). 가학증이 빠진 성행위는 상대에 대한 파괴적 공격성 요소가 감소하여 성불능이 되며, 가학증만으로 성행위가 이루어지면 파괴충동이 두드러져 어떤 남자가 연인을 사랑하다가, 강간살인을 할 수도 있다는 점을 프로이트는 지적한다(GW 17, 71).

에로스와 파괴충동은 융합할 뿐 아니라 반대편으로 전환하기도 한다. 프로이트는 에로스의 대변자를 사랑, 파괴충동의 대변자를 증오라고 간주하고, 사랑이 증오로, 증오가 사랑으로 바뀌는 경우를 제시한다(GW 13, 271-272). 남자가 동일한 여자를 처음에는 사랑하다가 나중에 미워한다고 하자. 이때 그 여자가 남자의 태도를 바꾸어야 할 계기를 제공한다면, 그 경우는 프로이트가 다루는 문제는 아니다. 프로이트는 피해망상 환자를 분석한다. 환자는 어떤 사람에게 강력한 동성애적 매력을 느끼고 있지만 그렇게 하지 않으려고 안간힘을 쓴다. 이런 노력의 과정에서 환자가 사랑하는 연인은 환자를 박해하는 사람으로 둔갑한다. 환자는 상대가 환자를 괴롭히기 때문에 환자도 자주 그를 향해 위험한 공격을 퍼붓는다고 믿는다. 이 경우 리비도가 증오로 바뀐다. 당신이 다른 남자에게 성적 갈망을 느끼는데, 동성애를 사회가 인정하지 않는다면, 당신은 사랑을 중단하여 자신을 사회의 비난으로부터 보호해야 한다. 이때 당신은 당신이 사랑하는 그 남자를 미워하기 위해 그가 당신을 공격하고 있다는 망상을 가질 수 있다. 필자는 이와 유사한 현상이 남녀 관계에서도 일어난다고 생각한다. 철수는 영희에게 강력한 매력을 느끼지만 성공을 거의 기대할 수 없다고 판단한다. 거절의 불안으로부터 자신을 보호하기 위해 철수는 영희에 대한 사랑을 철회할 필요가 있다. 영희를 미워하기 위해 철수는 영희가 평소에 자신을 업신여기고 있다는 식으로 상황을 조작할 수 있다. 이것도 철수는 영희를 사랑하기 때문에 미워하는 것이다.

거꾸로 증오가 성적 갈망으로 변환될 수도 있다. 우리 주변에는 경쟁자가 많이 있다. 그들에게 우리는 공격성을 분출하지만 경우에 따라 협력이 필요한 경우가 있다. 이럴 때 경쟁관계를 극복하기 위해 서로 사랑(여기서는 성적 목표가 저지된 사랑)을 느끼려고 노력할 수 있다. 이렇게 되면 원래 증오의 대상이던 사람들이 사랑의 대상이 된다. 또 우리가 증오하는 대상이 너무나 강력하여 도저히 이길 자신이 없을 때 우리는 그와 동일화하면서 그를 존경하고 사랑할 수 있다. 이것은 오이디푸스 콤플렉스에서 일어난다. 필자는 이런 현상을 독재국가에서도 발견할 수 있다고 생각한다. 강력한 지도자가 시민에게 포악한 정치를 펼쳐도 시민들은 독재자를 이길 수 없다. 시민들은 독재자를 미워하기 때문에 오히려 존경하고 사랑하는 이유를 찾아내 자신의 행동을 합리화 한다.

리비도(성적 갈망)가 증오로, 증오가 성적 갈망으로 내적 변환이 일어나고, 두 충동이 융합되어 있다면, 충동을 과연 두 개로 나눌 수 있는지 의문이 생긴다. 프로이트는 이동가능한 근원적 에너지를 가정한다. 이것은 에로스로 이동할 수도, 파괴충동으로 이동할 수 있다(GW 13, 272-273). 이 이동가능적 에너지die verschiebare Energie는 어떤 성격일까? 프로이트는 이것이 자아도취적 리비도 창고로부터 오며, 따라서 비성적 에로스der desexualisierte Eros라고 가정한다. 프로이트에게 기본 충동이 하나밖에 없게 되면, 이것은 그의 두 충동이론과 충돌한다. 두 개의 충동이론이 유지되려면 자아를 향하는 비성적 에로스는 에로스와 파괴충동이 융합된 형태이야만 한다. 이것은 피학증의 형태를 취한다고 프로이트가 보았을 것이라고 필자는 추측한다.

프로이트는 '피학증의 경제적 문제'에서 피학증을 세 가지로 나눈다.[36] 성애 피학증der erogene Masochismus, 여성적 피학증der feminine Masochismus, 도덕적 피학증der moralische Masochismus. 피학증의 공통적 특징은 고통쾌락die Schmerzlust, 즉 고통 속의 쾌락pleasure in pain이다(GW 13, 373). 프로이트는

---

[36] Das Ökonomische Problem des Masochismus, GW 13, pp.371-383.

피학증을 단지 고통을 추구하는 현상이라고 볼 수 없다고 본다. 그렇게 되면 피학증은 쾌락원칙과 충돌하기 때문이다. 쾌락원칙이 정신생활을 지배하고 있다면, 불쾌를 회피하고 쾌락을 획득하는 것이 당면 목표라면, 피학증은 다른 식으로 이해되어야 한다. 프로이트는 피학증이 고통 속에서 쾌락을 추구하는 활동이라고 본다. 이런 관점에서 보면 모든 피학증은 사랑과 파괴충동이 융합된 형태이다.

세 가지 피학증의 형태 중 근원은 첫 번째 형태, 성애적 피학증이라고 프로이트는 설명한다(GW 13, 376). 인간의 파괴충동은 일부는 바깥을 향하고 일부는 내부에 남아 있다. 이것이 원래 유기체에서 움직이는 에로스와 결합하여 피학증을 형성하는데 이것이 바로 성애적 피학증이다. 이 근원적 피학증은 개인 자신을 대상으로 삼는 리비도이면서 자신을 향한 파괴충동이다. 이런 점에서 성애적 피학증이 프로이트가 두 충동의 뿌리라고 여기는 이동 가능한 에너지가 아닐까 필자는 추측하는 것이다.

7. 7절 반문화적 공격성에 대한 문화의 대응: 죄책감의 형성

프로이트는 『문명 속의 불만』에서 파괴성향은 인간의 근원적ursprünglich, 자립적selbständig 충동이라는 관점을 채택한다(GW 14, 481). 인간의 파괴성은 문화 자체를 향한다. 문화는 자신에 대한 강력한 방해 공작을 파괴성향에서 발견하고, 문화의 확립을 위해 파괴성을 억누른다는 관점을 프로이트는 7절에서 검토한다.

문화가 파괴성향을 저지하기 위해 사용하는 가장 중요한 방법은 초자아의 확립이다. 이것 때문에 문화가 발전하면 할수록 죄책감은 증가한다. 에로스와 타나토스의 투쟁에서 균형이 무너지면 타나토스의 힘이 풀려나온다는 점을 앞에서 필자는 지적했다. 증대하는 파괴성을 저지하기 위해 초자아를 강화하면 죄책감이 커진다. 프로이트는 드디어 문명이 인간을 불행하게 만드는 핵심에 도달했다. 그것은 문명의 압박을 받아 충동을 포기한 데서 오는 단순한 좌절이 아니다. 만약 그런 것이라면, 사회 제도를 개선하면 상황은 호전될 수 있을 것이다. 그러나 문명이 발전할수록 죄책감이 더욱 많이 쌓여 간다면, 문화가 발전할수록 인간은 더욱 더 불행해질 것이다.

초자아는 자아를 감시하고 평가하고 처벌하는 자아 내의 기관이다. 원래 인간의 정신 장치에는 초자아가 없었으나, 문명 속에 살아가면서 초자아가 자아 내에 새롭게 설치된다.[37] 프로이트는 초자아 설치 과정을 사랑 상실의 불안과 동일화를 통하여 설명한다(GW 14, 482-483). 문명은 개인에게 충동의 포기를 명령한다. 문명은 개인에게 파괴성을 억제하도록 명령한다. 문화의 명령은 어린 시절의 인간에는 부모나 교사를 통하여 전달되는데, 아이는 명령을 어기면 부모의 사랑을 잃을까 불안하여 명령에 따른다. 아이는 부모에게 사랑받기 위하여 자신을 외부의 권위와 동일화하여, 자아의 일부가 외부의 권위와 같게 된다. 이제 외부 권위는 자신의 내면에, 즉 자신의 자아 안에 들어와 자아를 감시하고 처벌하는 기관이 된다. 이 새로운 기관이 초자아이다. 프로이트는 초자아를 식민지에 설치된 총독부에 비유한다.

초자아는 자신을 자신이 통제하는 이로운 점도 있지만 해로운 점도

---

[37] 초자아가 설치되는 과정은 7장에서 자세히 설명할 것이다.

있다. 초자아가 자아 내에 확립되면 초자아와 자아 사이의 긴장이 일어나기 때문이다. 이 긴장은 초자아가 자아를 비난하는 데 대한 자아의 반응이다. 자아는 초자아의 요구에 따르지 못하고 뒤쳐져 있다는 지각에 대해 불안해하며 자신을 처벌하고자 한다. 이런 현상을 프로이트는 죄의식Schuldbewußtsein 또는 죄책감Schuldgefühl이라고 이해한다. 죄책감은 초자아의 비판에 상응하여, 자아에서 일어나는 고통스런 지각이다.

죄책감을 개인이 의식하고 있을 수 있으나, 프로이트는 죄책감의 상당부분은 의식되지 않고 있다고 가정한다(GW 13, 281-282). 인간의 선량한 행동이나 동기는 근원적으로 이기적 성적 충동이나 파괴충동에서 일어나기 때문에 인간은 그가 믿는 것보다 더 비도덕적이다. 반면 인간은 자신이 알지 못하는 채 죄책감을 지니고 있다는 점에서 그가 믿는 것보다 더 도덕적이다.

초자아와 자아의 긴장은 여러 가지 방식으로 일어난다. 프로이트는 죄책감의 발생 과정을 세 가지로 정리한다. 첫째, 인간이 지닌 파괴성향 자체가 죄책감을 유발한다(GW 14, 483-484). 둘째, 파괴성의 자제도 죄책감을 유발한다(GW 14, 485-486). 셋째, 사랑과 파괴의 양가성에서 죄책감이 유발된다(GW 14, 492-493).

첫째, 인간이 지닌 파괴성향 자체가 죄책감을 유발한다는 프로이트의 분석을 살펴보자. 초자아는 기관이고 양심은 초자아의 기능이다. 양심의 기능은 자아를 감시하고, 평가하고 처벌한다. 초자아가 설치되고 나면 나쁜 행동을 하지 않고 그런 의도만 가지고 있어도 죄책감을 느끼게 된다. 양심 앞에서는 의도와 실행이 동일하다고 간주되는 것이다.

그런데 '어떤 행위는 나쁘다'는 판단에 개인이 어떻게 도달하게 될까? 인간은 선악 판단을 저절로 하지는 못한다. 우리는 우리에게 만족을 일으키는 것을 반드시 좋다고 판단하지 않는다. 우리 자신이 소망하고 자신에게 만족을 주는 사물을 실제로는 우리가 나쁘다고 판단하는 때가 있다. 이 점을 고려하면 선악 구분에는 본인의 만족 여부와는 다른 이질적 영향이 들어 있는 것이다. 선악의 구분은 개인의 자아로부터 유래한 것이 아니라는 의미에서 이질적 영향력, 즉 외부의 명령이 작동하고 있는 것이다.

무엇이 선이고 악이어야 하는지를 결정하는 문제에서 왜 개인은 자신의 감각을 따르지 않을까? 그래야 할 이유가 있다. 인간이 이질적 영향력에 복종하고자 하는 이유를 프로이트는 인간 자신의 무력성, 또는 타인에 대한 의존성에서 쉽게 발견한다. 무력한 인간은 자신이 의존하고 있는 어떤 이의 사랑을 상실한다면, 여러 가지 위험한 일에 대한 보호책 또한 상실한다. 무엇보다 힘 있는 자가 처벌의 형태로 그 자신의 우월성을 인간에게 드러낼지도 모른다. 어떤 것이 '나쁜 것'이라면, 그것은 그것 때문에 인간이 사랑을 상실할까 두려워하는 사물이다. 따라서 파괴충동에 논의를 제한한다면, 나쁜 짓은 파괴적 행위나 의도이며, 이런 것을 수행하면 사랑을 상실Liebesverlust/loss of love할까 불안Angst이 일어난다. 초자아 앞에서는 어떤 것도, 즉 상념조차도 숨을 수 없으므로, 인간이 파괴적 행위를 실행했든 의도만 하든 죄책감이 일어난다. 인간의 파괴충동 자체가 죄책감을 불러일으키는 것이다.

둘째, 파괴성의 자제도 죄책감을 유발한다(GW 14, 485-486). 파괴적 행동을 실행하든 의도하든 죄책감이 생긴다는 점을 프로이트는 앞에서 설명했다. 그러면 그런 의도조차 없애면 죄책감이 사라질 수 있지 않을까 추리해 볼 수 있다. 그러나 그렇게 자아의 파괴성을 줄이면 줄일수록 초자아 내의 양심은 더욱더 힘이 세져서 더욱 심하게 자아를 공격한다. 그러면 자아의 죄책감은 상승한다. 왜 그럴까? 프로이트는 충동을 만족시키면 충동의 힘이 줄어든다는 점을 근거로 제시한다. 파괴성을 자제하면 개인이 소망하는 나쁜 일을 못하게 될 것이다. 소망이 충족되면 양심의 힘은 줄어드는데, 소망이 계속 좌절되면 양심은 강해진다. 인간은 일이 잘 풀려 가면 양심은 부드러워져서 자아에게 모든 것을 허용하지만, 거듭 불운을 겪으면, 다시 말해 소망충족이 계속 거절되면 인간은 자신 안으로 돌아와 반성하며, 자신의 죄를 인식하고, 참회 과정을 통하여 자신을 처벌한다. 이 과정에서 인간은 양심의 요구 수준을 높이고, 더 높은 절제 수준을 자신에게 부과한다. 인간의 자아는 행복한 시절에는 자아 내부의 초자아를 무시했지만, 불운의 숙명^{Mißgeschick} 앞에서는 그것 앞에 고개를 숙이는 것이다.

불운이 양심을 강화한다는 점을 프로이트는 유대교의 계율이 엄격해지는 과정에서도 확인한다. 이스라엘 민족은 신이 계속 자신들에게 불행을 내려도 여전히 신의 권능과 정의를 믿으며, 신을 비난하지 않고 오히려 자신들을 꾸짖어 죄책감을 불러일으키는 선지자를 창조하였다. 유대교의 계율은 점점 더 엄격해진다. 프로이트는 이 현상의 원인을 죄책감의 증가라고 지적한다. 유대인은 자신을 신이 선택한 민족이라고 믿고 있었다. 그들은 자신들이 어떤 민족보다도 신의 사랑을 더 많이 받는다는 환상을 품고 있었다. 그러나 실제 현실은 그들에게 나쁘게 돌아갔다. 그들은 이집트에서 노예생활을 하였으며 바빌로니아로 잡혀가 포로생활을 하였던 것이다. 유대인은 선민이라는 행운을 포기하고 싶지 않기 때문에, 불행의 책임을 신에게 묻는 대신 책임을 자신에게 돌렸다. 그들은 자신이 계명을 어기고 죄를 졌기 때문에 불행을 겪었다고 추론한다. 그들은 신에게 처벌받아 마땅하다고 생각하고 싶어 하였다. 그들은 죄책감을 만족시키려는 요구에서 즉 자기를 처벌하고자 하는 욕구에서 계명을 점점 더 엄격하게 하고 고통스럽게 하였다 (GW 16, 243-244). 우리는 이런 현상을 가정에서도 본다. 아버지를 최고의 존재라고 여기고 아버지를 사랑하는 아이는 아버지로부터 학대를 받아도 아버지를 미워하지 않고 자신이 게으르고 나태해서 아버지의 명령을 제대로 준수하지 못했을 것이라고 여긴다.

그런데 원시인은 이와 다르게 처신한다고 프로이트는 지적한다(GW 16, 219). 그들은 불행을 겪으면, 자신에게 책임을 묻지 않고, 오히려 그들의 신이 제대로 일하지 않았다고 비난한다. 고전 시가 「구지가」에서 '머리를 내어 놓지 않으면 구워 먹으리'라는 문구를 생각해 보자. 신들이 의무를 다하지 않아서 그들에게 승리, 행복, 안락을 지켜 주지 못했다고 그들의 신을 버리거나 징계하는 것이다.

자아가 파괴성을 포기할 때 초자아가 그 파괴성을 인수하는 과정을 프로이트는 또 다른 방식으로 설명한다(GW 14, 488-489). [아이는 매우 중요한 만족을 외부의 힘 때문에 시도조차 하지 못하고 포기하게 되면, 현저한 정도의 파괴성향을 발전시킨다. 그러나 아이는 무력하므로 어쩔 수 없이 이런 복수에 불타는 파괴성의 만족을 포기해야 한다. 이때 아이는 이 난공불락의 권위자를 동일화 과정을 통하여 자신 안에 수용한다. 그 권위는 이제 초자아 속으로 들어온다. 초자아는 아이가 권위자에게 발산하고 싶었던 모든 파괴성이 자리 잡는 터전이 되어 아이의 자아를 공격한다. 상황은 역전되어 이렇게 된다. "만약 내가 아버지라면, 네가 아이라면, 나는 너를 심하게 다룰 거야."] 이 과정을 필자는 다음과 같이 분해할 수 있다고 생각한다. "① 아이는 아버지(강자)가 되고, 아버지는 아이(약자)가 된다. ② 아버지가 된 아이는 아이가 된 아버지를 공격한다. ③ 아버지가 된 아이(아버지의 권능과 동일화한 아이)는 아이의 초자아이다. 아이가 된 아버지는 아이의 자아이다. ④ 아이의 초자아는 원래 아이가 아버지에 대해 품고 있었던 복수심(파괴성)을 인수한다. 이렇게 새로 생긴 초자아와 자아의 관계는 아직 초자아와 자아로 나누어지지 않은 원래 자아와 외부 대상 사이의 실제 관계가 소망을 통하여 일그러진 형태로 복귀한 것이다."

보통 아버지의 교육이 엄격하면 아이의 초자아도 강력하게 형성된다(GW 14, 490-491). 아이가 아버지에 대해서 갖는 강한 복수심이 아이의 초자아로 들어오기 때문이다. 그런데 매우 부드러운 교육을 받은 아이도 엄격한 양심을 가질 수 있다. 이런 경우 아이는 아버지가 자신에게 엄격한 명령을 내려 자신의 소망을 꺾으리라고 예상하고 있는 것이다. 개인이 외부 대상으로부터 실제로 소망의 저지나 방해를 경험하지 않았더라도, 외부의 권위자가 그렇게 할 것이라고 짐작하고 복수심을 불태울 수 있다.

셋째, 사랑과 공격의 양가성에서 죄책감이 유발된다. 이 점은 프로이트가 가정하는 인류 초기의 부친살해에서 잘 드러난다(GW 14, 492-493). 아들은 아버지에게 사랑과 증오의 양가적 감정을 가지고 있다. 이 때문에 아들이 아버지를 미워하여 살해한 이후 행위에 대한 후회 때문에 사랑이 전면으로 등장한다. 사랑의 힘 때문에 아들은 아버지와 동일화하여(아이는 아버지가 되어), 아들에게 초자아가 확립된다. 이제 아들은 초자아에게 아버지의 힘을 주어 자신을 처벌하게 한다. 초자아가 자아를 공격하여 죄책감이 형성되는 것이다.

죄책감은 발생과정을 살펴보면 모두 양심의 형성이 죄책감의 필수조건임을 알 수 있다. 양심은 에로스 때문에 형성된다. 아이가 부모에게 사랑받기 위해 노력하는 과정에서 초자아, 즉 양심이 설치되는 것이다. 그런데 인간에게는 파괴적 충동이 존재하며, 에로스도 좌절되면 파괴성으로 전환된다. 초자아가 형성된 후 에로스와 파괴성의 충돌은 초자아와 자아의 긴장으로 변환된다. 문화의 발전에서 죄책감의 증가는 불가피한 것이다.

8. 8절 문명의 문제와 해결

지금까지 프로이트는 죄책감이 문화발전의 가장 중요한 난제임을 드러내었다. 문화 진보에는 비용이 불가피하다. 그것은 죄책감이 고양되어 행복을 잃어버린다는 것이다. 일상적인 후회의 사건에서 후회는 의식에게 분명하게 지각된다. 이런 경우에는 죄책감Schuldgefühl 대신 죄의식Schuldbewußtsein이라고 불러도 좋을 것이다. 그러나 프로이트에 따르면 신경증에서와 마찬가지로 문화로부터 산출되는 죄의식은 죄의식으로서 인식되지 않고, 대부분 무의식으로 남아 있거나, 불편한 심기ein Unbehagen나 불만족 정서Unzufriedenheit로 출현한다(GW 14, 495).

종교는 문화에서 죄책감의 역할을 놓치지 않는다. 종교는 이러한 죄책감을 죄Sünde라고 규정하고 죄로부터 인간을 구원한다고 약속한다. 프로이트는 종교가 이 약속을 지키지 못한다는 점은 앞에서 지적하였다.

어떤 사람들은 도덕이 문명의 문제를 해결할 수 있기를 희망한다. 사회도덕은 문화-초자아Kultur-Über-Ich일 것이다. 프로이트가 볼 때 문화-초자아는 개인의 초자아나 마찬가지로 인간의 정신이 어떻게 실제로 구성되어 있는지 충분히 고려하지 않는다(GW 14, 503-504). 문화-초자아는 명령을 선포할 뿐, 그것을 준수하는 일이 인간에게 가능한지 묻지 않는다는 것이다. 초자아는 자신에 내린 모든 명령을 자아가 준수할 수 있다고 가정하고, 자아가 맹목적 욕망을 완전히 지배할 수 있다고 가정한다. 이 점은 오류라고 프로이트는 단정한다. 프로이트는 합리적 통제 이전의 원초적 욕구를 '그것das Es/id'라고 부른다. 소위 정상인에게도 '그것', 즉 이드id를 지배하는 역량은 특정한 한계 이상으로 올라갈 수 없다. 예를 들어 '너의 이웃을 네 몸과 같이 사랑하라"는 명령은 인간의 공격성에 대한 강력한 방어책으로 나온 것이지만, 그 명령은 실천할 수 없다. 인간에게 감당할 수 있는 한계 이상을 요구하면, 인간은 불행하게 되거나 신경증이 생산된다.

문명의 문제를 해결할 대안은 무엇인가? "나는 인류 앞에 예언자로 나설 용기가 없다. 그리고 인류에게 어떤 위안도 줄 줄 모른다는 비난에 수긍한다."(GW 14, 506) 프로이트는 문명의 문제를 해결할 대안은 제시하지 못했다. 그렇다고 프로이트의 문명 연구가 무가치하다고 평가해서는 안 될 것이다. 그는 문명의 과제를 우리가 제대로 통찰할 수 있도록 해 주었기 때문이다. "인간의 공격 충동과 자기 파괴충동 때문에 야기되는 공동생활의 방해를 문명의 발전으로 과연 제어할 수 있는가, 그리고 어느 정도로 제어에 성공할 수 있는가? 이것이 인류의 숙명적 문제인 듯하다."(GW 14, 506) 프로이트는 문명의 문제를 이렇게 진단한다. 여기서 성의 충동은 언급되고 있지 않지만, 그것이 야기하는 문제도 포함되어 있다. 성충동이 좌절되면 그것은 자아나 이드의 파괴성으로 이전되기 때문이다.

프로이트의 문명 진단은 사람들이 대비할 수 있는 기회를 주는 의미가 있다. 이 점을 그 자신도 알고 있다. 프로이트는 현대 교육이 청년들에게 아무런 심리적 준비 없이 세상에 나아가도록 한다고 비판한다. 교육은 청년에게 인간의 성충동과 파괴충동에 대해 가르치지 않고 오히려 은폐한다는 것이다. 인간의 기본충동은 파괴성이므로 누구나 타인이 가하는 공격의 대상이 된다. 그런데 인간은 본래 선하며 인간에게 파괴성향이 없다고 가르친다면 프로이트의 지적대로 이런 교육은 북극 탐험에 나서는 여행자에게 여름 옷과 이탈리아 호수 지도를 주는 것이나 다름이 없을 것이다(GW 14, 494, 각주 1).

Ⅲ- 종교의 기능과 원천

『문명 속의 불만』에서 프로이트는 다양한 삶의 기술을 열거한다. 그중에서 종교는 망상의 방식으로 세상을 건설하여 행복을 확보하고 고통으로부터 인간을 보호하는 목표를 달성한다. 종교는 집단 망상이지만 인간을 행복하게 하는 하나의 수단이라는 점을 프로이트는 지적하는 것이다. 종교에 대한 프로이트의 평가는 이중적 측면을 지니고 있다. 종교는 고통으로부터 인간을 보호하고 환상의 세계에서 행복을 추구하는 긍정적 효과가 있다. 한편 종교는 현실 세계로부터 망상적 세계로 도피하는 것이므로, 현실 세계를 변형하여 인간의 운명을 실제로 개선하려는 에너지를 갉아먹을 수 있다.

망상적 방식으로 문제를 해결한다는 점에서 종교는 일종의 신경증이다. 프로이트에게 종교는 인류의 보편적 신경증이다. 종교에 관한 어떤 저술에서도 그는 이 주장을 떠난 적이 없다.[38] 1907년 「강박행위와 종교적 행사」는 종교에 관한 프로이트의 첫 번째 주요 논문이다. 여기서 프로이트 종교 이론의 주요 사항들이 다수 출현한다. 종교의 기원에서 아버지 콤플렉스의 의미, 충동의 포기와 이에 따른 종교의 위로와 보호, 종교적 행사의 강박적 성격 등등. 이런 점들은 『토템과 터부』(1913),

[38] Michael Palmer, *Freud and Jung on Religion* (Routledge, London and New York, 1997), pp.12-14.

『환상의 미래』(1927), 『문명 속의 불만』(1930), 『모세와 일신교』(1939)라는 저술에서 자세히 전개되고 있다. 이 네 가지 책이 종교에 대해서 서로 다른 각도에서 접근하지만 변함없는 주제가 작동한다. 그것은 초기의 논문에서처럼, 종교와 신경증의 연결이다. 신경증은 종교의 발생뿐아니라, 사람들이 종교를 지지하는 이유를 설명해 준다.

1. 신경증과 종교

「강박행위와 종교적 행사」(1907)에서 프로이트는 종교가 강박신경증과 유사하다는 견해를 전개한다.[39] 강박신경증 환자들은 외부 사람의 눈에는 아무런 의미가 없어 보이는 행동을 체계적으로 수행한다. 이런 행동의 특징을 의례Zeremoniel라고 부른다. 강박신경증 환자들이 수행하는 의례적 행동은 신앙인이 종교 의식에서 수행하는 행동과 비슷하다. 더 나아가 그 둘은 불안에 대한 방어라는 동일한 동기를 내포하고 있다. 프로이트는 강박신경증은 개인적 종교individuelle Religiosität이며, 종교는 보편적 강박신경증universelle Zwangsneurose으로 파악할 수 있다고 단언한다(GW 7, 139). 강박신경증과 종교는 외양과 동기가 모두 유사하기 때문이다.

　신경증적 의례 행위와 종교적 의식의 사이에는 비슷한 점이 많다. 그중 가장 중요한 것은 의례를 중단하면 양심의 불안이 일어난다는 점이다. 둘은 차이도 큰 것 같다(GW 7, 131-132). 기도, 동방으로 절하기 등등의 종교 의식은 의미로 가득 차 있지만, 신경증적 의례는 의미 없게

---

39 「Zwangshandlungen und Religionsübungen」, GW 7.

보인다는 점이다. 그러나 프로이트의 정신분석적 탐구를 따라가면 그 둘 사이의 차이가 일거에 해소된다는 점을 우리는 인식하게 된다.

신경증적 의례는 외견상 시시한 업무로 구성되어 있다. 수면 의례를 예로 들면 보통 사람들은 잠옷을 갈아입고, 불을 끄고 이불을 덮고 베개를 베고 자는 반면, 강박증 환자는 침실의 의자는 침대 옆의 특정한 장소에 놓고, 옷을 그 위에 정리하고, 이불은 특정한 부분이 시트 밑으로 들어가도록 접고, 베개는 마름모 꼴로 놓고, 머리를 베개의 정중앙에 두고 잠자는 식이다. 보통 사람들의 수면 절차와 달리 신경증 환자들의 행동들은 우리에게 껍데기에 치중한 행위라는 인상을 준다. 그런 것들은 우리에게 아무 의미 없는 것으로 보인다. 그러나 환자 자신에게는 그런 의례가 매우 중요하다. 그것을 중단하면 환자는 잠잘 수 없는 것이다. 의례를 집행하지 않으면 자신이 처벌될까 불안하기 때문이라고 프로이트는 풀이한다(GW 7, 130). 수면의례를 치르지 않으면, 무슨 일이 잘못되어 처벌받을까 두려워 강박신경증 환자는 일련의 의례적 행동을 수행한다는 것이다. 프로이트는 강박신경증 환자의 사례를 든다.

[남편과 별거 중인 어떤 부인(30세)은 식사를 할 때 가장 좋은 부분을 남겨 두는 강박현상을 보인다. 구운 고기를 먹을 때도 껍데기만 즐기는 식이다. 그 포기 습관은 그녀가 남편에게 부부관계의 중단을 선언한 날에, 다시 말해서 가장 좋은 것을 포기한 날에 시작했다.

이 환자는 딱 한 의자에만 앉았고, 거기에서 일어날 때 아주 힘들어 했다. 그 의자는 그녀에게 남편을 상징하고 있다. 그녀는 강박행동을 통하여 다음의 명제를 선언하고 있다: 한번 자리에 앉으면 의자에서, 즉 남편으로부터 떨어지기 힘들다. 그러니까 그녀는 남편에게 정절을 다 하고 있다고 주장하는 것이다.

이 환자는 다른 방으로 건너가 탁자 중앙에 앉아 탁자 위에 탁자보를 특정한 방식으로 깔고 하녀를 부른다. 그리고는 시시한 일을 시키고 하녀를 다시 내보낸다. 이런 강박을 설명하고자 하는 노력 과정에서, 그녀는 다음 사실을 발견했다. 그 탁자보에는 잘못 채색된 얼룩이 있었는데 그녀는 언제나 이 얼룩이 특정한 자리에 오도록 탁자보를 깔고 하녀에게 보여 주었다. 이 강박현상은 결혼 생활에서 나온 체험의 재현이다. 결혼식 첫날밤 남편은 성불능이었다. 밤새 여러 번 시도했지만 실패하고 아침이 되자 남편은 호텔 하녀에게 창피하다며, 붉은 잉크를 시트 위에 쏟았다. 그러나 남편은 실수로 자신이 의도했던 장소에 잉크를 뿌리지 못했다. 환자의 강박행위는 첫날밤의 사건을 재현하는 것이다. 좀 더 정확히 말하면 첫날밤의 상황을 교정하고 있다. 왜냐하면 그녀는 탁자보를 펴서 얼룩이 위치하도록 한 지점은 남편이 성불능이 아니었다면 붉게 얼룩져야 할 바로 그곳이기 때문이다. 환자는 이런 강박행동을 통하여 남편의 성불능을 부정하고 있다.](GW 7, 133-134)

프로이트는 이 사례에서 강박행위의 모든 행동들은 의미가 있으며, 무의미하게 보이더라도 의미를 해석해 낼 수 있다는 점을 보여 준다. 환자는 강박행동을 통하여 다음과 같이 말하고 싶어 한다는 것이다 (GW 11, 268-271). "남편은 성불능이 아니다. 하녀 앞에서 부끄러울 일이 없다. 나는 성생활을 즐기고 있다." 환자는 이런 소망을 강박행동으로 표출하고 있다. 그런데 환자가 강박행동을 아무리 반복하더라도 실제로 남편이 정상적으로 성활동을 하는 것도 아니고, 부인이 성생활에서 만족을 얻게 되는 것도 아니다. 환자는 실제 세상을 바꾸지 않고, 주관적 인식을 변경시켜 소망을 달성한다. 이런 환각적 방식은 우리가 밤에 꾸는 꿈에 잘 나타난다. 환자는 강박 행동을 통하여, 남편의 성불능을 부정함으로써 남편의 명예를 지켜 주고, 결혼 생활의 불행이 남에게 알려지지 않도록 하며, 상상 속에서 성적 만족을 얻는 혜택을 누린다.

강박신경증은 충동의 억압에서 출발한다. 위의 환자는 성충동을 억압하고 있다. 프로이트는 만약 그녀가 자신의 성적 욕구를 인정하고 있었다면, 남편의 성불능과 결혼 생활에서 환자 자신이 겪는 불행을 수용하였을 것이라고 추론한다(GW 7, 136). 그러나 환자는 자신에게 성적 충동이 일어나고 있다는 사실을 보지 않으려고 하고(성적 충동을 억압하고) 그 과정에서 남편의 성불능을 부정하게 된다. "나는 성적 충동이 없으므로, 남편의 성불능은 아무것도 아니다. 따라서 남편은 성불능이 아닌 것과 같다." 그런데 환자에게 충동은 계속 솟아오르고 있으므로, 환자는 보고 싶지 않은 것을 보게 될까 봐 늘 불안하다. 성충동을 억압하려는 심리적 작동은 무의식 속에서 매복하고 있던 성충동에 의해 늘 위협받아 불확실한 느낌(불안)에 휩싸인다. 억압의 과정 자체에서 불안이 일어난다. 자꾸 불안이 일어나고, 그래서 충동을 억압하기 위한 행동을 반복한다.

성충동의 억압—불안—충동의 재억압(강박행동)—불안—충동의 재억압(강박행동)—불안—

억압의 과정은 강박신경증으로 나아간다. 충동이 항구적 쇄도를 감행하기 때문에 그것을 제압하려면 언제나 새로이 억압하는 심리적 노력이 지속되어야 한다. 의례 행위와 강박행위는 유혹에 대한 방어이다.

성적 충동에 유혹당하지 않기 위해 환자의 자아는 예방적 행동을 반복하는 것이다. 프로이트는 많은 강박적 행위가 성적 체험이 일어나지 않도록 예방하고 조심하는 기능을 수행한다고 본다(GW 14, 114). 환자는 성적 체험을 할까 봐(성충동이 일어날까 봐) 두려워서 강박적 행동을 하는 것이다. 강박행동은 미래에 예견되는 불행에 대한 예방으로서 수행된다.

종교 역시 충동의 억압, 포기에서 형성된다. 그런데 충동의 성격에 차이가 있다. 프로이트는 신경증에서는 성적sexuell 충동이, 종교에서는 그것뿐 아니라 이기주의적egotistisch 충동도 문제가 된다는 점을 간파한다(GW 7, 137-139). 여기서 이기주의적 충동은 프로이트가 사회에 해를 끼치는sozialschädlich 충동이라고 덧붙여 설명하는 것으로 보아, 후기에 언급하는 파괴적 충동일 것이다. 모든 인간에게는 파괴적destruktiv, 반사회적antisozial, 그리고 반문화적antikultuell 성향이 존재하고 있다는 점을 고려해야 한다고 프로이트는 주장한다(GW 14, 328). 그렇다고 파괴적 성향을 늘 만족시킬 수는 없을 것이다. 파괴적 충동의 포기에서도 종교의 반복적 의례가 형성된다는 점이 신경증과 종교의 차이이다.

2. 종교와 문화

문화에는 여러 가지 구성요소가 있다. 기술, 과학, 예술, 종교, 경제, 도덕, 법률, 국가 등등. 종교는 많은 문화 중 하나이다. 그러면서 종교는 다른 문화들이 파괴되지 않도록 지키는 기능을 수행한다. 종교는 문화 중의 하나이면서 모든 문화의 수호자라는 독특한 지위를 차지하고 있다. 종교는 인간에게 불행을 위로하며 희망의 환상을 제공하여 문화가 공격받지 않도록 하기 때문이다.

(1) 물질적 문화와 정신적 문화

프로이트는 문화를 두 종류로 나눈다. 물질적 문화와 정신적 문화. 첫째, 물질적 문화는 다시 둘로 나뉜다(GW 14, 326-327). ① 인간이 지금까지 획득한 모든 지식과 역량, 인간은 자연력을 통제하고 자연의 재산을 자연으로부터 뽑아내기 위하여 지식과 역량을 획득해 왔다. 재산은 인간이 충동을 만족시키기 위한 수단이다. ② 인간관계를 규제하는 제도. 문화는 인간관계를 규제하는 제도를 포함한다. 개인은 공동생활을 위해 많은 소망을 포기해야 한다. 이것이 인간관계 규제이다. 이 때문에 사람들은 문화의 필요성을 알면서도 문화를 적이라고 여기고 공격한다. 공동생활을 위해서 개인에게 문화가 요구하는 희생을 개인은 무거운 부담으로 느끼는 것이다. 문화가 성립하고 지속되려면 문화는 개인의 공격으로부터 방어되어야 한다. 문화의 제도, 기관, 법령은 이러한 과제에 봉사한다.

만약 인간이 자진하여 충동의 만족을 단념하고 재화를 얻기 위해 일한다면, 인간관계를 규제하는 제약은 없거나 매우 적을 것이다. 그러나 프로이트가 보기에, 대중은 게으르고, 우둔하다(GW 14, 328-329). 대중 die Masse은 충동 포기를 좋아하지 않고, 충동을 포기해야 한다는 점을 대중에게 논리로 설득할 수 없으며, 개인들은 방종을 서로 격려한다. 인간은 자발적으로 일하기를 좋아하지 않고, 논증과 논리는 인간의 감정에 저항할 힘이 없는 것이다. 문화의 지속은 노동의 수행과 충동의 포기에 달려 있는데, 인간의 성향은 그렇게 하지 않으려고 한다.

대중은 자발적으로 욕구를 포기하고 일을 하려고 하지 않는다. 이런 나태한 인간 성향 때문에 소수의 지도자는 대중이 충동을 포기하도록 영향을 미쳐야 한다고 프로이트는 지적한다. 여기에서 우리는 문명의 결정적 문제는 물질적 자산이 아니라는 프로이트의 통찰을 이해할 수 있다. "문명의 지속적 발전을 위해 인간에게 부과되는 충동 희생Triebopfer 이라는 부담을 줄일 수 있을 것인가? 충동 희생의 부담과 인간을 어떻게 화해시키고 희생에 대해 어떻게 보상할 것인가?" 이것이 문명에서 결정적 문제라고 프로이트는 판단하는 것이다.

둘째, 정신적 문화는 노동을 위해 충동 포기를 강압하는 수단과 인간을 화해하게 하고, 강압에 동반되는 희생을 보상하는 방책이다. 이것을 프로이트는 문화의 정신적 자산der seelische Besitz이라고 부른다(GW 14, 330-331). 문화의 물질적 자산(물질적 문화)은 재화를 얻기 위한 기술과 학문, 그것을 통하여 획득된 재화, 재화를 분배하는 제도, 그리고 인간의 행동을 규제하는 제도이다. 그런데, 모든 문화는 구성원들이 반드시 일하도록 강제하는 노동의 강압과 충동의 포기에 근거하며, 이런 요구 때문에 사람들에게서 문화에 대한 저항이 불가피하게 일어난다. 문명의 물질적 자산은 문화에 참여하는 사람들의 반란Auflehnung과 파괴벽Zerstörungssucht을 통하여 위협받는 것이다. 프로이트는 문명에서 가장 중요한 문제가 문명의 물질적 자산이 아니라, 문화를 방어하기 위해 사용할 수 있는 수단 즉 정신적 자산이라고 확신한다.

프로이트는 정신적 자산에 초자아, 문화적 이상, 예술, 그리고 종교를 포함시킨다. 첫째, 초자아das Über-Ich는 정신의 특수한 기관seelische Instanz이다. 이것은 외부적 강압을 자신의 명령(자기가 자신에게 내리는 명령)으로 수용함으로써 자아 내에 생긴 새로운 체제이다. 아이들은 이러한 내면화 과정을 거치며, 도덕적·사회적 인간으로 성장한다. 문화는 충동 포기의 강제를 포함하고 있어서, 늘 개인의 자유와 충돌하고 있는데, 개인에게 초자아가 형성되면 외부의 강압을 강압이라고 느끼지 않게 된다. 프로이트는 초자아의 강화를 매우 가치 있는 문화적 자산이라고 평가한다(GW 14, 332). 초자아가 설치되고 강화되면, 개인은 문화의 적대자(Kurturgegner)로부터 문화의 담지자(Kulturträger)로 변한다. 초자아 내에 인간관계를 규제하는 모든 명령과 금령이 들어 있고, 그것들을 스스로 준수하기 때문에 개인은 문화를 수호하는 존재로 변신하게 된다.

둘째, 문화의 이상das Ideal은 무엇이 최고인지를 평가하는 기준이다. 각각의 문화는 인간이 무엇을 위해 노력해야 하는지, 그것을 규정하려는 작업을 포함하고 있다. 이것은 프로이트가 세계관Weltanschauung이라고 부르는 것의 일부일 것이다. 프로이트는 세계관이 우리 인생의 모든 문제를 하나의 고차원적 가정으로부터 풀어 버리는 지성적 구성체intellektulle Konstruktion라고 이해한다(GW 15, 170). 유대교의 창조설이 세계관의 대표적 사례이다. 인간과 자연의 모든 사건을 설명할 수 있는 그런 세계관을 가지는 것이 인간의 이상적 소망 중의 하나이다. 그것을 믿으면 사람들은 인생에서 안정감을 느끼며, 자신이 무엇을 위해 노력해야 하는지, 자신의 감정과 관심을 어떻게 하면 가장 적절하게 처리할 수 있는지 알 수 있기 때문이다. 만약 어떤 사람이 세계관을 통찰하는 문화 속에 살고 있다고 믿는다면, 그는 인생과 세계의 목적을 인식하는 수준의 사회에 살고 있다고 생각할 것이다. 이런 자아도취적 믿음은 인간에게 자부심을 준다. 지금 한국에는 이런 세계관이 상실되어 한국인은 경제적 성장에도 불구하고 자부심을 가지지 못하고 있지 않나 필자는 추측한다. 경제적으로 가난한 나라일지라도 그 사회에 문화적 이상이 확립되어 있다면 주민들은 자부심을 느끼며, 잘살지만 세계관이 혼란스런 나라 사람보다 만족도가 큰 것 같다.

문화 이상에서 나오는 자아도취적 만족narzißtische Befriedigung은 하나의 문화권 내부에서 발생하는 문화 적대성을 성공적으로 다스리는 힘으로 작용한다. 가난한 사람들은 부자에 비해 사회에 대한 적대적 태도가 더 클 것이다. 문화적 이상은 사회 계층의 차이에서 발생하는 파괴성을 처리할 수 있다고 프로이트는 지적한다(GW 14, 334-335). 상위 계층뿐만 아니라, 하류 계층도 문화 이상을 통찰하는 사회에 살고 있다는 데에서 만족을 얻는다. 하류 계층 사람들은 문화의 이상을 통찰하지 못하고 있는 외부의 열등한 문화를 경멸할 수 있다. 하류 계층은 자신의 사회에서는 열등한 존재이지만, 외부의 문화를 무시할 권리 덕택에 자신의 문화권 내부에서 겪는 피해를 벌충할 수 있다. 로마의 하류 계층은 이렇게 자신을 위로할 수 있을 것이다. "나는 비참하고, 부채와 군역에 시달리는 평민이지만, 로마 시민이다. 나는 다른 나라를 지배하고 그들에게 법령을 지시하는 과업에 참여하고 있다." 이렇게 로마의 평민도 다른 문화와 비교하여 우월한 로마 문화의 구성원이라는 점을 자랑스러워 할 수 있는 것이다. 지금도 이런 현상을 볼 수 있다. 선진국의 평범한 사람들은 저개발국가의 시민을 무시하고 우월감을 맛보면서, 자신 문화 내에서 겪는 열등성을 상쇄하고 있다.

세 번째, 예술은 문화 참여자에게 문화적 이상과는 다른 방식으로 만족을 제공한다(GW 14, 335). 문화 구성원들은 문화를 위해 오래전에 여러 가지 소망을 포기하였지만 여전히 그 포기한 소망을 느끼고 있다. 예술은 문화적 포기를 보상하는 대체만족을 제공하여 희생자들을 위로

한다. 예술이 인간을 위로하는 기능은 2장에서 자세히 언급되었다.

넷째, 종교는 가장 중요한 정신적 자산이다. 사실 종교는 인간관계를 규제하는 제도라는 측면도 있기 때문에 문화의 물질적 자산이기도 하다. 종교는 물질적 문화와 정신적 문화의 두 측면 모두를 포함하고 있다. 이것은 종교의 독특한 기능 때문이다.

(2) 인간의 역사에서 종교의 기능

종교의 기능이란 종교가 인간에게 수행하는 업무이다. 프로이트는 종교가 인류의 역사에서 담당한 기능을 모두 세 가지라고 요약한다 (GW 15, 173-174). ① 종교는 인간에게 우주의 유래와 발생에 관한 정보를 주고, ② 종교는 행위의 지침을 제시하며, ③ 종교는 인간에게 보호와 행복을 약속한다.

첫째, 종교는 인간의 앎에 대한 갈망을 충족시킨다. 이 점에서 종교는 과학과 경쟁자이다. 과학이 발달하면서 종교의 인식적 기능은 줄어들고 있지만 '한국 창조과학회'에서 볼 수 있는 것처럼 만물의 기원에 관한 종교적 신앙을 인식이라고 믿고 있는 사람은 지금도 많다. 둘째, 종교는 인생의 지침을 지시하고 인간의 행동에 금지와 제약을 가한다. 셋째, 종교는 삶의 위험과 변화에서 인간이 느끼는 불안을 달래 주고, 행복한 결말을 인간에게 약속하고, 불행에 빠진 인간을 위로한다. 이 세 번째 기능이 종교의 가장 큰 힘이라고 프로이트는 본다. 첫 번째와 두 번째 기능은 문화의 물질적 자산이며 세 번째 기능이 정신적 자산이다. 종교는 정보를 주며, 인간의 행동을 요구하고, 위로를 준다. 종교에서 이 세 가지 기능이 어떻게 결합되어 있는지는 종교의 발생을 분석하지 않으면 이해할 수 없다.

종교는 인류 역사의 초기에 인간의 앎에 대한 갈망을 충족시켜 주는 과학의 구실을 하였다. 종교는 우주의 발생과 자연의 운행에 관한 정보를 인간에게 주었기 때문이다. 이제 이 기능은 과학으로 넘어갔다. 그러나 아직도 종교를 과학과 맞서는 하나의 특이한 과학인 것처럼 여기는 사람들도 있다. 이들은 종교와 과학이 인식의 측면에서도 동일한 가치가 있다고 믿는다. 과학은 인간의 정신활동의 한 분야이며 종교와 철학은 또 다른 분야이므로, 과학은 종교와 철학의 업무에 개입해서는 안 된다고 그들은 주장한다.

　프로이트는 이런 식의 태도를 허용하지 않는다(GW 15, 171-173). 과학과 철학, 종교가 동일한 서열의 진리라는 시각은 굉장히 탁월하며 관용적이며 넓은 마음을 갖고 편견으로부터 자유로운 것 같다. 그러나 불행하게도 그런 자세는 유지될 수 없다. 진리는 관용적이지 않고, 타협을 허용하지 않는 것이다. 우주에 대한 지식의 원천은 깊은 관찰에 바탕을 둔 지성적인 노력 외에는 없다고 프로이트는 확신한다. 직관이나 계시, 예언으로부터 유래한 지식은 없는 것이다. 직관이나 계시는 환상이나 소원의 충족일 뿐이다. 다시 말해 직관과 계시의 진리라는 것은 인간의 소망의 산물이지, 객관적 인식이 아니다. 인간의 생활은 세계관을 요구한다. 인생은 세계관을 직관이나 계시로 통찰하고 싶은 소망을 만들어 내고 있는 것이다. 그러나 종교가 제공하는 세계관을 인식으로부터 구별해야 한다. 만약 세계관을 인식의 영역으로 수용하면, 진실과 환상을 혼동하여 정신증Psychose으로 가는 길을 열게 된다고 프로이트는 경고한다. 그런 사람은 현실을 대면하고, 현실 속에서 소망과 욕구를 충족하는 데 사용할 가치 있는 에너지를 환상을 창조하고 유지하는 업무에 빼앗기게 된다.

이상을 환상 속에서 창조하는 활동은 종교 이외에 예술과 철학도 참여한다. 프로이트는 예술과 철학은 종교만큼 위험하지 않다고 생각한다. 예술은 대개 무해하고 혜택을 준다고 본다. 프로이트가 이렇게 평가하는 이유, 즉 예술의 환상이 무해한 이유는 예술 작품이 묘사하는 허구의 세계 속에서 우리가 위로받는 동안에 우리는 작품의 세계와 현실 세계의 차이를 인식하고 있다는 점 때문이라고 필자는 추리한다. 그리고 철학은 아무런 틈도 없는 일관적인 우주의 그림을 제시할 수도 있다는 환상에 빠져서 과학인 척한다. 그러나 철학은 대중에게 직접적 영향을 미치지 못한다고 프로이트는 생각한다. 왜냐하면 철학은 지성적 수준이 높은 소수의 사람에게만 관심이 있을 뿐, 대다수의 사람은 철학에 접근할 수 없기 때문이다. 반면 종교는 모든 인간 존재의 감정을 장악하고 있는 거대한 힘이다.

(3) 종교적 표상과 환상

초기에는 종교가 과학의 역할을 담당했고, 더할 나위 없이 일관적이고 통합적인 세계관을 창출하였다. 종교와 과학이 구별되기 이전 인간의 세계관을 프로이트는 종교적 표상이라고 부른다. 그것이 종교적 표상이라고 불리는 이유는 훗날의 종교가 그 표상을 간직하고 있기 때문일 것이다. 종교가 인류에 대해 미치는 영향처럼, 종교적 표상도 고대의 인류에게 비슷한 영향을 주었다. 종교를 선택하지 않은 현대인 중 상당수는 여전히 종교적 표상을 가지고 있다는 점에서 종교적 표상은 오늘날까지도 직접 영향을 발휘하고 있다.

첫째, 종교적 표상die religiöse Vorstellung에는 자연의 인격화vermenschlichen가 포함되어 있다. 종교의 우주론에 따르면 우주는 인간과 닮은 존재에 의해 창조되었다. 그는 모든 점, 즉 권능, 지혜, 정열의 모든 점에서 이상화된 초인der idealisierte Übermensch이다(GW 15, 175). 만약 자연이 그런 성질이 아니라면, 즉 비인격적 위력과 운명이라면, 그것은 우리에게 낯설어 다가갈 수 없을 것이다. 만약 우리가 잘 아는 친근한 존재를 자연에서도 볼 수 있다면, 우리는 불편한 곳에서도 편하게 느낄 수 있어서, 불안을 심리적으로 다룰 수 있다. 기우제를 지낸다고 비가 오는 것은 아니지만, 하늘과 비를 인격화함으로써 인간은 더 이상 아무것도 못하고 그냥 마비되어 있지는 않는다(GW 14, 338). 우리는 적어도 우리를 자연의 위력으로부터 보호하려고 노력할 수 있다. 우리는 외부의 초인Übermensch에게 우리가 인간 사회에서 사용하는 방식을 활용하여, 그들을 달래고, 매수하여, 그들의 힘을 빼앗으려고 할 수 있는 것이다.

우주의 창조자가 종교적 표상에서 남성이며 이 창조자 신은 아버지라고 불린다는 점이 흥미롭다. 프로이트는 창조자가 어린아이에게 나타나는 아버지, 즉 실제 아버지보다 확대된 힘의 아버지라고 추리한다. 인간은 아이일 때 무력한 상태에 놓여 있다. 아이는 부모를, 특히 아버지를 두려워하면서 아이를 위협하는 세력으로부터 부모가 보호해 줄 것이라고 기대한다. 인간이 성장하면 좀 더 큰 힘을 얻는다. 그러나 삶이 위험으로 둘러싸여 있다는 통찰도 점점 커져서, 인간은 여전히 어린이처럼 무력하다고 결론을 내린다. 오래전부터 아이는 실제 아버지가 제한된 힘을 가진 존재이며, 여러 면에서 탁월하지 않다는 점도 알고 있었다. 따라서 성인이 된 인간은 어린 시절의 아버지에 대한 기억을 붙잡고 그것을 신으로 상승시킨다(GW 15, 175-176). 창조자 신이 아버지라고 불리는 이유는 사회 문화 속에서 인간이 처한 상황, 그리고 어린 시절 아이가 처한 무력한 상황 때문이라고 프로이트는 추리하는 것이다.

시간이 지나면서 자연 현상에 규칙성이나 합법칙성이 발견되었다. 이에 따라 자연력은 인간적 특성(미워하고 사랑하는 감정 같은 것)들을 상실했다. 자연 현상은 내적 필연성에 따라 스스로 움직인다는 점을 인간은 관찰하자 신은 자연으로부터 퇴각한다. 그래도 인간은 무력하기 때문에 자연에 대한 신의 위력을 완전히 부정하지는 않고, 신은 자연이 스스로 움직이게 놓아두다가, 단지 가끔씩 자연의 운행에 개입한다고 생각한다. 가끔 신은 기적을 일으킨다고 믿는 것이다. 그러나 종교적 표상에서 프로이트의 강조점은 자연을 인간화하여 자연의 이질성 때문에 일어나는 공포를 추방하는 것으로부터, 잔혹한 운명(특히 죽음)과 인간을 화해하게 하고, 문화적 공동생활 때문에 인간에게 부과되는 고통과 결핍에 대해 보상을 지급하는 것으로 넘어간다(GW 14, 339-340).

둘째, 종교적 표상에는 죽음과 인간을 화해하게 하는 관념이 들어 있다. 죽음은 절멸이 아니라 새로운 실존의 시작이라는 생각을 종교적 표상이 구성하고 있으며 이것은 죽음에 대한 인간의 공포를 줄여 준다.

그러나 죽음의 불안 자체가 인간의 일상생활에서 별로 큰 문제가 아닌 듯이 보이기도 한다. 죽음에 대한 우리의 태도는 솔직하지 않기 때문이다. 누구나 죽음이 인생의 필연적 결말이라는 점을 인정할 준비가 되어 있는 것처럼 보이지만, 실제로는 우리는 전혀 그렇지 않은 것처럼 처신한다. 근본적으로 어느 누구도 자신의 죽음을 믿지 않는다. 프로이트의 지적처럼 무의식에서 모든 사람은 자신의 불멸성을 확신하고 있는 것이다(GW 10, 341). 우리는 죽음을 옆으로 밀어 놓고, 죽음을 삶으로부터 제거하는 경향이 명백하다.

타인의 죽음에 대해서도 사람들은 그 가능성에 관해 말하기를 조심스럽게 회피한다(GW 10, 342). 사람들은 타인의 죽음을 생각하면 자신이 냉담하거나 사악하다는 기분이 든다. 특히 우리는 타인의 죽음이 우리 자신의 재산 또는 지위의 획득과 연결되어 있다면 타인의 죽음에 대해 결코 생각하지 않으려고 애를 쓴다. 그러다가 죽음이란 사건이 일어나면 인간들은 깊은 슬픔에 빠지고 예상 밖의 일인 듯 엄청나게 충격을 받는다. 마치 죽음은 피할 수 있었던 것인데, 사고, 질병, 감염, 고령 등등 불운 때문에 일어난 것처럼 생각하여 우리는 주기적으로 죽음의 우연적 원인을 강조한다. 이렇게 하여 죽음을 필연적 사건으로부터 우연적 사건으로 강등시킨다.[40]

그러나 인간은 죽음을 언제나 회피할 수는 없다. 프로이트는 우리가 죽음을 믿을 수밖에 없는 두 가지 경우를 제시한다. 전쟁과 사랑하는 사람의 죽음. 우선, 전쟁은 죽음에 대한 이런 인습적 태도를 날려 버린다(GW 10, 344). 전쟁이 일어나면 인간은 죽음을 더 이상 부정할 수 없다. 우리는 죽음을 믿을 수밖에 없다. 너무나 많은 사람이 죽기 때문이다. 이렇게 죽음의 사건이 축적되면 죽음이 우연적 사건이라는 인상이 사라지게 된다.

그리고 인간은 사랑하는 사람의 죽음 앞에서 너무나 큰 고통을 겪기 때문에 자신을 죽음으로부터 떼어 놓을 수 없다(GW 10, 347-348). 그렇다고 곧 그는 자신이 죽을 수 있다는 점을 인정할 수도 없다. 그는 타협책을 고안한다. 죽음을 자신에게 인정하지만, 죽음으로부터 삶의 절멸(삶이 모두 사라진다)이라는 의미는 삭제하는 것이다. 원시인은 사랑하

---

40 프로이트는 죽음의 필연성을 인정하지 않는 이러한 죽음에 대한 자세는 우리의 삶에 강력한 부정적 영향을 미친다는 점을 강조한다. 삶이라는 놀이에 최고의 판돈, 즉 삶 자체가 투입되지 않으면, 삶은 빈곤해지고, 흥미를 상실한다. 죽음을 삶에서 고려하지 않는 경향은 많은 포기와 배제를 야기하며, 위험한 일을 못하게 하여 우리의 삶이 마비된다(GW 10, 343).

는 사람의 죽은 시체 옆에서 유령을 만들어 내었다. 유령은 육체는 죽더라도 살아남은 생명의 잔여이다. 인간은 사랑하는 가족이 죽기를 바라는 마음도 있었기에 가족의 사망 후 슬픔과 함께 죄책감을 느끼며, 죽은 이의 유령이 자신을 공격할까 두려워한다. 이런 죄책감과 불안 때문에 유령은 악령이 되기도 한다. 죽음이 야기한 심리적 변화는 개체를 육체Leib와 영혼Seele으로 분해한다.

인간이 죽음과 화해하고자 하는 소망 때문에 유령이나 악령의 존재도 변화를 겪는다(GW 10, 348). 유령이라는 죽은 뒤의 존재는 처음에는 죽음을 통하여 종말을 맞는 존재의 부속물에 지나지 않았다. 유령은 그림자와 같고 아무 내용이 없는 것이어서 오랜 기간 경시되었다. 나중에 가서야 종교는 유령을 높은 단계로 격상시킨다. 종교적 표상은 삶을 과거로 연장하여 전생을 만들어 내고 윤회와 환생을 고안해 내며, 내세는 더욱 가치 있고 더욱 의미 있다고 서술하면서 죽어서 사라지는 현생을 내세를 위한 단순한 준비 단계로 격하시킨다. 이 모든 것의 의도는 죽음으로부터 삶의 절멸이라는 의미를 제거하고자 하는 것이다.

프로이트는 인간관계를 규제하는 도덕과 법률을 문화의 물질적 자산에 포함시킨다. 사랑하는 사람의 시신 옆에서 영혼의 이론, 즉 불멸성의 신앙과 인간의 죄의식뿐만이 아니라, 최초의 윤리적 계명도 생겨난다(GW 10, 349). 프로이트는 양심의 첫 번째 금지령은 "살인하지 말라"라고 확신한다. 사랑하는 이가 죽자 사람들은 슬퍼하면서도 그가 죽기를 바랄 정도로 증오하던 마음에 만족도 일어난다. 살인금지령은 증오심의 만족Haßbefriedigung에 대한 반동형성이다. 죽기를 바랐던 소망을 감추기 위해 죽이지 말라는 계명을 만들어 낸다는 것이다. 점차 이 계율은 사랑하지 않는 사람에게로 확대되었다.

경건한 사람들은 그렇게 믿지 않는다. 그들은 살인금지령이 오래되었고 강력하기 때문에 우리의 본성에 뿌리박고 있다고 결론을 내린다. 그들은 인간의 본질이 악이나 저속과는 거리가 멀다고 가정하는 것이다. 그러나 프로이트는 살인금지령이 오래되었고 강력하기 때문에 오히려 인간에게는 살인하고자 하는 강렬한 욕구가 있다고 결론을 내린다(GW 10, 350). 아무도 하고 싶지 않은 일을 금지할 필요는 없을 것이다. 살인하지 말라는 금지령으로부터 프로이트는 인류가 무한히 긴 살인의 세대를 거쳐 왔으며 아마도 우리의 피에 살인의 욕구가 잔존하고 있을 것이라고 추리한다.

셋째, 종교적 표상은 공동생활 때문에 불가피하게 인간에게 부과되는 고통과 결핍에 대해 보상을 제공한다. 우리의 문화는 보편적으로 충동의 억제라는 토대 위에 건립되어 있다. 모든 개인은 자신의 소유물, 즉 성적 충동이나 공격성(보복 성향)을 일부 내어 놓아야 한다. 충동의 포기라는 이런 협조 덕택에 문화의 재산이 생겨날 수 있는 것이다.

성충동의 단념을 예로 들어 보자. 인간의 성충동은 다른 고등동물 보다 인간에게 더 강력하다. 발정주기를 거의 완전히 극복하였기 때문이다. 성충동은 문화작업에 굉장히 큰 힘을 제공하여 문화작업이 성충동의 에너지를 활용하게 한다. 성충동의 힘은 원래 성적 목표가 아닌 다른 쪽으로 이전될 수 있다. 프로이트는 성충동의 힘을 더 이상 성적이 아닌 목표로 교환하는 기능을 승화Sublimierung라고 부른다. 성충동의 승화가 언제나 성공하는 것은 아니다. 성충동의 근원적 힘의 강도는 개인마다 다르며, 개인이 성충동을 승화할 수 있는 능력도 유전적으로 개인차가 있다. 이런 기질적 요인 말고도 성충동을 승화하는 데에 지성적 영향이나 인생의 경험도 작용한다. 어쨌든 그런 이전과정은 무한히 진

척될 수는 없다. 어느 정도 직접적 만족은 모든 유기체에 필요하다(GW 7, 150-151). 개인마다 차이는 있으나 직접 충족시켜야 할 충동의 부분 조차 만족이 좌절되면, 그 좌절은 기능저하, 주관적 불쾌감, 나아가 질병 같은 부작용을 유발한다.

성충동을 포함한 충동의 포기는 문명이 발전하면 할수록 더 많이 요구된다. 프로이트에게 충동의 만족은 행복이며, 충동 만족의 좌절은 불행이며 고통이다. 문화가 필연적으로 수반하는 고통을 종교가 위로하고 보상해 주어 종교는 충동의 포기를 지원한다(GW 7, 149-150). 이 점에서 종교는 문화의 지속과 발전을 도와주고 있는 것이다. 인간은 현재의 충동 포기가 앞으로 어떤 혜택을 가져올지 확신하지 못한다. 종교적 표상은 이런 인간의 불안을 달래 준다. "신은 아버지처럼 개인을 보살펴서 개인이 지금 수행하는 충동의 포기에 대해 앞으로 보상을 돌려줄 것이며, 현생이 아니라면 내세에서라도 상을 내릴 것이다." 이렇게 인간은 신의 보호와 약속을 무기로 삼아 고통과 좌절에 감내할 수 있는 것이다.

종교적 표상은 교리에 포함되어 있기도 하고, 개인적 세계관 속에 들어 있기도 한다. 사실 무신론자이며 무교라고 주장하는 사람들도 어딘가에서 어떤 힘이 신비스런 방식으로 자신을 보호하고 있다고 믿고 있다면 그는 종교적 표상을 가지고 있는 것이다. 그런 점에서 그는 신앙인이며, 사적 종교를 가지고 있는 셈이다. 현대에는 과거보다 종교를 신봉하는 사람들이 줄어들고 있다고 한다. 이때 종교는 공적 종교이다. 사적 종교도 종교의 기능을 수행하고 있으므로 신앙인의 숫자가 줄어드는 것은 아니라고 필자는 믿는다.

우리는 앞에서 종교적 표상의 행복가치를 다루었다. 이제 그런 종교적 표상의 인식적 가치를 검토해 보자. 행복가치와 인식가치가 일치하는 것은 아니다. 종교가 인간의 행복에 기여하는 기능을 한다고 해서 종교적 표상이 진리라고 결론은 내릴 수는 없는 것이다. 프로이트는 종교적 표상 또는 교리는 진실성을 입증할 수 없다는 견해를 인정한다(GW 14, 349). 이 주장은 전혀 새롭지 않다. 어떤 시대나 종교 교리의 진실성에 대해 프로이트처럼 의혹을 품는 사람은 많았다. 다만 그런 사람들은 여러 가지 압력이 너무 강해 프로이트처럼 의혹을 표출하지 못한 것이다.

종교적 표상은 개인의 세계관에 침전되어 있거나, 교리의 형태로 제시되는데, 그것은 경험의 침전물도 아니고, 논리적 사고의 최종 귀결도 아니다. 과거부터 종교적 표상들은 확증하는 문제에서 결함이 분명했지만 강력한 영향력을 행사해 왔다. 어디에 종교적 교리의 내적 힘이 존재할까? 이성적 인정과 무관하게 종교적 교리가 힘이 있는 이유가 무엇일까? 프로이트는 이 물음에 대해 분명하게 답한다. "종교적 교리는 인식가치는 없지만 강력한 영향력을 행사하는 이유는 종교의 행복가치가 아주 크기 때문이다." 프로이트는 종교적 표상은 환상Illusion, 다시 말해서, 그것은 인류의 가장 오래된, 가장 강력한, 가장 절박한 소망의 성취라는 점을 통찰한다(GW 14, 352). 종교적 표상이 강력한 이유는 그것에 인간의 강력한 소망이 포함되어 있기 때문이다.

환상은 무엇일까? 프로이트는 소망을 기준으로 환상을 정의한다(GW 14, 353-354). 환상이 반드시 오류인 것은 아니다. 해충은 똥에서 생겨난다는 아리스토텔레스의 의견은 오류이다. 척수 매독이 과도한 성행위 때문에 생긴다는 옛날 의사의 의견도 오류이다. 반면 콜럼버스는 자신이 인도로 가는 항로를 발견했다고 믿었는데 그것은 환상이다. 지금은 그 생각이 오류이지만, 콜럼버스가 살아 있을 때는 환상이었다. 콜럼버스의 의견에는 소망이 큰 역할을 하고 있으며, 오류라고 밝혀지지 않았기 때문이다. 프로이트는 환상이 이런 점에서 정신병적 망상 관념Wahnidee과 비슷하다고 본다(GW 14, 206). 그러나 환상은 망상과 다르다. 망상관념의 본질은 현실과의 충돌이다. 환상은 반드시 허위가 아니며, 현실과 모순도 아니라서, 실현 불가능할 필요가 없다. 중산층 소녀는 왕자와 결혼할 것이라는 환상을 품을 수 있다. 이것은 가능성은 희박하지만, 실제로 그런 일이 일어난다. 메시아가 와서 황금시대를 연다는 것은 거의 불가능한 일일 것이다. 이것이 환상인지, 망상 관념인지는 판단자의 개인적 태도에 달려 있다. 프로이트가 어떤 믿음을 환상이라고 부른다면, 믿는 동기는 소원 성취이기 때문이다. 사람들은 환상에서 현실과의 관계는 보려 하지 않는다. 환상이 진리인지 아닌지의 문제, 즉 정당화는 환상에서 중요하지 않은 것이다.

인간은 나약하기 때문에 환상이 필요하다. 유아의 무력성 때문에 아버지로부터 보호의 필요성, 사랑의 필요성이 일어난다. 이러한 무력성이 인생 내내 존속한다는 점을 인간이 인식하면 계속 아버지의 존재를, 이번에는 더욱 강력한 아버지의 현존을 요청하게 된다. 신적 섭리göttliche Vorsehung를 통한 선량한 지배는 인생의 불안을 달래 주고, 도덕적 세계 질서의 건립은 인간의 문화에서는 실현되지 않는 정의의 요구를 확실하게 성취한다(GW 14, 352). 종교적 표상에는 내세에 관한 믿음이 흔히 포함되어 있다. 이승의 존재가 내세로까지 연장되면 소망의 성취가 일어날 시간적 공간적 무대를 확장하는 효과가 있다.

종교적 교리는 전반적으로 환상이다. 종교 교리의 상당수는 증명할 수도 없지만, 거부할 수도 없다고 프로이트는 생각하는 것이다. 그러나 그것들 중 일부는 우리가 실재 세계에서 발견한 사실과 모순하고 있다. 예수의 부활이나 동정녀의 잉태 같은 것들은 망상처럼 보인다. 프로이트는 『환상의 미래』에서 종교의 환상적 측면을 드러내지만, 『문명 속의 불만』에서는 망상적 측면을 강조한다. 그러나 그 차이는 크지 않다. 두 곳 모두에서 종교의 긍정적 측면과 부정적 측면을 비슷한 방식으로 지적하기 때문이다.

종교의 긍정적 측면은 위로이다. 프로이트는 종교적 위로의 작용이 진정제와 비슷하다고 생각한다. 몇십 년을 수면제 없이 잠들지 못한 사람에게 수면제를 뺏으면 그는 잠들 수 없을 것이다. 이런 사정을 프로이트는 인정한다. 그러나 그렇다고 평범한 인간이 종교적 환상의 위로 없이 살 수 없으며, 인생의 곤경과 현실의 잔혹함을 견디어 낼 수 없다는 의견에는 동의하지 않는다. 프로이트는 우주에서 인간은 매우 무력하며, 자애로운 섭리가 어루만지는 대상도 아니라는 점은 인정하지만, 안락한 집에 남아서 부모를 기다리는 아이와 같은 유아적 태도는 극복되어야 한다고 확신한다(GW 14, 373). 인간은 영원히 아이의 자세로 살아서는 안 된다는 것이다. 인간은 결국 밖으로 나가 외부와 적대적 관계 속으로 들어가야 한다고 그는 믿는다.

"인간은 현실로 전진해야 한다." 프로이트가 『환상의 미래』를 저술한 이유는 이 점을 인간에게 가르치기 위해서이다. 인간은 자신의 역량에 의지하며 살아야 한다는 것이다. 인간은 아무런 도움을 받지 못하는 아이였다. 과학적 지식은 많은 것을 가르쳐 주어, 인간의 힘을 더욱더 증가시킬 것이다. 과학에 자연과학뿐만 아니라 프로이트는 정신분석도 포함하였을 것이다. 거대한 운명의 필연 앞에서는 인간은 전적으로 무력하기도 하지만 그것을 체념Ergebung하고 감수#受하며 견디어야 한다는 것이 프로이트의 충고이다(GW 14, 373-374). 인간이 차안에 대한 기대를 버리고, 거기로부터 벗어나서 지상의 인생에 역량을 집중한다면, 삶이란 모든 사람에게 감내할 만하다고 그는 믿는 것이다.

요약하면, 종교는 문화의 물질적 자산이며 정신적 자산이다. 종교는 문화의 모든 다른 업적처럼 압박하는 자연의 막강한 위력으로부터 스스로를 보호하기 위한 욕구(필요)로부터 유래한다. 그리고 문화의 불충분한 측면은 우리를 고통스럽게 하는데 종교는 그것을 수정하고자 하는 열망이다. 종교는 소망의 소산이므로 환상이다.

3. 종교의 기원

개인에게 종교적 표상은 이미 완성된 형태로 제시되어 있다. 개인은 혼자서 그것을 발견할 수 없다. 종교적 표상은 여러 세대의 유산이다. 종교의 기원에 관한 프로이트의 주요 저술은 『토템과 터부』, 특히 네 번째 논문 「토테미즘의 유아기로의 회귀」, 그리고 『인간 모세와 유일신교』이다. 앞의 저술에서는 최초의 종교 형태로서 토테미즘의 성립에 관해 서술하고 있으며, 뒤의 저술에서는 토테미즘으로부터 일신교가 발전하는 과정을 분석한다. 두 저술에서 제시된 견해는 『환상의 미래』 그리고 『문명 속의 불만』을 비롯하여 다른 곳에서도 자주 언급되고 있는 것과 맥을 같이한다.

(1) 토템과 터부
먼저 『토템과 터부』부터 살펴보자. 프로이트는 이것의 결론을 다른 여러 책에서 거듭 인용한다. 토템totem이라는 말은 북미 원주민 오지브와ojibwe, ojibwa족의 언어에서 유래한다. 그들은 여러 개의 부족으로 나뉘는데 부족을 두뎀doodem이라고 부른다. 두뎀 즉 토템은 주로 동물이나 새의 이름을 하고 있는데, 원래 다섯 개의 토템은 메기, 두루미, 오리, 곰, 사슴이다.[41] 아주 옛날에 오지브와 족은 메기 마을, 두루미 마을, 오리 마을 등등으로 구성되었던 것이다.

왜 오지브와 족은 부족을 동물 이름으로 부를까? 각 부족은 자신의 토템을 조상이라고 믿기 때문이다. 공동의 조상에서 유래한 사람들은 자손이므로, 같은 토템의 부족원들은 모두 혈연적 연대로 결속되어 있는 셈이다. 메기 마을 사람들은 메기라는 동일한 조상의 자손이므로 모두 혈족인 것이다. 토템이 부족원의 조상이라면 토템은 단순히 동물의 측면만이 아니라 인간과 동류의 정신적 존재라는 측면도 가지게 된다. 이렇게 동물이나 식물 같은 자연적 존재를 인간과 특별한 관계를 맺는 정신적 존재라고 간주하는 믿음체계가 토테미즘이다. 토테미즘은 인간이 동물이나 식물 같은 자연적 존재를 인간과 특별한 관계가 있다고 간주하여 그것을 존중한다. 존중의 물리적 실체가 토템이라고 불리는 것이다.[42]

신라는 원래 6개 부족으로 설립되었다. 신라의 3대 임금 유리왕이 각 부족에게 6개의 성을 각각 하사하여, 부족은 이李, 최崔, 정鄭, 손孫, 배裵, 설薛 등 성姓으로 불렸다. 성씨는 토템이 아니다. 오지브와 족과 신라 사람들은 부족을 부르는 방식이 다른 것이다. 신라의 건국보다 훨씬 오래

---

41 https://en.wikipedia.org/wiki/Ojibwe
42 https://en.wikipedia.org/wiki/Totemism

전 원시시대에 토테미즘은 발생했다. 왜 원시인들은 동물을 자신의 조상이라고 생각할까?

(a) 토테미즘의 일반적 성격

프로이트는 프레이저(J. G. Fraser)의 연구로부터 토테미즘의 일반적 성격을 파악한다(GW 9, 125-129). 토테미즘은 동물(토템)이 인간과 특별한 관계가 있다는 믿음이다. 토테미즘에는 종교적 측면과 사회적 측면이 있다.

[미개인은 어떤 부류의 물질적 사물material object이 그들과 특별한 관계가 있다고 믿고 그 대상을 경배한다. 그 사물이 토템이다. 토템과 인간의 관계는 서로에게 유익하다. 토템은 인간을 보호하고, 인간은 여러 방법으로 토템에게 경배를 표한다. 만약 토템이 동물이라면 죽이지 않는다. 토템은 주물fetish과 달리 고립된 개체가 아니라 항상 한 부류의 대상이다. 보통은 동물이나 식물인데, 드물지만 무생물인 경우도 있고 더욱 드물게는 인간이 만든 생산품인 경우도 있다. 토템은 세 부류이다. ① 종족 토템the clan totem. ② 성별 토템the sex totem. 이것은 종족의 여자 또는 남자만이 공유한다. ③ 개인 토템the individual totem. 이것은 한 개인의 토템이다. 뒤의 두 토템은 중요하지 않다.

사람들의 무리는 종족 토템을 숭배하며, 그 토템의 이름으로 불린다. 그들은 서로 같은 피를 나누며, 동일한 조상으로부터 유래했다고 믿는다. 그들은 공동의 의무를 지닌다는 점에서, 그리고 그 토템을 믿는다는 점에서 서로 결속되어 있다. 따라서 토테미즘은 종교 제도das religiöse System이며 사회 제도das soziale System이다. 토템을 종교적 측면에서 보자면 토템은 인간과 토템 사이의 상호 경배와 보호 관계이며, 사회적 특면에서 보자면, 종족 구성원 상호 간의 관계이다. 나중에 이 두 측면은 분리되는 경향이 있다. 그러나 처음에는 불가분의 관계였다.

토테미즘의 종교적 측면은 토템 부족원들과 토템 사이의 숭배와 보호 관계를 지적한다. 사람들을 토템을 경배하며, 토템은 사람들을 돌본다. 토템이 동물이라면 사냥하거나 살해하거나 먹지 않으며, 토템이 식물이라면 이런 저런 방식으로 활용하지 않으며. 가끔은 토템을 만지거나 보는 것도 금지된다. 이 금지 규정을 어기면 저절로 심각한 질병에 걸리거나 죽는 처벌을 받는다고 사람들은 믿는다. 그리고 토템 동물이 죽으면 사람들은 동족이 죽은 것처럼 애도를 표명하고 매장한다. 부족원들은 토템이 그들을 보호하고 돌봐 주기를 기대한다. 만약 토템이 맹수이거나 독사처럼 위험한 동물이라면 그 동물이 부족원들은 해치치 않을 것이라고 믿는 것이다.

매우 중요한 상황에서 종족의 구성원들은 자신과 토템의 동일화를 명시적으로 표출한다. 출산, 성년식, 매장 같은 큰 일이 벌어질 때 부족원들은 토템 동물의 가죽으로 옷을 입거나, 토템의 그림을 사람의 육체에 새겨, 토템과 외양을 닮게 함으로써 토템과의 친근 관계를 강조하려고 한다. 동일화는 말이나 행동으로 일어난다. 모든 구성원들이 자신을 토템으로 분장하고 토템인 양 시늉을 하고, 토템의 행동을 모방하는 춤을 춘다. 마지막에 절차로, 토템 동물이 살해되는 예식이 등장한다. 이점은 토템 숭배의 관점에서 이해할 수 없는 사건이다. 보통 개인은 토템 동물을 숭배하며 죽이지 못하는데, 집단이 모여 사죄의식과 속죄 예식을 치르면서 살해하는 것이다.

토테미즘의 사회적 측면은 토템의 부족 구성원 사이의 연대와 의무를 가리킨다. 조상이 같으면 형제이듯이, 토템이 같은 사람들은 형제이고

자매여서, 그들은 서로 서로 돕고 보호한다. 토템의 사회적 체제에서 가장 중요한 것은 근친상간incest 금지 또는 족외혼exogamy이다. 근친상간 금지는 동일한 토템 구성원끼리 결혼하거나 성적 관계를 맺지 못하도록 한다. 동일한 토템의 부족은 형제자매이므로 그들끼리의 성관계는 근친 상간이다. 부족 내에서 결혼하지 못한다면, 부족 바깥사람과 결혼해야 한다. 토테미즘 문화에서 근친상간 금지와 족외혼은 동일한 것이 된다.]

토테미즘에는 이해하기 어려운 점들이 여러 개 있다. "종교적 측면에서 왜 사람들은 동물이나 식물을 숭배할까? 토템을 숭배한다면 왜 죽이는 의식을 벌일까? 그리고 사회적 측면에서 동일 토템의 부족원끼리 왜 성관계를 금지할까?" 프로이트는 이런 물음에 답하기 위해 토테미즘의 기원을 조사한다. 토테미즘의 기원에 대해 두 방향의 설명, 즉 역사적 설명과 심리적 설명이 가능하다. 역사적 설명이란 토테미즘이 실제로 어떤 조건에서 발생하여 어떻게 발전하였는지를 알려 준다. 이것만으로는 토테미즘의 기원을 충분히 설명하지 못한다. 역사적 설명과 아울러 토테미즘이 어떤 정신의 욕구das seelische Bedürfnis/psychical need를 표출하고 있는지를 설명해야 한다(GW 9, 131). 이것이 심리적 설명이며, 심리적 설명을 위해 프로이트는 정신분석적 연구를 동원한다. 프로이트는 심리적 설명을 경제적 설명이라고도 한다.

어떤 사람들은 근친상간 금지는 별로 설명이 필요 없는 문제라고 생각할지도 모른다. 그들은 동일 토템의 부족원은 서로 가족 같으니 성관계 금지가 당연하다고 여긴다. 그런데 지금 우리에게 당연한 문제가 먼 옛날 인류의 초기 시대에는 그렇지 않았다. 이때에는 아직 법률, 도덕, 제도, 관습이 없었다. 근친상간 금지 규정은 언젠가 어떤 이유로 생겨

나서 현대에 이르기까지 전달되어 온 것이다. 그런 금지가 언제 왜 존재하게 되었을까?

프로이트는 근친상간 금지를 너무 쉽게 설명하는 견해부터 다룬다 (GW 9, 149). 그것은 근친상간 금지가 사람들이 싫어해서 생겼다고 주장하는 것이다. 어릴 때부터 함께 살아온 사람들 사이끼리 성적 교섭을 하는 것에 대하여 선천적 혐오가 있으며, 이 혐오의 느낌이 자연스럽게 법이나 관습에 표출된다는 것이다. 이런 주장에 대해 우리는 이런 물음을 던질 수 있다. "가족끼리 성관계를 나누는 것을 원래 싫어한다는 것을 그는 어떻게 알았을까?"

사람들은 근친상간 금지가 도덕에 포함되어 있다는 사실로부터 근친상간에 대한 혐오의 존재를 너무 쉽게 추리한다. 이런 추리를 프레이저는 다음과 같이 반박한다(GW 9, 150).

[인간의 깊은 충동을 왜 법으로 강제할 필요가 있는지 이해하기 어렵다. 인간에게 먹어라, 마셔라, 불에 손을 대지 말라고 명령하는 법은 없다. 인간은 먹고, 마시고, 불에 손을 대지 않는데 그것은 법의 처벌이 아니라 자연의 처벌을 두려워해서이다. 법은 인간의 충동 때문에 인간이 저지를지도 모르는 행위만 금지한다. 자연이 스스로 금지하고 처벌하는데 법이 금지하고 처벌하면 쓸데없는 일이다. 따라서 우리는 이렇게 추리해도 좋다. 법이 금지하는 범죄는 많은 사람들이 저지를 경향이 있는 범죄이다. 근친상간을 금지하는 법이 존재한다. 이것으로부터 근친상간에 대한 자연적 혐오감이 있다고 추리하는 것보다, 근친상간을 선호하는 경향이 있다고 추리해야 한다. 법이 이런 자연적 성향을 억누르고 금지한다면, 그런 성향을 충족함으로써 사회의 보편적 이익을 해치기

때문에 금지하는 것이다.]

근친상간의 선천적 혐오성에 대한 프레이저의 반박을 프로이트는 탁월하다고 평가한다. 그러면서 그는 그 반박을 지원하는 정신 분석의 발견을 덧붙인다(GW 9, 150-151). "아주 어린 아이에게 나타나는 성적 흥분은 분명히 근친상간적 성격이며 그런 충동이 억압되면 나중에 신경증의 동인이 된다." 프로이트는 리비도libido의 발달을 다룰 때 어린아이가 어머니를 성적 대상으로 삼는다는 점을 자세히 설명한다.

근친상간 금지의 유래에 관한 또 하나의 이론은 우생학적 관점에서 근친상간이 좋지 않기 때문에 금지된다는 견해이다. 프로이트는 이 이론 역시 근거가 없다고 버린다(GW 9, 151-152). 원시인도 가축을 기르다 보면 내부관계inbreeding가 종족에게 나쁜 영향을 미친다는 점을 관찰할 수 있었을 것이다. 그러나 근친상간 금지는 가축을 기르는 것보다 더 오래되었다. 아득한 옛날에 원시인이 위생이나 우생학적 고려 때문에 근친상간을 금지할 수는 없을 것이다.

근친상간 금지의 유래를 프로이트는 찰스 다윈의 원시 무리the primal horde에 관한 가설로부터 찾는다(GW 9, 152-153).

[다윈은 고등 영장류의 습관으로부터 원시인의 사회적 상태에 관한 가설을 연역한다. 고등 영장류처럼 인간은 원래 비교적 작은 집단으로 무리지어 살았다. 이 집단 안에서 가장 힘이 세고 나이 든 남자의 질투 때문에 성적 난교sexual promiscuity가 방지되었다. 남자의 질투 때문에 자연 상태에서도 문란한 성적 관계는 거의 불가능했을 것이다. 우리는 지금 남자의 행동으로부터 옛날을 추측해 본다면, 원시인은 원래 소규모 집

단에 살면서 여자를 획득할 수 있고 부양할 수 있을 만큼 많은 수의 아내를 데리고 살았을 것이다. 질투를 무기로 삼아 남자는 여자를 다른 남자로부터 보호한다.]

우리는 옛날 도덕이 없던 시절에는 사람들 사이의 성적 관계가 문란했을 것이라고 추측한다. 그러나 다윈의 가설은 우리의 추측과 반대이다. 원시인들은 작은 무리를 지어 살았고, 거기서 가장 강력한 남자가 모든 여자를 독점하였다는 것이다. 왜 남자는 많은 여자를 혼자서 차지하려 할까? 다윈은 남자의 기본 성향을 질투라고 여기고 있다. 남자는 다른 남자들이 여자를 가지는 것을 싫어한다는 것이다.

다윈이 상상하는 원시 무리 상황에서는 근친상간 금지 즉 족외혼이 필요할 것이다. 모든 여자는 지배자의 것이므로, 집단의 지배자는 질투 때문에 젊은 남자를 추방하거나 그들의 성관계를 금지하게 할 것이다. 원시 집단이 족외혼(즉 근친상간 금지)을 강제한다는 것을 앳킨슨^{Atkinson}이 처음 발견했다고 프로이트는 지적한다(GW 9, 153).

[앳킨슨의 추리에 따르면 젊은 사람들이 추방되어 비슷한 집단을 만들더라도 성적 관계에 대한 비슷한 금지가 지배할 것이다. 지도자가 된 사람은 질투 때문에 다른 남자들의 성관계를 금지할 것이다. 시간이 흐르면서 이 금지가 "같은 집에 사는 사람끼리는 성관계를 하지 말라"는 식의 법률이 된다. 토테미즘이 확립된 이후에는 이 규제가 "같은 토템 내에서 성관계를 하지 말라"는 다른 형식으로 바뀐다.]

프로이트는 족외혼, 즉 근친상간 금지에 관해 두 가지 견해가 대립한다는 것을 발견한다(GW 9, 154). "하나는 프레이저의 견해인데, 그는 족외혼이 토테미즘으로부터 유래한다고 주장한다. 다른 하나는 다윈과 앳킨슨의 견해인데, 그들은 족외혼이 토테미즘보다 먼저 존재했다는 점을 지지한다." 프로이트는 족외혼과 토테미즘이 긴밀히 연결되어 있으며, 그 둘은 다른 동일한 토대로부터 나왔다는 점을 정신분석의 방법을 활용하여 밝힌다(GW 9, 176).

(b) 토테미즘과 아동의 동물 공포증

원시인과 아이들은 동물에 대한 태도가 비슷하다. 프로이트는 종종 아이는 현대의 원시인이라고 말한다. 아이들은 동물과 가깝고 동물과 친하게 지낸다. 대체로 아이와 동물은 좋은 관계인데 가끔 그 관계에 균열이 일어난다. 아이가 갑자기 어떤 특정한 동물의 부류에 공포를 느끼고 같은 종에 속한 동물은 만지거나 보는 것을 기피하기 시작하는 것이다. 이것이 동물 공포증animal phobia이다. 프로이트는 토템 동물이 원시인에게 어떤 의미인지를 밝히기 위해 아이들의 동물 공포증을 조사한다(GW 9, 154). 그는 동물을 두려워하는 아이가 남자라면, 그들의 공포는 근본적으로 아버지와 연결되어 있다고 추리한다. 아이에게 아버지가 동물로 자리를 바꾼 것이다. 어린이 신경증 연구자의 사례를 프로이트는 인용한다(GW 9, 155-156).

[9살 남자 아이는 4살 때 개 공포증에 시달렸다. 그는 거리에서 개가 달려오는 것을 보면서 울면서 외쳤다. "개야, 날 물지 마. 난 착하게 굴게." 착하게 군다는 것은 자위하지 않는다는 것을 의미한다. 이 소년의 개 공포증은 실제로는 아버지에 대한 아이의 공포가 개로 자리를 바꾼 것이다. "개야 나는 착하게 굴게"라는 이상한 외침은 아버지를 지향한다. 아

버지는 아이의 자위를 금지했던 것이다.]

이 사례를 보고한 아동 신경증 연구자는 아이의 동물 공포증은 아버지에 대한 아이의 공포가 동물에게로 전위한 것이라고 결론을 내린다. 프로이트는 아이의 동물 공포증에 관한 자신의 사례도 제공한다(GW 9, 156-157).

[5살 사내 아이 한스는 말 공포증이 있었다. 그래서 거리로 나가지 않으려고 했으며, 말이 방에 들어와서 자기를 물지도 모른다는 공포를 소년은 표현했다. 분석 결과, 이 공포는 말이 쓰러졌으면(죽었으면) 하는 소년의 소망에 대한 처벌이라는 점이 드러났다. 아이는 어머니를 향해 성적 소망이 싹트고 있어서, 소년은 아버지가 없어지기를 바라는(예를 들어 여행을 떠난다거나 죽기를 바라는) 소망과 싸워 왔다. 소년은 어머니의 호의를 받는 일에서 아버지를 맞수로 간주했던 것이다.]

이 소년은 남자 아이가 부모에 대해 취하는 전형적 태도 속에 있었다고 프로이트는 본다. 그 태도를 그는 오이디푸스 콤플렉스^{Oedipus Complex}라고 불렀다. 프로이트가 꼬마 한스^{little Hans}의 분석에서 배운 새로운 사실은 그런 상황에서 아이들은 그들의 감정을 아버지로부터 동물로 자리를 옮겨 놓는다는 것이다.

두 가지 사례의 분석에서 아버지에 대한 아이의 감정적 태도가 동물로 이동한다는 점을 볼 수 있다. 그 자리이동^{Verschiebung/displacement}의 동기를 프로이트는 다음과 같이 정리한다(GW 9, 157).

[아이는 어머니에 대한 경쟁 때문에 아버지를 증오하는 마음이 일어난다. 그러나 이 감정이 아이의 마음을 아무 저지 없이 지배할 수는 없다. 왜냐하면 아이는 아버지에 대해 지금까지 애착과 숭배의 마음을 품고 있었기 때문이다. 증오와 애착 숭배의 감정은 서로 갈등한다. 아이는 아버지에 대하여 이중적doppelsinnig, 양가적ambivalent 정서적 태도 Gefühlseinstellung를 취하고 있는 것이다. 이때 아이는 악의의, 그리고 공포의 감정을 아버지의 대체물에 옮겨 놓음으로써 이중적 정서 태도의 부담(갈등)을 경감할 수 있다.]

위의 사례 분석으로부터 프로이트는 토테미즘 문화의 사람들과 아이들은 동물에 대한 태도가 두 가지 점에서 유사하다고 추론한다(GW 9, 160). ① 아이는 그의 토템 동물과 자신을 완전히 동일화한다. ② 토템 동물에 대해 아이는 양가적 감정적 태도를 취한다. 프로이트는 동물 공포증의 사례 연구가 토테미즘에 대한 자신의 가설과 일치한다고 믿는다. 아이들에게 동물은 일종의 토템이며, 토테미즘에서 토템 동물은 아버지의 대체물이다. 토템 체계가 오늘날에도 강력한 힘을 발휘하고 있는 곳에 사는 미개인이 토템을 자신들의 공통 조상이나 시원적 아버지 primal father라고 서술한다는 점에 프로이트는 주목한다. 토템 동물을 아버지로 이해하면 굉장히 놀랄 만한 결과가 나온다.

토테미즘의 핵심을 구성하는 두 개의 터부는 토템을 죽이지 말라는 것과 동일한 토템의 여자와 성관계를 하지 말라는 금지이다. 토템 동물이 아버지라면 토테미즘의 이 두 가지 주요 현상은 내용상 오이디푸스 콤플렉스와 일치한다는 점을 프로이트는 통찰한다(GW 9, 160). 오이디푸스가 저지른 두 개의 범죄는 아이들의 두 가지 주요 소망과 합치한다. 오이디푸스는 아버지를 살해하고 어머니와 결혼했다. 프로이트의 관찰에 따르면, 아이들도 어머니를 사랑하고 아버지가 사라지기를 바란다.

(c) 토템 향연

토템의 동물이 아버지라는 가설이 아이들의 동물 공포증 분석으로 충분히 지원되지는 않는다고 프로이트는 판단한다. 그는 토템 향연의 연구를 활용하여 자신의 가설을 좀 더 뒷받침하려고 한다(GW 9, 160). 그는 스미스[Robertson Smith]의 셈족의 종교Religion of the Semites를 참조한다.[43] 스미스는 토템 향연이 토템체계의 핵심이라는 점을 고대 셈족의 의식을 분석하여 보여 준다.

고대 셈족은 제단에 동물을 공물로 바치고 그것을 신과 숭배자들이 나누어 먹었다. 아마 셈족이 신을 달래고 신의 호의를 얻기 위해 신에게 제물을 바쳤을 것이라고 사람들은 추측할 것이다. 그러나 스미스는 고대 사회의 희생 의식은 후대와 의미가 다르다는 점을 지적한다(GW 9, 161-163). 초기에는 신과 신의 숭배자(인간), 그리고 인간들 사이에 연대감fellowship을 확인하기 위해 동물 희생의 예식이 치러졌던 것이다.

> [토템 향연에서 동물의 피와 살이 신과 신의 숭배자들 사이에서 공동으로 향유되었다. 이런 희생 의식은 공동 의식, 부족 구성원 모두가 축하하는 축제였다. 희생적 축제, 공양적 축제(the sacrificial feast)는 모든 사

---

43 프로이트는 나중의 저서에서 로버슨 스미스의 견해가 민족학자들 모두에게 거부되었지만 프로이트 자신의 그 가설을 확신하고 있음을 명확하게 밝힌다. 반박당한다고 해서 어떤 이론이 부정되는 것은 아니며, 새로운 이론이 반드시 발전된 것이 아니라고 프로이트는 강조한다(Freud, *Der Mann Moses und die monotheistische Religion*, GW 16, 240).

람들이 개인적 이해관계를 떨치고 일어나 인간과 신의 상호 의존을 강조하는 행사였다.]

사람들이 토템을 잡아먹으면 토템이 인간의 일부가 되므로 토템과 인간 사이에 일종의 연대감이 생길 것이다. 이점은 쉽게 이해할 수 있다. 그런데 사람들이 모여서 함께 먹고 마시면 그들 사이에는 어떻게 연대가 형성될까? 프로이트는 사람들이 공동의 실체에 참여하기 때문이라고 풀이한다(GW 9, 164). 혈연 집단의 연대를 본다면, 형제들은 같은 어머니로부터 태어나고 어머니의 젖을 먹고 자란다. 형제들은 어머니의 일부를 나누어 가지므로, 즉 형제들은 공동의 실체에 참여하기 때문에 연대감을 느끼는 것이다. 공동의 실체는 음식이 되기도 한다. 음식을 사람들이 나누어 먹으면 그것이 그들의 피가 되고 살이 되어 서로 비슷하다고 사람들은 느끼는 것이다.

프로이트는 아랍 사막에 아직 살아 있는 관습에서 공동 식사가 함께 먹은 사람들을 연대한다는 점을 본다(GW 9, 163).

[유목민 베두윈족the Bedouin은 빵 한 조각, 물 한 모금이라도 나누어 먹으면 서로 도와주고 보호한다고 한다. 그러나 언제까지나 그렇게 하는 것은 아니라, 엄격히 말하면, 함께 나누어 먹은 음식이 몸에 남아 있을 때까지이다. 그래서 연대가 계속 지속되려면 함께 음식을 나누는 일이 반복되어야 한다.]

연대를 강화하기 위한 공동 식사는 현대 우리 사회에서도 자주 볼 수 있다. 직장의 회식 문화가 그것이다. 직원의 연대를 형성하고 지속하기 위해 회식은 반복된다.

셈족의 희생 예식에서 또 하나 특기할 점은 공물로 바치는 동물은 보통 때는 도살이 금지되어 있다는 사실이다. 공물의 도살은 원래 개인에게는 불법적 행위인데, 전체가 그 행위에 책임을 지는 경우에만 정당화될 수 있다(GW 9, 165). 범죄를 모든 사람이 공동으로 저지른다면 각자 책임을 면하여, 공모는 범죄 행위를 신성한 행위로 바꾸어 놓는다. 희생 향연에 참여하는 모든 사람들이 희생물의 일부를 나누어 먹어야 한다는 규칙 역시 도살 행위를 신성화 하는 데 기여한다.

스미스는 희생 동물이 토템 동물과 동일하다고 믿는다. 그러면 희생되는 동물, 신(토템), 동물을 살해하는 부족, 이들은 동일한 피를 나누는 혈족이다. 여기서 신은 아직 초기의 원시적 신이어서 인간과 동일한 형태를 갖춘, 신인동형적神人同形的 신이 아니지만, 토템 동물은 부족원의 신인 것은 분명하다고 스미스는 확신한다.

로버슨 스미스는 주기적으로 토템을 살해하고 먹는 일이 신인동형적 신의 숭배 이전에 일어났다고 믿는다(GW 9, 167-168). 희생 동물은 사실상 고대의 토템 동물이고, 원시적 신 자체이고. 그것을 죽이고 소비하여 부족원들은 그들과 신 사이의 연대성을 새롭게 하고 확인한다. 이것은 토템적 종교의 중요한 요소이다. 스미스는 이런 식의 토템 향연은 후대에도 발견할 수 있다고 보는데, 프로이트는 기독교의 성찬식에서 토템 향연의 부활을 간파한다. 로버슨 스미스의 연구를 토대로 토템 향연의 장면을 프로이트는 다음과 같이 생생하게 상상한다(GW 9, 169-170).

[부족원들은 토템 동물을 잔혹하게 살해하고 피와 살, 뼈를 삼킨다. 부

족원들은 토템 동물과 동일성을 강조할 목적으로 그 동물과 유사하게 옷을 입고 소리도 동작도 동물을 흉내 낸다. 도살을 마치면 도살된 동물을 위해 슬퍼하고 눈물을 흘린다. 토템 향연의 주요 목적은 살해의 책임을 부정하는 데에 있다. 추모 다음에는 축제가 벌어진다. 모든 충동은 족쇄 없이 해방된다.]

토템 향연이 동물을 나누어 먹는 축제이기만 한다면 그것은 현대의 회식이나 다를 바 없을 것이다. 그런데 희생 동물에 대한 애도와 신의 숭배가 토템 향연에는 포함되어 있다. 희생 동물을 제단에 올려놓고 신에게 바치는 의식이 그런 의미이다. 신과 희생 동물은 같은 성격의 존재이므로, 도살된 동물을 제단에 바치는 것, 즉 동물의 죽음을 애도하는 것이 신(즉 동물)을 경배하는 행위가 될 수 있는 것이다.

토템 향연은 축제이며 종교적 의식이다.[44] 토템 향연에는 축제적 환희의 전주곡으로 동물의 죽음에 대한 애도가 등장한다. 부족원은 토템 동물의 죽음에 죽음을 환호하면서 그것에 대해 애도한다. 왜 환호하면서 애도할까? 프로이트는 이 모순을 부각시키면서, 이 모순을 이해하기 위해 다윈의 원시 집단에 관한 가설에다가 오이디푸스 콤플렉스라는 정신 분석적 해석을 결합한다(GW 9, 170-173). 이렇게 하는 과정에서 토테미즘의 본질(두 터부의 본질)과 영향이 드러난다. 프로이트의 정신 분석적 탐구는 다음의 가설을 창조한다. "토템 동물은 실제로 아버지의

---

44 여기서 우리는 축제의 본질을 이해할 수 있는 단서에 접근한다. 축제에서는 금지의 엄숙한 위반, 파기가 허용된다. 더 정확하게는 의무이다. 사람들은 즐거워서 위반하는 것이 아니다. 위반이 축제의 본질이다. 축제적 정서(festive feeling)는 보통 금지되어 있던 것을 수행하는 자유 때문에 일어난다(GW 9, 170).

대체물이다. 동물을 살해하고 애도하는 양가적 정서적 태도^{the ambivalent}^{emotional attitude}는 아이의 아버지 콤플렉스의 특징이다."

다윈의 원시 집단^{primal horde} 이론만으로는 프로이트가 토테미즘의 문제를 충분히 해명할 공간을 발견하지 못한다. 프로이트가 다윈의 이론에서 활용하는 것은 "포악하고 질투심 많은 아버지가 모든 여자를 혼자차지하고 아들들이 성장하면 추방한다"는 것이다. 여기에다가 프로이트는 토템 향연을 연결하여 다음의 사건을 추리한다.

[어느 날 추방된 아들들이 모여 그들의 아버지를 살해하고 먹어치운다. 아들 무리는 혼자서는 엄두를 내지 못했던 일을 함께 하니 감행할 용기가 생겼다. 형제들에게 시원적 아버지^{Urvater/primal father}는 두려우면서도 부러운 모델이다. 아버지를 먹어치우는 행위 속에서 그들은 아버지와 자신의 동일화를 성취한다. 그들은 각각 아버지가 지닌 강한 힘을 일부 나누어 가진다. 토템 향연은 인간 최초의 축제이며, 그 기억해야 할, 그리고 규칙을 위반한 범죄 행위의 반복과 기념일 것이다.]

토템 향연에서는 부족원이 동물을 먹는데, 동물이 아버지이고 부족원이 아들이므로, 프로이트의 관점에서 토템 향연은 아들이 아버지를 살해하고 먹는 의식과 잔치가 된다. 프로이트는 아버지 살해의 범죄 행위로부터 사회조직, 윤리제도, 종교가 발생하였을 것이라고 추측한다.

(d) 토테미즘과 문화

토테미즘 이전에는 인류에게 아무런 문화도 없었다. 도덕도, 사회조직도 종교도 존재하지 않았던 것이다. 그런 문화의 근간은 토테미즘과 함께 시작한다고 프로이트는 통찰한다(GW 9, 173-176).

첫째, 도덕과 사회 조직이 어떻게 토테미즘에 뿌리가 있는지 살펴보자. 토테미즘에는 두 개의 터부가 있다. 프로이트는 그것으로부터 인간의 도덕이 시작된다고 믿는다. 첫 번째 터부, 동물 살해 금지는 살인 금지라는 사회적 도덕적 규칙으로 확대된다. 토테미즘의 두 번째 터부, 근친상간 금지는 사회 조직을 유지하는 데 필수적 규범이 된다. 근친상간 금지 규칙이 없다면 아들들은 다시 여자를 독점하기 위해 싸우게 될 것이다. 서로 싸우다 보면 새로 생긴 사회 조직은 붕괴할 것이므로, 형제들이 함께 살아가려면 근친상간 금지의 법률을 제정하는 것 말고는 대안이 없다. 대신 형제들은 이제 여자를 부족 바깥에서 구해야 한다.

이 설명은 현상적 서술이다. 이것은 토테미즘 이전과 토테미즘 이후를 비교하여 토템 살해 금지(확대되면 살인 금지)와 근친상간 금지의 도덕이 발생되는 과정을 단순하게 추론한 것일 뿐이다. 토템 살해 금지가 그냥 단순히 발생한 것도 아니며, 족외혼(근친상간 금지)이 형제들의 합리적 합의에 의해 도출되는 것도 아니다. 토테미즘의 금지에는 좀 더 깊은 이유가 있다. 프로이트는 그 점을 죄의식에서 발견한다.

반란을 일으키는 형제 집단의 모순적 감정, 양가적 감정이 프로이트는 아동과 신경증 환자의 아버지 콤플렉스Vaterkomplex에 여전히 살아 있음을 발견한다. 형제집단은 아버지를 미워한다. 아버지는 형제들이 권력과 성적 욕망을 추구하는 데 불가항력의 장애물이기 때문이다. 그러나 또한 형제들은 아버지를 사랑하고 숭배한다. 아버지는 형제들이 사랑하는 여자를 소유하고 있기 때문이다. 대중이 연예인을 숭배하는 이유는 연예인은 대중이 소망하는 외모와 돈, 그리고 인기를 소유하고 있기 때문이다.

아들들이 아버지를 제거함으로써 증오심에 만족을 주고, 그들과 아버지의 동일화를 성취한다. 이제 문제가 다 해결된 듯하다. 그러나 아들들을 괴롭히는 것이 부상한다는 점을 프로이트는 간파한다. 이것은 쭉 억압되어 왔던 아들의 아버지에 대한 애착 감정이다. 이제 이것은 후회Reue/remorse의 형태로 나타난다. 집단이 함께 느끼는 후회는 죄의식Schuldbewußtsein이 된다. 죄의식이 통제할 수 없을 정도로 크면, 죽은 아버지는 살아 있을 때보다 더욱 강력한 존재가 된다. 아버지의 금지, 즉 아버지가 살아 있을 때 아들에게 금지했던 명령(여자들에 대한 접근 금지)은 다시 살아나서 아들을 속박한다. 아버지가 살아 있을 때 아버지가 금지한 것을 아버지가 죽은 후에는 아들 자신 스스로가 금지하는 것이다.

죄의식은 두 가지 금지를 아들이 마음속에 수용하게 한다. 먼저 아들들은 아버지를 살해한 행위를 취소하려 한다. 이미 아버지는 죽었으므로 실제로 살해 행위를 철회할 수는 없다. 대신 그들은 아버지의 대체물인 토템 동물의 살해를 금지하여 자신들의 행위를 상징적으로 취소한다. 토템은 아버지이면서 동족이므로 동물 살해 금지는 동일한 부족 내에 있는 모든 생명의 연대성을 강조하는 것으로 이어진다. 오랜 시간이 경과한 후 그 살인 금지는 부족원에 대한 제약을 넘어서서 단순한 형태를 취한다. "살인하지 말라." 살인 금지는 부족원이든 아니든 모든 사람을 죽이지 말라는 보편적 법칙으로 발전하는 것이다. 다음, 아들들은 이제 자유의 몸이 된 여자들에 대한 권리를 포기한다. 부친살해에 대한 죄의식 때문에 아버지의 여자들을 포기하는 것이다. 그들이 아버지에 대해 반란을 일으켜 아버지를 살해한 목적은 여자를 얻기 위해서였지만, 아들들은 이제 그들이 애써 획득한 과실을 단념한다.

둘째, 종교가 토테미즘에 뿌리가 있다는 프로이트의 주장을 살펴보자. 동물은 아들에게 아버지의 대체물이다. 동물 살해 금지(첫 번째 금지)의 터부를 통하여, 아들들은 아버지의 대체물과 관계에서 죄의식의 부담을 덜고 아버지와 새로운 화해를 시도할 수 있다. 아들들은 아버지 살해에 대한 후회의 감정 때문에 실제 아버지를 파멸로 몰았던 행위를 반복하지 않겠다고 다짐하고, 아버지의 대체물인 동물을 경배하고 그 동물을 살해하는 행위가 처벌되기를 바라는 데로 나아간다. 토템적 종교totemic religion, 즉 토템의 종교적 요소는 아버지에 대한 아들들의 죄의식에서 발생한 것이다. 토템 동물 살해를 금지하고 그것을 어긴 사람을 엄하게 처벌하는 것은 죄의식을 완화하고 아버지의 원한을 달래려는 시도이다. 프로이트는 아버지와 아들의 화해, 즉 아들의 속죄가 후대의 종교, 유대교와 기독교에서 커다란 영향력을 행사한다고 주장한다. 유대교에서 모세의 죽음과 기독교에서 예수의 죽음을 아들의 아버지 살해라는 거대한 사건을 둘러싼 문제를 해결하려는 시도라고 프로이트는 보는 것이다.

종교가 토테미즘으로부터 발전하여 오늘에 이르렀다. 이 주장을 프로이트는 기독교의 여러 요소, 즉 성부로서의 신God the Father, 원죄, 성찬식 등등을 분석하여 입증하려 한다(GW 9, 176-178). 토테미즘에서 토템은 아버지의 대체물이다. 토템이 동물이므로, 초기에는 아버지는 동물의 모양으로 형상화되며, 후대에 가면 아버지는 인간의 모양으로 등장한다. 아버지가 동물의 모양으로부터 인간의 형상으로 변화하는 것이다. 인간의 형상을 한 아버지가 바로 아버지 신, 성부이다. 형제들이 아버지를 죽이기 위해 단결하였을 때, 그 목적은 그들이 아버지와 같은 존재가 되어 여자를 차지하기 위한 것이었다. 오랜 시간 아버지에 대한 아들의 반감은 누그러지고, 아버지에 대한 동경이 증폭된다. 아버지에 대한 사랑은 새로 생겨난 것이 아니라 오래전부터 있었던 것인데 그 동안 억압되어 있었다. 그 시원적 아버지^{primal father}에 대한 동경으로부터 무제한적 위력을 구현하는 아버지의 관념이 발생한다. 아들들은 그들의 아버지와 싸웠지만, 이제 그들은 아버지의 관념을 재생하여 신을 창조하고, 다시 그에게 복종한다. 프로이트는 신의 원형이 아버지라는 점을 우리에게 가르쳐 준다. 신은 힘이 매우 높은 수준으로 고양된 아버지인 것이다.

기독교 신화에서 원죄는 아버지 신, 즉 성부에 대한 죄이다. 그리스도는 자신의 목숨을 희생하여 원죄의 부담으로부터 인간을 구제한다. 그렇다면 인간이 아버지에게 무슨 죄를 지었을지 추리해 보라고 프로이트는 우리에게 요구한다. [탈리온^{the law of talion}의 법칙은 '눈에는 눈'이다. 범인은 희생자에게 입힌 피해만큼 처벌을 받아야 한다. 그리스도가 자기의 생명을 내어 놓아야 할 정도로 처벌을 받아야 한다면 그 범죄는 살인일 것이다.] 프로이트는 그리스도의 자기희생이 이전에 저지른 살인의 죄책감 때문이라고 추리한다. 생명의 희생을 통하여 아버지 신에게 죄 값을 치르게 된다면, 속죄해야 할 범죄는 아버지 살인일 수밖에 없는 것이다(GW 9, 185-186). 프로이트는 기독교 교리에서 인류가 초기에 저지른 범죄 행위가 인정되고 있다고 본다.

기독교의 성찬식^{Communion}은 토템 향연의 부활이다(GW 9, 186). '최후의 만찬'이라는 주제의 그림을 프로이트는 상상해 보라고 권유한다. 토템 향연에서 원시인들은 동물의 피와 살을 나누어 먹는 데 반해, 성찬식에서 교인들은 신의 살과 피를 나누어 먹는다. 그런데 여기서의 신은 아버지-신이 아니라 아들-신이다. 기독교의 성찬식에서 경배되는 신은 성부가 아니라 성자인 것이다. 그리스도는 아버지 신(성부)에게 속죄하기 위해 목숨을 바친다. 그런데 어떻게 인간이 신이 될 수 있는가?

프로이트는 속죄 행위가 아들을 죄의식의 위축에서 벗어나 아버지가 되고자 하는 소망을 실현하게 한다고 추리한다. 속죄 행위를 통하여 아들은 아버지에 대한 죄의식에서 벗어난다. 아들은 아버지에게 이제 아무런 부채가 없으므로, 아버지에 대항하고 적대하는 소망을 충족할 수 있다. 아들이 아버지에게 속죄하기 위해 모든 것을 희생하는 바로 그 행위가 아버지에 대항하고자 하는 아들의 소망(아버지와 같은 존재가 되고자 하는 소망)의 실현을 가능하게 만드는 것이다. 이렇게 하여 아들 자신이 신이 되고, 아들-종교가 아버지-종교를 대체한다. 유대교가 아버지 신의 종교라면 기독교는 아들 신의 종교이다.

성찬식communion은 고대의 토템 향연의 부활인데 의미는 변화한다. 토템 향연은 아들들이 아버지의 피와 살을 나누어 먹으며, 아들들이 아버지와 동일화하는 반면, 성찬식은 아버지가 아들로 대체되는 사건을 반복하는 기호의 구실을 한다. 신도들은 형제들의 입장에서 성찬식에 모여서 아들(아들-신)의 살과 피를 먹는다. 그럼으로써 형제들은 신성함을 얻고 신과 동일화를 성취한다. 이제 아들은 아버지 살해를 후회하지만 반대로 그것을 자랑스러워하기도 한다. 토템 향연에서처럼 신의 지위로 아들이 올라갔기 때문이다. 프로이트는 동물 희생의 토템 향연으로부터 기독교의 성찬식까지 모든 종교적 의식에서 범죄의 흔적을 인지한다. 기독교의 성찬식은 본질적으로 아버지를 다시 제거하는 범죄 행위의 반복이다.

(2) 인간 모세와 유일신교

토테미즘은 종교의 최초 형태이지 아직 종교는 아니라고 평가할 수 있다. 프로이트는 『토템과 터부』에서 토테미즘의 기원을 설명한 것일

뿐 종교의 기원을 제대로 탐구하지 못했다는 지적에 수긍한다(GW 14, 344-345). 토템은 동물이지 인간의 형태를 한 신은 아니기 때문이다. 토템, 즉 동물적 신이 어떻게 인간적 신으로 바뀌는지, 다시 말해 토테미즘으로부터 유대교나 기독교 같은 종교가 어떻게 발전하는지는 『인간 모세와 유일신교』(GW 16)의 주제이다.

『토템과 터부』에서 죄책감이 종교의 초기 형태를 설명한다.[45] "인간 모세와 일신교"에서도 동일한 명제를 프로이트는 채택하고 일신교가 될 만한 새로운 살인을 하나 더 구성한다. 그것은 모세의 살해이다. 시원적 부친살해의 죄책감이 토테미즘을 성립시켰던 것처럼, 모세 살해의 죄책감으로부터 유대교가 발생하게 된다. 모세는 유대 민족에게 아버지의 대체물이다. 유대 민족은 모세를 살해한다. 더 나아가 모세에 대한 죄의식은 메시아에 대한 소망을 자극하여, 그리스도가 등장한다. 그는 사형을 당함으로써 아버지 살해에 대한 형제(아들) 연합의 죄를 씻는다. 그리스도는 원래 신이 아니라 형제 연합의 일원이지만 형제들의 아버지에 대한 양가감정 덕분에 신으로 추앙된다. 아들들은 아버지를 사랑하지만 증오한다. 그리스도가 죽음으로써, 즉 아버지 살해에 대한 죄를 씻음으로써, 형제연합은 죄책감을 덜고 아버지에 대한 적대감을 노골적으로 표출할 수 있게 되었다. 사람들은 이렇게 외친다. "죄를 벗었으니 이제 우리도 아버지와 같은 존재이다. 우리도 신이다." 유대교와 기독교는 모두 일신교이지만, 유대교는 아버지 신의 종교, 기독교는 아들 신의 종교이다.

---

[45] 프로이트는 자신이 구성한 원시 집단의 부친살해 사건이 『토템과 터부』에서 매우 압축된 형태로 마치 일회만 일어난 것처럼 진술되었지만, 부친살해는 실제로는 수천 년 동안 반복해서 일어났을 것이라고 분명하게 말한다(GW 16, 187-188).

(a) 이집트인 모세와 유대인

토테미즘으로부터 다음 단계의 발전은 숭배된 존재를 인간화 Vermenschlichung하는 것이다(GW 16, 189). 초기에는 동물의 자리에 신이 들어서지만 신은 여전히 동물의 모양을 하고 있다. 프로이트는 이 점에서 토테미즘의 흔적을 발견한다. 이런 발전을 따라서 어떤 시점에 모성신Muttergottheit이 등장하고, 그 다음 아버지의 신들이 등장한다. 이 아버지들은 원래 아버지처럼 전능하지 않고 여러 명이 무리를 지어 살면서, 그들도 사회적인 제도를 통하여 제약당한다. 다신교의 남성 신들로부터 하나의 유일한, 무제한적 권능을 가지고 지배하는 아버지 신이 등장한다. 유일 남성신은 원시 집단의 시원적 아버지의 귀환인 것이다. 희랍 신화에 등장하는 많은 신들은 일신교의 유일신처럼 그렇게 완전하지 않는다. 제우스가 신 중의 신이라고 하지만 아내 몰래 나쁜 일도 하며 모든 능력을 갖춘 전능한 존재는 아니다.

유일신을 유대교에서 우리는 발견한다. 그런데 유대교의 신은 원래 모세라는 인간이었다(GW 16, 114-118). 프로이트의 해석에 따르면 모세는 이집트인인데 유대 민족의 요구에 따라 유대인이 되었다. [이집트는 18왕조 시대에 처음으로 세계 강국이 되었다. 기원전 1375년경 젊은 파라오 아멘호테프Amenhotep 4세가 제위에 올랐다. 그는 나중에 이름을 이크나톤 Ikhnaton, Akhenaton으로 바꾸었다. 그리고 이집트인에게 새로운 종교를 강제했다. 그것은 엄격한 유일신교이다. 그것은 하나의 신만을 신봉하면서, 종교적 불관용을 내포하는 세계 최초의 유일신교이다.] 프로이트는 유대교가 최초의 일신교가 아니라 이집트의 이크나톤이 창시한 종교에서 유래한다고 주장하는 것이다.

모세는 이크나톤의 측근이다(GW 16, 162-163). 프로이트가 이렇게 추리하는 근거는 '모세'라는 이름에 있다.

[이크나톤의 측근 중에 토트메스^{Thothmes}라고 불리는 사람이 있었는데, 이 사람의 이름의 후반부가 모세^{-mose}이다. 토트메스 즉 모세는 아톤 종교(이크나톤의 유일신교)의 열렬한 추종자였다. 그는 이크나톤이 죽고 그의 종교가 몰락하자, 몇 세대 전에 이집트로 흘러 들어온 셈족(유대 민족)과 접촉했다. 그는 이방인에게 가서, 자신의 좌절에 대한 보상을 추구했던 것이다. 그는 그들을 자신의 민족으로 선택하여 그들에게 자신의 이상을 실현하려고 시도했다. 그는 추종자들과 함께 이집트를 떠났다. 할례의 징표를 통하여 그들을 신성하게 만들고, 율법을 주었고, 그들에게 아톤 종교^{Atonreligion}의 교리를 받아들이도록 했다.]

모세와 비슷한 이름이 이크나톤의 신하에게 있다는 점을 들어 유대교의 모세가 이집트인이라고 프로이트는 추리한다. 추론의 근거가 약하다는 점은 누구나 지적할 수 있을 것이다.

모세는 이집트에서 살고 있던 한 민족을 선택하였다. 프로이트는 이 가설을 유대인의 선민사상에서 추리한다(GW 16, 146). 신이 한 민족을 신 자신의 민족으로 선언한다는 관념은 매우 낯설다고 한다. 프로이트는 이런 일이 인류의 종교사에서 유일하다고 생각한다. 대개는 신과 인간은 처음부터 하나로 떨어질 수 없거나, 하나의 민족이 이 신이나 저 신을 받아들이지, 신이 어떤 민족을 선택하지는 않는다는 것이다. 이런 유일한 사태를 모세와 유대인의 관계를 고려하여 프로이트는 이해하려고 한다. [모세는 자신의 이념을 실현하기 위해 겸손하게도 하류 계층인 유대인으로 내려가 그들을 자신의 민족으로 만들었다. 유대인은 모세의 선택된 민족^{ausgewältes Volk}이다.] 선민, 즉 선택된 민족이 있으려면 누군가 선택해야 한다. 모세라는 인간이 유대인을 자신의 종교적 이념을 구현할 민족으로 선택하였다고 프로이트는 주장한다. 아직 모세는 인간이다.

인간 모세가 신이 되려면 유대 민족에게 살해되어야 한다. 프로이트는 1925년 에른스트 셸린^{Ernst Sellin}의 책에서 모세는 반란에서 폭력적 종말을 맞았고, 그가 정립한 종교는 폐기되었다는 증언을 확보한다(GW 16, 136). 이런 얘기들은 후대의 메시아 도래에 대한 기대를 불러일으키게 한다. 유대 민족에게 살해된 자가 죽음으로부터 다시 돌아와 후회하는 민족을 영원한 지복의 나라로 인도해 줄 것이라는 희망이 자라났다는 것이다. 유대인의 모세 살해는 프로이트의 이론 구성에 불가결한 부분이다. 그는 유대인의 메시아의 소망을 모세 살해의 후회가 일으킨다고 보기 때문이다. 모세가 최초의 메시아라면, 그리스도는 모세의 대리인^{Ersatzmann}이며, 후계자이다(GW 16, 196). 유대교의 신과 기독교의 그리스도는 원시 집단의 아버지가 다시 돌아온 형태이다. 메시아는 다시 와서 유대 민족에게 속죄의 기회를 주고 세계 지배의 약속을 이행한다.

모세가 죽고 나서 곧장 신으로 다시 등장하지 않는다. 그 사이 긴 세월이 있다. 모세가 살해되고 모세의 종교도 폐지되었다. 상당한 기간 후 다시 모세교는 부활한다. 이스라엘 민족의 선조인 유대 민족들은 어떤 시점에서 새로운 종교를 수용한다. 이집트인 모세가 죽고 나서 상당한 기간 후 새로 모세교가 부활할 때까지 사람들에게 어떤 일이 일어났을까? 이때가 프로이트는 사람들이 모세의 죽음을 후회하고 망각하려고 갈구하는 시기였을 것이라고 추리한다. 이와 비슷한 과정을 그는 신경증의 잠복기에서 발견한다. 프로이트는 신경증의 전개과정에서 유대 종교사의 발전과정을 이해하는 단서를 찾아내는 것이다.

(b) 피억압자의 부활

신경증의 병인 중 한 부류는 어린 나이에 체험했다가, 나중에 망각해 버리는 충격적 인상이다. 정신분석은 그것을 심리적 외상^{Trauma}이라고 한다. 프로이트는 외상의 작용은 두 종류로 분류한다(GW 16, 180-181). 긍정적 작용과 부정적 작용. 긍정적 작용은 외상에게 다시 권리를 주려고 시도하는 노력이다. 외상이 긍정적으로 작용하면 외상은 망각된 원래 체험을 타인과의 관계 속에서 다시 새롭게 살려내려고 노력한다. 프로이트는 이런 노력을 외상에 대한 고착^{Fixierung}, 반복강박^{Wiederholungszwang}이라고 부른다. 외상의 부정적 반응은 정반대의 목표를 추구하여, 망각된 외상을 구성하는 요소 중 어떤 것도 회상하거나 반복하지 않으려고 한다. 프로이트는 그런 반응을 방어반응^{Abwehrreaktion}이라고 부른다. 어린 시절 아버지로부터 성적 추행을 당한 여자는 성장해서 그 기억을 자꾸 떠올리면서 괴로워한다. 이 경우 외상은 긍정적으로 작용하고 있다. 어린 시절 동물을 잔인하게 살해하였던 아이는 어른이 되어 그 체험을 억누르기 위해 동물애호가로 변신한다. 이 경우 외상은 부정적으로 작용하고 있다.

아이가 외상적 체험으로부터 자신을 방어하는 과정에서 증상이 형성되는 것이 아동 신경증^{Kindheitsneurose}이다(GW 16, 182-183). 아동 신경증은 오랫동안 지속하여 눈에 띄는 장애를 야기할 수도 있고, 잠복하여 눈에 띄지 않을 수도 있다. 프로이트는 아동 신경증이 중단되지 않고 성인 신경증으로 이행하는 경우는 드물다고 본다. 잠복기^{Latenzperiode}가 그 사이에 끼어 증상이 없는 시기를 거치는 것이다. 프로이트는 초기의 외상으로부터 잠복기를 거쳐 증상이 일어나는 신경증 전개의 단계를 다음의 사례로 설명한다(GW 16, 183-185).

[중류 가정에서 자라난 남자 아이는 어릴 때 부모랑 같은 침실을 썼다. 그는 자주 부모의 성적 행위를 관찰하여 많은 것을 보고 들었다. 아직 그는 말을 할 수 있는 나이는 아니었다. 시간이 지나서 신경증이 발발했다. 그것은 수면장애였는데 오랫동안 지속되었다. 이 수면장애는 화해 증상Kompromißsymtom이다. 수면장애는 먼저 수면이라는 점에서(잠을 잔다는 점에서) 밤의 지각을 수용하지 못하게 막는 방어의 표현이면서, 장애라는 점에서(자다가 자주 깬다든지 잠을 잘 이루지 못한다는 점에서) 그런 시각적 · 청각적 인상을 엿듣기 위해서 깨어 있으려는 노력이다.

부모의 잠자리를 관찰하여, 아이는 조숙한 시기에 공격적 남성성에 도달하였다. 아이는 손으로 자기 자그마한 성기를 자극하고, 어머니에게 다양한 방식의 성적 공격을 시도했다. 이렇게 하여 아이는 자기 자신과 아버지를 동일화했다. 그렇게 하여 아이는 자신을 아버지 자리에 두는 것이다. 이런 일은 어머니가 성기를 접촉하지 말도록 금지할 때까지 계속되었다. 어머니는 아이가 성기를 만진다는 것을 아버지에게 이르고, 아버지가 아이의 성기를 잘라 버릴 것이라고 아이를 위협했다. 이런 위협은 굉장히 커다란 외상의 자극을 아이에게 주었다. 아이는 자신을 아버지와 동일화하는 과정 대신에 아버지에게 수동적으로 처신하고, 가끔씩 나쁜 짓을 하여 아버지로부터 체벌을 받도록 자극했다. 이 처벌은 그에게 성적인 의미를 가지고 있다는 점에서, 이때 아이는 어머니와 자신을 동일화할 수 있었다. 아이는 한순간도 어머니 사랑 없이는 못 사는 것처럼 어머니에게 붙어 있었다. 이렇게 함으로써 아이는 아버지로부터의 거세위협에 방어를 추구한 것이다.

이런 오이디푸스 콤플렉스의 변형 속에서 아이는 잠복기를 보냈다. 이때 눈에 띄는 증상은 없었다. 아이는 모범생이었고, 학교에서도 성적이 좋았다. 사춘기에 들어서면서 신경증이 일어나, 두 번째 증상이 나타난다. 그것은 성적 불능이다. 그는 성기의 감수성을 잃어버리고 그것을 만지려고 하지 않고 여자에게 성적 의도에서 접근하려고 하지도 하지 않았다. 그의 성적 행동은 가학적-피학적 공상을 동반하는 심리적 자위에 한정되었다. 사춘기가 동반하는 강화된 남성성은 미친 듯이 아버지를 증오하는 것으로, 즉 아버지에 대해 저항하는 것으로 나타났다. 극단적인 자기파괴까지 이르는, 아버지에 대한 분별없는 관계는 인생에서 실패와 그리고 외부 세계와 갈등을 일으키는 원인이었다. 아이는 직업에서 어떤 성공도 얻지 못했다. 왜냐 하면 아버지가 아이에게 그런 직업을 갖도록 했기 때문이다. 그는 친구도 사귀지 못했고 직장의 상사와도 좋은 관계를 맺지 못했다. 그가 이러한 증상, 그리고 성적 무능성의 상태에서 벗어나지 못하다가, 그는 아버지가 죽자, 아내를 발견했다. 결혼생활에서 그는 이기적이고 전제적이며 야만적인 성격을 발전시켜, 주위 사람들이 그와 교류하기가 힘들었다. 이것은 아버지의 판박이이다. 그는 아버지의 형상을 기억 속에서 형성하여 아버지 동일화를 다시 살려 내었다. 우리는 이런 사례에서 억압된 표상의 귀환Wiederkehr des Verdrängten 을 인식한다.]

위의 사례는 '초기의 외상-방어-잠복기-신경증의 발병'이란 신경증의 공식을 보여 준다. 프로이트는 질병(신경증의 증상)을 억압된 표상의 귀환이라고 본다. 이 아이에게 그것은 거세의 위협 때문에 자신이 억압하였던, 아버지처럼 되고 싶은 소망이다. 프로이트는 어머니를 증오하는 딸이 나중에 어머니와 비슷한 성격의 인간이 되는 것을 종종 본다. 이것 역시 억압된 소망의 귀환이라고 할 수 있을 것이다.

유사한 일이 인류의 삶에서 일어난다고 프로이트는 지적한다. 오랫동안 잠복기를 거친 후 다시 피억압자가 귀환하는 현상을 종교에서 발견할 수 있다는 것이다. 외상적 체험이 억압되었다가 다시 귀환하는 것이 신경증이라면, 종교현상에서 외상은 아버지 살해사건이다. 그런데 부친살해는 유대교에서는 완강히 부인되고 있으며, 기독교에서는 그리스도의 죽음을 통하여 간접적으로 시인되고 있다고 프로이트는 지적한다. 유대교는 부친살해를 인정하지 않기 때문에, 다시 말해 부친살해를 억압하기 때문에 살해에 대한 속죄를 할 수가 없어서 죄의식이 강력하게 남아 있다. 이런 이유 때문에 유대교는 매우 계율이 엄격하고, 교리도 정신성이 강하다고 프로이트는 풀이한다. 유대교는 신의 형상을 만들지 않을 정도로 정신성이 강하다. 반면 기독교는 부친살해를 간접적으로 인정한다. 그리스도가 인간의 죄를 대신 지고 죽는다는 교리에서 프로이트는 부친살해의 인정을 읽어 내는 것이다. 그리스도가 죽음으로 속죄하였기 때문에, 기독교는 죄의식이 덜하여 계율이 덜 엄격하다.

유대 민족에게 부친살해의 부정은 완전한 부인이 아니다. 이때의 부정은 인정하지 않으려는 것, 보지 않으려는 것, 의식 바깥으로 표상을 내쫓아 버리는 것이다. 프로이트는 이런 현상을 억압Verdrängung/repression 이라고 부른다. 억압은 단순히 억누르고 억제하는 것이 아니라, 의식의 외부로 추방하는 것이다.[46] 그 과정은 새로운 정신 작용이다(GW 14, 55). 그 과정은 어떤 불쾌하거나 무서운 표상 앞에서 의식이 도피를 시도하는 것과 유사하다. 프로이트는 억압이 개인뿐 아니라 집단에도 일

---

46 프로이트는 억압을 "방어하는(Abwehr/defence) 노력, 즉 사태를 밀어 버리고, 그것에 대하여 생각하지 않으려고 하고, 그것을 억누르려는 의도"라고 표현한다(Absicht, das Ding 'fortzuschieben', nicht daran zu denken, es zu unterdrücken)(GW 1, 62).

어난다고 믿는다. 억압된 표상은 개인이나 집단이 모르려고 하지만 그렇다고 그들의 정신 속에 보관되어 있지 않은 것은 아니다. 보통 우리는 어떤 표상이 영혼 속에 있으면 그것을 의식하고, 없으면 의식하지 못한다고 믿는다. 그런데 억압된 표상은 정신 속에 있으면서도 의식하지 못하는 특이한 심리적 상태로 존재한다. 프로이트는 개인이 어린 시절에 체험한 사건의 인상, 즉 기억흔적Erinnerungsspur이, 집단은 과거 사건의 인상이 정신의 어딘가에 보관되어 있다고 확신한다. 물론 모든 사건의 인상이 보관되어 있다는 것은 아니고 어떤 중요한 사건은 그렇다는 것이다. 그런 인상을 정신에 간직하고 있는 주체는, 그 기억흔적을 언제나 알고 있다고 말할 수도 있다. 억압된 표상das Verdrängte을 인식하고 있다wissen라고 말할 수 있는 것이다. 억압되는 표상은 망각되지만 소멸되지 않고, 시간이 지나면 다시 등장할 수 있는 것이다.

(c) 정신의 영역 분할

억압된 표상은 정신의 어디에 간직되어 있는가? 이 문제를 논의하면 인간의 정신 구조에 관한 프로이트의 가정, 즉 초심리학으로 들어간다. 초심리학은 나중에 독립된 장(7장)에서 자세히 다룰 것이지만, 여기서 간단히 언급한다. 억압된 표상은 보통의 기관 속에 흐릿하게 있다가 어떤 시점에서 활력을 띠는 것은 아니다. 어떤 사건의 기억흔적은 생생하게 존재하지만, 그것이 자아 아닌 다른 기관에 존재하기 때문에, 의식이 접근하지 못하는 것이다. 억압된 표상은 자아로부터 밀려나서 자아의 정신 과정과 교류하고 있지 않으므로, 의식되지 못한다. 프로이트는 표상을 자아로부터 밀어내는 작용을 반점거Gegenbesetzung라고 부른다(GW 16, 201). 반점거란 어떤 표상에 수반되는 에너지를 빼앗아 의식이 점거되지 않도록 반항하는 작용이다.

프로이트는 정신의 조직을 새롭게 이해한다. 정신에는 억압된 표상이 반점거 작용을 통하여 추방되어 거주하는 지역과 보통의 표상이 거주하는 지역, 이렇게 두 지역이 나뉘어 있다. 프로이트는 정신생활 Seelenleben을 여러 개의 기관Instanz, 영역Bezirk, 지방Provinz이 결합되어 있는 장치라고 파악하는 것이다(GW 16, 202-203). 원래 인간의 정신은 여러 기관으로 나뉘지 않은 한 덩어리의 상태이다. 이것을 프로이트는 이드 das Es/Id라고 부른다. 이 이드로부터 자아das Ich/ego가 발전되어 생성된다. 이드에서 우리들의 기본적 충동은 날뛰고 있으며 이드 내의 모든 사건은 무의식적으로 진행된다. 이드와 외부 현실이 접촉하는 부분이 껍질 층처럼 변화하여 이드를 보호한다. 이렇게 새로 생긴 영역이 자아이다. 자아 내의 사건은 주의만 기울이면 의식될 수 있다. 이런 것들은 전의 식적vorbewußt 표상이다. 전의식적 사건은 통상적 환경에서는 무의식적으로 남아 있으나 별 어려움이 없이 의식으로 전환된다. 프로이트에게서 무의식과 전의식은 혼란스런 용어이다. 둘 다 의식되지 않는다. 그런데 전의식은 지난 주 동창회의 기억처럼 지금은 의식 앞에 있지 않지만, 주의를 기울이면 의식할 수 있다. 그것은 의식되기 전이니 전의식적 표상이다. 반면 무분별한 소망처럼 이드의 사건은 의식으로 전환되기 매우 어려운 무의식의 상태이다.[47] 어떤 사건이 무의식이라도 주의

---

47 억압된 표상은 무의식적이지만, 정신 분석 같은 힘든 과정을 통하여 의식적일 수도 있다. 모든 억압된 표상이 무의식적이지만, 자아에 속한 표상(ichzugehörig)이 모두 의식적인 것은 아니다. '의식적'이란 성질은 심리적 사건에 일시적으로 부착되어 있는 무상한 성질이다. 따라서 우리는 '의식적'을 '의식할 수 있는'으로 바꾸어야 한다. 이 의식가능성을 전의식적이라고 불러야 한다. 자아는 본질적으로 의식가능한 영역, 즉 전의식적적 영역이다. 자아의 상당 부분은 무의식적 상태로 남아 있다 (GW 16, 202).

를 집중하면 의식할 수 있는 것(전의식적 과정)도 있고, 그렇게 해도 의식으로 전환되지 않는 것(본래적 무의식적 과정)도 있다.

이드에서 자아로 발전하는 행로는 일직선이 아니라 진보와 퇴행의 과정이다(GW 16, 204-205). 어린 시절에 자아가 이드로부터 발전할 때 이드의 내용물 중 일부가 자아로 수용되고, 전의식적 상태로 상승한다. 그것 이외의 부분은 이런 변화에 해당하지 못하여, 즉 자아로 상승하다가 입장을 불허당하고 이드(본래적 무의식)에 그래도 남아 있다. 그런데 자아가 형성되고 나서 자아 내의 어떤 심리적 인상과 사건은 방어과정 Abwehrprozeß을 통하여(자아를 방어하는 과정에서) 자아로부터 배제되고, 쫓겨난다. 그런 표상은 전의식의 특징이 탈락하고, 다시 이드로 강등된다. 이것들이 이드 내부의 억압된 표상das Verdrängte이다. 그러니까 이드에 거주하는 표상들은 자아로 올라가려다가 거절당한 것, 그리고 자아로 승진했다가 다시 추방된 것들이다. 이런 의미에서 인간의 영혼이 자아와 이드로 분화된 이후, 이드에 거주하는 표상은 모두 억압된 표상이라고 필자는 생각한다. 자아와 이드가 분리되기 이전에 이드에 있던 표상은 아직 억압된 것이라고 할 수 없다.

억압된 표상은 부력이 있다. 그것은 자아에서 이드로 추방되었지만 다시 의식적 표상으로 부상하려고 노력하기 때문이다.[48] 억압된 표상은 억압하는 힘이 감소하면 의식의 수면 위로 떠오른다. 마치 용수철이 억

---

48 프로이트는 그런 노력은 다음 세 가지 조건에서 목표를 달성한다고 본다(GW 16, 201-202). ① 질병과정이나 수면상태에서처럼 자아의 억압력이 낮아지는 경우. ② 억압된 표상에 부착되어 있는 충동의 구성부분(에너지)이 특별하게 강화되는 경우. 사춘기 시절에는 성충동의 에너지가 상승하여 성충동이 자아로 부상한다. ③ 최근의 체험에서 억압 표상과 유사한 인상이나 체험이 등장하여, 이것이 억압 표상을 일깨우는 경우. 최근의 인상은 억압표상의 잠재된 에너지를 통하여 강화되고, 억압표상은 최근의 표상 뒤에서 그것을 돕고 있다.

누르는 힘이 감소하면 위로 올라오는 것이나 마찬가지이다. 잠을 잘 때
는 억압의 힘이 약해진다. 이때 억압된 표상이 꿈의 형태로 나타난다.
최근 어떤 경험이 과거의 억압된 체험을 상기시켜 주는데, 억압된 표상
이 마음 깊은 곳에서 작용하고 있기 때문에 그 현재의 특정 표상이 주
의를 끄는 것이다.

베르그송이 지적하듯이 지각과 기억은 상호 작용한다.[49] 지각은 단
독으로 작동하지 않는다. 베르그송은 기억이 충만하지 않은 지각이 없
다고 본다. 기억과 관심이 섞여 있지 않은 순수한 상태의 지각을 그는
순수 지각pure perception이라고 부른다. 순수 지각은 카메라의 눈과 유사
하다. 카메라가 특정한 렌즈로, 특정한 각도로 피사체를 찍으면 누가
찍어도 영상은 같을 것이다. 순수 지각은 그런 점에서 비인칭적 지각
impersonal perception이다. 그런데 실제의 지각에는 기억이 섞여 있다. 우리
는 현재의 감각 자료에다가 과거 경험의 수천 가지 자료를 섞는 것이
다. 현재의 데이터는 과거를 부르는 신호와 같다. 현재의 지각은 관심
에 따라 과거의 기억을 불러 그것과 함께 사물을 지각한다는 것이다.
이런 점에서 우리는 '동일한 장미가 나에게, 너에게 향기가 다르다'는
점을 이해할 수 있다. 실제로 지각은 기억과 섞여 있다. 기억 역시 지각
과 섞여 있다. 과거에 일어났던 사건의 기억이 현재에도 원래 그대로
떠오른다면 그것은 순수 기억pure memory이라고 해야 할 것이다. 실제 기
억은 순수 기억이 아니다. 필자는 불국사를 바라보면서 어린 시절 할머
니와 함께 방문했던 조그마한 산사를 기억한다. 기억 속의 그 절은 필
자가 그때 보았던 것과 동일할까? 그렇지 않다. 지금 지각하는 불국사

---

49 Henri Bergson, *Matter and Memory* (digireads.com, 2010), p.72.

가 기억 속의 산사의 모습에 영향을 미친다.

억압적 표상들은 이드에 거주하면서(즉 무의식적 성격이지만) 개인의 영혼에 힘을 발휘한다. 프로이트에 따르면, 개인은 자신이 의식하지 못하는 어떤 힘에 끌려다니는 것이다. 이뿐만이 아니다. 이제 새로운 복잡한 사정이 등장한다. 프로이트는 개인의 심리 생활에 자신이 직접 경험한 것뿐 아니라, 출생과 함께 정신으로 들어왔던 내용들이 함께 작용하고 있다고 추측한다. 이것을 그는 유산Erbschaft, 계통발생적 유래phylogenetische Herkunft라고 부른다(GW 16, 205-206). 프로이트는 태고적 유산이 개인의 특정한 소질, 성향을 이루고 있다고 말한다.

선조의 경험은 우리가 직접 체험하지는 않았는데도 어떻게 우리의 정신에 거주하며 작용할 수 있는가? 프로이트는 인류의 태고적 유산이 개인의 소질을 구성한다는 상속 가설에 대한 증거로 다음 두 가지를 제시한다(GW 16, 205-206). 첫째 증거는 언어적 상징의 보편성Allgemeinheit der Sprachsymbolik이다. 한 대상을 다른 대상으로 바꾸어 말하는 상징적 표현symbolische Vertretung은 모든 아이에게 능숙하다는 점을 프로이트는 관찰한다. 그는 상징 과정이 언어의 차이를 넘어서며, 상징과정은 모든 민족에게 동일하다고 간주하면서, 그것을 인간에게 태고적 유산이 상속되고 있다는 증거로 여긴다. 둘째 증거는 어린 시절의 외상에 대한 반응의 연구에서 나온다. 프로이트는 놀랍게도 그 반응은 개인이 실제로 체험한 것에 바탕을 두지 않고, 오히려 인류의 발생적 사건의 전범과 어울린다는 점을 지적한다. 사람들은 한 민족에게 지속하는 고대의 전통, 그리고 민족성Volkscharakter의 형성에 관해 말할 때 교육을 통하여 전달되는 것이라고 생각한다. 전통 문화는 교육으로 후대로 전달되는 것이지 유전으로 전승되지는 않을 것이다. 그러나 프로이트는 전통의 대부분은 유전으로 상속된다고 믿는다. 그렇다면 민족의 어떤 전통은 교육받지 않더라도 개인의 정신에 유산으로 전승될 것이다. 두 번째 증거는 오이디푸스 콤플렉스를 언급하는 듯하다. 과거 원시인들의 부친살해 사건과 그것의 정서적 여파가 후대에 미치고 있다는 것은 프로이트의 확고한 가정이다.

프로이트는 자신의 상속 가설이 부정될 위험에 처하고 있음을 알고 있다(GW 16, 206-207). 생물학은 획득 형질의 유전을 인정하지 않기 때문이다. 한 세대가 후천적으로 획득한 속성은 다음 세대로 유전을 통해서는 넘어가지 않는다는 것이다. 그러나 프로이트는 그럼에도 불구하고, 후천적 형질이 다음 세대로 유전되는 현상을 가정해야 한다고 굳게 믿는다. 최근에 획득형질이 일부 유전된다고 해석할 수 있는 연구도 나온다. 개인의 유전자는 태어나서 성장하는 과정에서 약물이나 영양, 스트레스, 운동 등등의 요인 때문에 유전자 자체는 변화하지 않지만 유전자를 발현하게 하거나, 하지 않게 하는 후생후전적 흔적epigenetic mark이 유전자에게 부착된다.[50] 이렇게 변화된 환경의 유전자가 세대로부터 세대로 유전될 수 있다는 점이 동물 실험에서는 확인되었다.[51] 최근 후생유전학epigenetics의 연구 성과는 프로이트의 가정을 지원해 줄 수 있지 않을까 필자는 기대한다.

프로이트는 일신교의 성립을 이해하기 위해 태고적 유산의 상속을 가정한다. 상속가설을 수용하면, 개인에게 죄책감은 두 가지 유래가 있다. 하나는 개인의 실제 아버지에 대한 죄의 관계(가책 관계)로부터 일

---

50 Myers. *Psychology*. pp.142-143.
51 Epigenetics and the influence of our genes. Courtney Griffins. TEDxOU.
     https://www.youtube.com/watch?v=JTBg6hqeuTg

어나며, 다른 하나는 선조들의 시원적 범죄에 대한 후회의 상속으로부터 일어난다.[52] 프로이트에 따르면, 일신교는 이 두 원천에서 일어나는 죄책감을 해소하기 위한 시도, 즉 실제든 상속이든 살해된 아버지와 화해하기 위한 시도이다.[53] 사람들은 아버지를 신으로 만들고, 그를 경배한다. 종교에서 예식과 의식은 살해된 아버지를 위로하고, 마땅히 처벌되어야 할 처벌을 회피하기 위해서 엄격하게 거행된다.

(d) 유대교와 기독교

유대교와 기독교의 차이는 아버지 살해의 인정 여부에 있다. 프로이트의 이 가정은 앞에서 잠깐 언급한 적이 있다.

[먼저 기독교는 아버지 살해를 간접적으로 인정한다. 그리스도는 자신이 신의 아들이라고 주장하며 인간의 죄를 씻어 주기 위해 대표로 죽었다. 죽음으로 갚아야 할 죄는 살인이다. 아버지를 살해하였다고 명확하게 기독교는 인정하지는 않지만, 아들의 죽음을 통하여 인간을 구원한다는 점에서 인간의 죄는 부친살해인 것이다.](GW 16, 194)

프로이트는 신의 아들이 속죄를 완결하면 자신이 신이 된다는 점을

---

52 일신교는 아버지의 종교이다. 일신교는 아버지처럼 강력한 존재로부터 보호받고자 하는 인류의 기본 욕구에 부합한다. 인류의 역사에서 오랜 선조는 아버지를 살해했다. 그들은 아버지를 증오하면서도 추앙하였기에 부친살해 경험은 후회와 불안을 일으켰다. 이 감정은 견딜 수 없을 정도로 불쾌하기 때문에 부친살해 경험은 억압된다. 그다음 세대들은 상속을 통하여 억압된 표상을 승계한다. 그리고 개인은 선조들이 그들의 아버지에 대해서 취한 태도와 비슷한 방식으로 아버지와 관계한다. 개인은 아버지를 사랑하면서 동시에 죽기를 바란다. 개인은 부친살해의 소망 때문에 죄책감을 느낀다.

53 Palmer, op. cit., p.44.

통찰한다. 아들은 이제 죄가 없으니 아버지처럼 강한 자가 되고 싶은 소망을 억누를 필요가 없다. 기독교는 그리스도를 신으로 모시는 종교라는 점에서 아버지가 되고자 하는 아들의 소망의 표출이다. 프로이트는 이런 의미에서 기독교는 아들의 종교라고 본다. 아들의 종교란 아들을 신으로 모시는 종교, 아버지가 되고자 하는 아들의 소망을 담은 종교의 의미일 것이다.

유대인은 완고하게도 부친살해, 즉 모세살해를 부정했다(GW 16, 196). 프로이트는 아마 유대교에는 기독교처럼 죽음을 통한 구원이 없다는 점에서 이 주장을 추론하는 듯하다. 목숨을 바쳐서 죄를 씻어 내지 못하기 때문에 유대교도에게는 기독교도들보다 죄책감이 더 많이 남아 있지 않을까 필자는 그렇게 추리할 수 있다고 본다. 유대교도들은 신으로부터 용서받지 못했으므로 신은 더욱 두려운 존재이다. 유대인은 자신을 괴롭히는 수단을 개발하여 자신의 처벌하여 죄책감을 줄이려고 노력한다. 프로이트는 유대교의 특징으로 정신성Geistigkeit의 승리라는 요소를 지적한다.

유대교에서 정신성의 승리는 계율의 엄격성과 신의 형상을 만들지 않는다는 점에 있다. 프로이트는 그것을 다음과 같이 설명한다.

[첫째 유대교의 계율은 엄격하다. 원시인은 신들이 의무를 다하지 않아서 그들의 승리, 행복, 안락을 지켜 주지 못하면, 그들의 신을 버리거나 징계한다고 한다. 그러나 이스라엘 민족은 신에게 푸대접을 받으면 받을수록, 그들의 신에게 더욱더 복종하며 의존하였다.](GW 16, 219)

자기 처벌은 고통 속에서도 쾌락을 준다. 유대인은 엄격한 계율로 충동의 만족을 단념하여 자신을 처벌한다. 자신을 두들겨 패면 후련한 것처럼 자기 처벌은 죄책감을 해소하는 데 도움이 된다.

[둘째, 모세교의 계율 중에는 신의 형상을 만들지 말라는 명령이 있다. 유대교도는 인간은 볼 수 없는 신을 숭배해야 한다.]

기독교에서는 십자가에 묶인 예수의 형상이 교회 어디에나 걸려 있으나, 유대인 교회당에는 신의 형상을 본딴 조각이 없다. 프로이트는 유대인이 감성으로 접근할 수 없는 신, 즉 감관으로 볼 수 없는 신을 신봉함으로써 그들 자신이 감성을 넘어서는 정신적 존재라는 점을 깨닫고 자부심을 느낀다고 추리한다.

프로이트는 유대교에서 신의 탈물질화Entmaterialisierung는 정신성의 진보이며 감성의 후퇴라고 한다. 이 지적은 우리가 받아들일 수 있다. 그런데 정신성의 진보가 왜 개인이나 민족에게 자부심을 고양할까? 자부심은 자기가 스스로에게 대해 느끼는 자기감정selbstgefühl, 또는 자기의식Selbstbewußtsein이다. 프로이트는 이것을 설명하기 위해 새로운 영혼의 기관을 도입한다. 그것은 초자아이다. 개인의 발전과정에서 외부 세계 내에서 충동 만족을 저지하는 위력들이 내면화되어, 자아를 관찰하고beobachten, 비판하고kritisieren, 억제하면서verbieten, 자아의 나머지 부분에 대항한다. 프로이트는 자아 내에 설립된 이 기관Instanz을 자아 위에서 자아를 통제한다고 하여, 초자아das Über-Ich라고 부른다. 초자아는 자아의 이상으로서 자아를 감시하고 제어한다. 프로이트는 정신성의 진보란 초자아가 자아에 대한 통제력을 확대하는 것이라고 이해한다(GW 16, 220-225). 초자아가 자아를 제어하여 자아의 자연적 욕구를 억누르고 자아가 이상에 가까이 접근하게 만들면, 자연적 욕구에 빠져 있다는 죄책감이 자아로부터 해소된다. 죄책감은 열등감을 일으키므로, 죄책감의 해소는 자부심 즉 자기 의식의 고양으로 이어지는 것이다.

자아가 통제된다고 해서 다 자기의식이 상승하는 것은 아니다. 욕구를 억누르는 힘에는 두 가지 부류가 있다. 하나는 외부 세계이며, 다른 하나는 초자아이다. 이 중 초자아가 자아를 통제할 때 자부심이 상승한다.

먼저 외부 세계 때문에 자아가 통제되는 경우를 보자. 인간의 기본 충동은 사랑과 파괴성이다. 이드das Es가 성적 또는 파괴적 성질의 충동을 만족시켜 주기를 요구할 때, 자아는 사유 장치와 근육 장치를 활용하여 충동 요구를 행동을 통하여 충족하게 한다. 충동을 이렇게 만족시키면 자아는 쾌락을 느낀다. 물론 만족하지 못하면 불쾌의 원천이 된다. 어떤 경우에는 자아가 외부의 방해를 고려하여, 다시 말해 충동을 충족하고자 하는 행동이 자아에게 심각한 위험을 일으킨다고 판단한다면, 충동만족을 중단한다. 충동 만족의 그러한 단념, 즉 외부의 저지 때문에 일어난 충동 포기를 프로이트는 현실원칙을 경청한다고 한다. 어떤 이유에서건 충동의 만족을 단념한다는 것은 결코 즐겁지 못한다.

충동 포기가 초자아에서 강제될 수 있다. 도덕적 명령 같은 내부 토대der innere Grund의 힘으로 충동을 억제할 수 있는 것이다. 초자아가 자아 내부에 설립되고 나면, 자아는 이드가 요구하는 충동 만족을 실현시켜 주려고 작동을 시작하기 전에, 외부 세계의 위험뿐 아니라, 초자아의 개입Einbruch도 고려한다. 그래서 충동 만족을 단념하는 기회가 더 많이 생긴다.

초자아의 자아 통제에는 장점도 있다. 충동 포기가 외적 이유 때문에 일어나면 불쾌하기만 하지만, 내적인 이유 때문에, 즉 초자아에 복종하여 충동 포기가 일어나면 불쾌하지 않은 쾌락 경제적 이익이 있는 것이다. 초자아가 야기하는 충동 포기는 물론 불가피하게 불쾌감을 발생시키지만, 자아에게 어떤 쾌락획득(대체만족 같은 것)을 제공한다. 자기(초자아)가 자기(자아)를 통제할 때 자아는 스스로가 고양된다고 느끼고, 자아는 충동 포기를 가치 있는 업적이라고 자랑스러워하는 것이다. 프로이트는 초자아가 자아를 통제하면서 고통 속의 쾌락die Schmerzlust을 맛보려는 시도를 도덕적 피학증der moralische Masochismus이라고 한다(GW 13, 373-374). 자아는 초자아에게 충동 포기라는 희생물을 제공하면, 자아는 그에 대한 보답으로서 초자아로부터 더욱 더 사랑받기를 기대한다. 이렇게 사랑받을 만하다는 의식이 들면 자아는 자신을 자랑스럽게 여긴다.

유대교의 첫 번째 특징은 유일신의 이념이며, 두 번째 특징은 윤리의 최고 발전 수준(정신성)이다. 프로이트는 엄격한 윤리의 원천은 신에 대한 억제된 적대성 때문에 생긴 죄책감이라고 이해한다(GW 16, 243-244). 어느 민족보다 더욱더 신으로부터 사랑받는다는 환상, 즉 신의 선택된 민족이라는 환상을 유지하기가 쉽지 않다. 이런 선민의 행복을 포기하고 싶지 않다면, 신에게 책임을 물어서는 안 된다. 신에 대한 적대성을 억제해야 하는 것이다. 신을 비난하면 신으로부터 선택받은 민족의 지위도 하락할 것이다. 유대인은 자신들이 신에게 처벌받아 마땅하다고 자신을 책망하는 길을 택한다. 그들이 신의 계명을 지키지 않았으므로 모든 불행한 사건이 일어난다고 생각하면서, 자기를 더욱 가혹하게 처벌하려고 한다. 자기 처벌의 욕구를 만족시키려는 과정에서 그들은 계명을 점점 더 엄격하게 하고, 자신들을 고통스럽게 하였다. 프로이트는 할례를 이런 관점에서 이해한다(GW 16, 250). 할례는 시원적 부

친^{Urvater}이 막강한 힘을 내세워 아들에게 행사했던 거세의 상징적 대체
이다. 이 상징을 받아들이면서 아버지가 고통스러운 희생을 부과하더
라도, 아버지의 뜻에 복종하겠다고 선언하는 것이다. 유대인은 도덕적
금욕의 도취 속에서 언제나 새로운 충동 포기를 부과하고, 어떤 다른
민족도 접근할 수 없는 최고의 윤리적 지위에 올랐다.

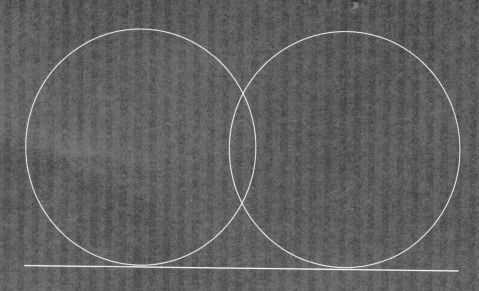

IV-사랑과 성적 생활

프로이트는 도덕의 부정적 측면을 유독물질에 비유한 적이 있다. 인간이 잘 살아가자고 만들어 낸 도덕이 거꾸로 인간을 파괴하는 독성물질로 변화하고 있다는 것이다. 그런 것 중 가장 대표적인 것으로 프로이트는 성도덕을 염두에 두고 있다. 1908년의 논문 「문명적 성도덕과 현대인의 신경질환」에서 프로이트는 현대 사회의 성도덕을 문화적 성도덕이라 부르고, 그것이 신경증 증가의 원인이라고 진단한다.[54] 그 문화적 성도덕이란 일부일처제 결혼을 제외하고는 모든 성교를 금지하는 성윤리를 의미한다.

성도덕은 성충동을 규제한다. 인간의 성충동은 다른 동물에 비해 매우 강력하고 지속적이라는 특징이 있다. 지속성이란, 발정주기가 인간의 성적 생활에는 극복되었다는 점을 의미한다. 인간의 성충동은 어떤 고등동물보다 더욱 강력하다고 프로이트는 주장한다. 왜 그럴까? 프로이트는 그 점은 너무나 분명하다고 믿었는지 이유를 밝히지 않는다. 다른 동물은 성충동이 생존 본능에 비해 약한 듯하다. 반면 인간은 사랑을 잃으면 자살을 한다든지, 성적 쾌락을 추구하기 위해 목숨을 걸기도 한다는 점에서 성충동이 생존 본능을 능가하기도 한다. 이런 점에서 인

---

54 Die 'kulturelle' Sexualmoral und die Moderne Nervosität, GW 7, pp.143-167.

간의 성충동이 어떤 동물보다도 강렬하다고 볼 수 있을 것이다.

우리에게 현대의 문화적 성도덕이 익숙하여 이것이 엄격한 것인지 모를 수도 있다. 프로이트는 성도덕을 자유를 기준으로 3단계로 분류한다(GW 7, 152). ① 성충동의 작용이 번식(생식)의 목표를 넘어서 자유롭게 일어나는 단계, ② 성충동이 전부 번식의 목표에 이바지하는 단계, ③ 합법적 번식만이 성적 목표로 허용되는 단계. 1단계 사회의 성도덕이 가장 자유롭다. 성적 생활Sexuality의 목표는 여기서 번식이 아니라 쾌락이며, 번식은 쾌락의 부산물이다. 2단계 사회가 되면 성도덕은 상당히 제약된다. 번식의 목표에 이바지하지 않는 성적 생활은 모두 금지된다. 3단계 사회에서는 성도덕이 더욱 엄격하여 번식의 성행위가 일부일처제 결혼 내부에서만 허용된다. 이 세 번째 단계가 앞에서 언급한 현대의 문화적 성도덕이다.

1단계 사회에서 성적 생활은 성충동에 억제가 없다. 인간의 성충동은 원래 번식의 목적에 이바지하는 것이 아니라, 특정한 종류의 쾌락획득을 목표로 삼는 것이다. 프로이트는 유년기기의 성생활이 이 점을 보여준다고 주장한다. 인간의 유년기에서 성충동은 쾌락획득의 목표로 표출되면서, 생식기뿐만 아니라 다른 신체 부위(성적 민감 지역)에서도 쾌락을 추구한다는 것이다. 프로이트는 어린아이가 자신의 신체를 성적 대상으로 삼는다는 점에서 그런 성적 생활을 자기성애활동Autoerotismus의 단계라고 부른다. 시간이 지나면 이 단계는 가정과 사회의 교육을 통해 제한되어 2단계, 3단계로 발전한다. 만약 우리가 1단계에 머물러 있으면 성충동의 에너지를 문화 작업에 전용할 수 없기 때문이다.

성적 생활은 두 가지 방향으로 발전한다(GW 7, 152). 첫째 자기성애활동으로부터 대상사랑으로 나아가고, 둘째, 성적 민감 지역의 자율성으로부터 이 지역들을 번식기능에 봉사하도록 설정된 생식기의 우위에 종속되는 단계로 진행하는 것이다. 어린아이는 자기를 사랑하는 행위로부터 벗어나 타인 즉 대상을 사랑하게 된다. 그리고 아이에게 신체의 여러 부분은 각각 독립적인 성적 민감 지역이었지만, 이것들은 남녀의 생식기 결합을 위한 예비단계로 강등된다. 만약 인간이 자라서도 여전히 자신의 신체를 성적 대상으로 삼을 수도 있다. 1단계에서 이런 성적 생활은 자연스럽지만, 2단계 사회에서는 그것은 비정상의 성적 생활, 즉 도착으로 규정되어 금지된다.

요즘은 프로이트 시절보다 성에 관한 태도가 다소 열린 듯하다. 동성애자라고 커밍아웃한 남자 연예인이 방송에 자주 출현하고, 남자에서 여자로 성전환 수술을 한 사람도 인기인이 된다. 동성결혼은 여러 나라에서 인정되기도 한다. 동성연애자들은 자신을 남성이나 여성이 아니라 제3의 성이라고 주장한다. 이제 화장실도 남자, 여자 두 개가 아니라 새로운 성을 위한 것도 설치해야 한다는 요구도 나오고 있다. 제3의 성이라는 주장은 프로이트 당시에도 있었다.[55] 그러나 그때는 동성애는 성도착은 아니지만 정상에서 벗어난 일탈로 간주되었다.

일탈은 비정상적 성적 태도나 성생활을 지칭한다. 현대의 문화적 성도덕에서 정상과 비정상의 기준은 번식(생식)이다. 성생활이 생식 기능을 지향하지 않고 쾌락만을 추구한다면 비정상적 성, 즉 일탈인 것이다.

프로이트는 정상과 비정상적 성생활을 발달 과정으로 파악한다. 원래 인간의 성생활은 일탈적 성향이었는데, 문화 건설의 필요와 심리적

---

55 동성연애자는 남성과 여성의 성적 차이를 무시한다. 그들에게 동일한 성만이 성적 소원을 자극한다. 그들은 자신을 인간부류의 특별한 변종이라고 보고, 제3의 성(drittes Geschlecht)라고 부른다(GW 11, pp.314-315).

요인(오이디푸스 콤플렉스) 때문에 성생활이 제약되어 이른바 정상적 성적 생활로 발전했다는 것이다. 집합 개념을 사용하면, 정상적 성적 생활은 일탈적 성생활의 부분집합이다. 인간은 어린 시절 폭 넓은 성생활을 즐기다가, 그것이 억제되어 일부만이 정상으로 허용되는 것이다. 현대의 많은 성적 담론은 성인의 성생활에서 자료를 구한 것이다. 그러나 프로이트의 관점에서 보자면 그런 접근은 전체를 보지 못한 협소한 시각이다. 성인의 성적 생활은 어린 시절 인간이 수행했던 성생활의 일부에 지나지 않는다. 성의 본질을 파악하려면 유년기부터 성생활이 어떻게 변모해 왔는지 살펴야 한다.

유년기 성생활의 존재는 아직도 상식이 수용하지 않는다. 우리는 순진무구한 동심의 세계에 대해 자주 언급한다. 어린 시절에는 성생활이 결여되어 있다가 사춘기에 시작한다고 대부분 믿고 있다. 그러나 프로이트는 신경증 환자의 분석을 통하여 유년기 성생활의 존재를 확인하였다. 신경증의 증상은 어린 시절 성적 관계 및 활동과 밀접한 연관이 있는 것이다.

우리는 유년기의 성생활을 아무도 기억하지 못한다. 시간이 지나면서 잊은 것은 아니다. 프로이트는 여기에 기억상실증 같은 적극적 심리 과정이 작동하고 있다고 생각한다. 잊어야 할 강력한 이유가 있다면 인간은 안나 오Anna O처럼 모국어도 망각하고, 팔다리를 어떻게 움직이는지도 잊어버릴 수 있다. 보통 사람은 유년기의 성생활은 기억하지 못하므로 프로이트는 성적 일탈과 신경증의 분석을 토대로 유년기의 성생활을 구성한다.

1. 유아기의 성적 생활die infantile Sexualität

성적 충동은 유아기에는 없고, 사춘기에서 깨어난다고 대중은 생각한다. 유년기의 성적 생활의 존재를 부정하는 대중적 견해는 충분히 이해할 수 있다. 왜냐하면 대부분의 사람들은 6세나 8세까지 유년기를 잘 기억하지 못하기 때문이다. 프로이트는 이런 현상을 히스테리성 기억상실Amnesie과 유사한 망각 과정으로 간주한다. 아동기의 성생활에서 어떤 억압이 일어나 기억이 파괴된 것이 아니라 상실되었다는 것이다. 프로이트는 유아기의 성적 발동sexuelle Regung에 관한 드문 보고와 신경증 환자의 무의식적 유아기의 기억의 발견을 토대로 유아기의 성적 태도에 관하여 다음의 큰 그림을 그릴 수 있게 되었다(GW 5, 77).

[신생아는 성적 동요의 싹을 가지고 태어난다. 이 싹은 시간을 두고 계속 발전하다가 억제되고, 다시 정상적 성적 발전 때문에 억제가 무너진다. 대개 3세나 4세가 되면 아이의 성적 생활은 관찰할 수 있는 형태로 표출된다. 아이의 성생활은 6세에서 8세부터 사춘기까지 잠복기에 들어간다.]

잠복의 시기동안 정신적 힘이 건립된다. 그 힘은 성적 생활에 대한 구토감, 수치감, 또는 성생활과 상관없는 미학적 도덕적 이상추구 같은 것이다. 이것들은 댐처럼 앞으로의 인생에서 성적 충동의 흐름을 방해하고 제한한다. 우리는 이런 댐의 건립은 교육의 작업이라는 인상을 받는다. 프로이트는 이 점을 인정하면서, 새로운 요인도 발견한다. 성적 충동을 억제하는 정신적 힘은 마치 기질적 요인처럼 때때로는 교육의 도움 없이도 일어난다. 그것은 오이디푸스 콤플렉스에서 유래한다.

정신의 힘이 건립되면서 유아기적 성적 발동 자체는 희생된다. 그러나 성적 발동Regung의 흐름이 정지한 것은 아니라, 성적 활용으로부터 벗어나서 다른 목표를 향하여 방향을 바꾼다. 성적 충동의 에너지가 성적 목표로부터 다른 곳으로 방향을 전환하는 과정을 프로이트는 승화Sublimierung라고 부른다(GW 5, 79). 승화는 모든 문화적 업적을 위한 강력한 토대가 된다.

유아기의 최초 성적 표출은 빨기이다(GW 5, 80-81). 아이는 모든 것을 빤다. 입술 자체, 혀, 닿을 수 있는 임의의 피부의 위치, 엄지손가락, 엄지발가락이 빨기의 대상이 된다. 빠는 활동에서 입술 또는 입이 반복적으로 율동적으로 접촉되어, 오르가즘과 비슷한 운동 반응으로 이어진다. 프로이트는 빨기Lutschen가 영양을 위해서가 아니라 기쁨을 얻기 위한 활동이라고 간주한다. 이런 빨기는 젖먹이 때 나타나서 전 인생을 통하여 유지된다. 감각적 신체 부위, 즉 가슴이나 외음부를 부비면서 접촉하는 행위는 유아기의 빨기 활동에서 유래하는 것이다. 프로이트는 아이들의 빨기가 일종의 수음Masturbation이라고 본다.

아이의 빨기 활동을 통하여 입과 입술은 성감대의 기능도 갖추게 된다. 그리고 입은 영양섭취의 기능에 봉사하는 기관이다. 입은 두 개의 기능에 동시에 봉사하기도 하고, 어떤 경우에는 성적 기능이 영양 섭취의 기능으로부터 독립한다. 아이들이 공갈 젖꼭지를 빠는 행위가 여기에 해당할 것이다.

이런 성적 활동에서 가장 두드러진 특징은 그 충동이 타인을 향하지 않는다는 점이다. 아이는 낯선 대상을 빨지 않고, 자신의 피부의 부위를 선호한다. 왜냐하면 이것이 더 편하기 때문이다. 아이는 외부세계로부터 독립하여 성적 만족을 추구한다. 이렇게 자기 자신의 신체에 만족하는 성적 활동을 프로이트는 자기성애Autoerotismus라고 한다(GW 5, 81-82). 유년기의 성적 태도는 자기성애적 성향이다.

자기성애가 인간 최초의 성적 태도는 아닌 듯하다. 프로이트가 아이에게 첫 번째 성의 대상은 어머니의 젖가슴이라고 하기 때문이다. 그러나 이때 어머니의 가슴이 대상이라고는 할 수 없다. 아이는 아직 자신의 신체와 어머니의 가슴을 분리하지 못한다. 이러한 자기와 타자의 미분리 상태에서 아이는 벗어난다. 어머니의 가슴은 아이에게 불확실하기 때문이다. 어머니는 시장을 보러 가거나, 동생을 보살펴 주거나, 아버지와 시간을 보내기도 한다. 이런 경우 아이는 성적 대상에 접근할 수 없다. 이렇게 어머니의 가슴이 외부의 대상이라는 점을 인식하면서 아이는 성의 대상을 어머니의 가슴으로부터 아이 자신의 신체로 바꾼다(GW 5, 83). 아이는 불확실한 외부 대상 대신 자신의 신체에서 성감대를 만든다. 이것은 입술이나 발가락 같은 것이다. 두 번째의 성감대는 품질은 첫 번째 것보다 떨어진다. 새로 생긴 이 성감대가 저품질이기 때문에 아이는 나중에 타인의 피부나 입술을 추구하게 된다. 사랑의 대상이 자신의 신체로부터 다른 대상으로 바뀌는 것이다. 대상 교체에는 문화적 이유만이 있는 것이 아니라, 성적 활동 자체에도 이유가 있는 것이다.

이런 발전이 모든 사람에게 다 일어나는 것은 아니다. 어떤 아이는 입술 지역의 성적 의미가 체질상 강력하다. 그런 아이는 입술의 자극에만 몰두하느라 다른 신체 부위를 빨지 않는다. 이런 아이는 자라서, 키스 도락가Kußfeinsmecker가 되거나, 즉 키스에 도착적으로 얽매이게 되거나, 아니면 음주와 흡연에 강력한 동기를 갖게 된다(GW 5, 83).

그러나 만약 억압이 부가되면, 먹는 것에 구토감을 느끼고 히스테리성 구토증을 일으킨다. 입술의 영역에 두 개의 기능이 함께 있다. 빨기라는 성적 기능과 영양 섭취기능. 성적 충동에 억압이 일어나면, 입의 성적 기능은 억제된다. 동시에 성적 충동의 에너지로 입이 점거되고 있기 때문에 억압은 입의 성적 기능을 마비시키다가 영양 섭취의 충동도 발휘되지 못하게 한다. 빈대를 잡다가 초가삼간을 태우는 격이다. 성적 활동이 입의 빨기에 고착되어 있는 사람에게 억압이 일어나면, 기질적 이유가 없는데도 구토를 일으키게 된다. 프로이트는 식사 장애, 히스테리성 목구멍 덩어리 느낌, 목 조임, 구토증을 겪고 있는 환자들 중 다수가 어린 시절 활발하게 빨기에 탐닉한 사람들이라는 점을 발견한다.

항문 부위는 신체의 기능 두 개가 겹친다는 점에서 입술 부위와 비슷하다. 항문은 배설의 기능과 성감대의 기능에 봉사한다. 프로이트는 항문의 성적 기능에 대해 이렇게 추리한다(GW 11, 325). [젖먹이 아이는 오줌과 장의 내용물을 배출하는 데서 쾌락의 느낌을 가지고, 이런 행동을 할 때 성감대의 점막 부위를 자극하여 가능한 한 최대의 쾌락을 얻으려고 한다.] 항문은 입술처럼 대상에 접촉하지는 않지만, 배설물이 항문을 통과할 때 접촉의 쾌락을 누릴 수 있다고 프로이트는 보는 것이다. 항문이 성적 기능에 봉사한다는 점을 그는 다음의 관찰에서도 확인한다.

[어떤 아이는 쾌락획득에 적절한 시기가 아니라고 판단하면, 유모가 아이를 요강에 앉혔을 때 배변을 완강히 거부한다. 그는 배변에 동반하는 쾌락획득을 놓치려 하지 않는다. 항문의 성애적 자극을 이용하는 아이는 의자를 뒤로 밀어, 의자가 압력의 축적을 통하여 근육의 수축을 자극

하고 그것이 항문을 통하여 들어가 강력한 자극을 항문의 점막에 행사
할 수 있도록 한다.](GW 5, 87)

아이는 생리적 필요가 강력하지 않다면 배설을 성적 기능에 나중에
활용하기 위해 유모의 요구를 거절할 수 있을 것이며, 의자를 이용하여
항문을 접촉하며 쾌락을 얻으려고 할 수 있을 것이다.

성기는 입술이나 항문처럼 두 개의 신체 기능에 봉사한다. 프로이트
는 성기가 해부학적 위치 때문에 배설의 기능뿐 아니라 성감대의 구실
도 한다는 점을 통찰한다(GW 11, 88-89). [성기에 오줌이 흐르면 이것은
성적 충동을 자극하고, 보모가 아이의 성기를 씻어 주고 만져 주는 과정에서
성적 충동이 자극된다. 아이는 이 신체의 부위가 산출할 수 있는 쾌락감각을
젖먹이 시절부터 감지할 수 있어서, 그 감각을 반복할 욕구를 키운다.] 프로
이트는 꼬마 아이들이 성기를 자주 만진다는 사실에 유념한다. 그는 그
것을 유아의 성기 수음, 즉 오나니Onanie라고 본다. 손으로 만지고 부비
는 것뿐 아니라, 허벅다리를 서로 맞닿게 하여 성기에 자극을 주는 방
식도 아이들은 오나니에 활용한다.

아이들은 페니스에 대한 호기심이 많다. 여자도 페니스가 있는지,
책상은 왜 페니스가 없는지 궁금해 한다. 프로이트는 3-4세 아이들
의 성적 생활이 호기심Wißtrieb과 탐구충동Forschertrieb을 일깨운다고 지적
한다(GW 5, 95). 호기심은 대상을 장악하려는 요구에서 일어난다. 객
관 세계를 지배하려면 그것이 어떻게 운행하는지 보고 파악해야 한
다.[56] 유년기에 호기심의 대상은 성적 생활이다. 아이는 어디에서 오는

---

[56] 호기심을 충족하는 과정에서 보는 즐거움(Schaulust)도 일어나므로, 탐구 활동 자체가 즐거움을 산출

가? 이것이 아이의 첫 번째 탐구 주제라고 프로이트는 추측한다(GW 5, 96). 아이들의 호기심은 예상치 못하게도 이른 시기에 성적 문제와 관련이 있다. 아이는 이론적 관심이 아니라 실천적 관심에서 탐구활동을 수행한다. 아이는 새로 동생이 태어나면 자신의 실존조건이 위협받지 않을지, 부모로부터 사랑과 배려를 상실하지 않을지 골똘히 생각하는 것이다.

양성의 차이는 아이에게 그렇게 중요한 문제는 아니다. 남자 아이는 자기와 같은 성기가 모든 사람에게 있을 것이라고 확신하여, 다른 사람이 그것을 결여하고 있다고 상상하지 못한다. 이런 남자 아이의 확신은 강력하게 자리 잡아서, 여자 아이를 보면서도 관찰에 저항하면서 옹호된다. 프로이트에 따르면, 이 확신은 아이 자신 내부의 심각한 내적 투쟁, 즉 거세 콤플렉스Kastrationskomplex를 겪으며 이후에 폐기된다(GW 5, 95-96). 아이는 아버지로부터 거세당할지도 모른다는 공포를 느끼며 어머니를 포기한다. 아이는 자신이 거세당할 수도 있다고 두려워하며, 여자는 거세당했다고 여긴다. 남자아이는 여자도 원래 페니스를 가지고 있었는데 거세를 통하여 상실했다고 믿는다. 어떤 남자는 여자가 페니스를 소유하지 않는다는 최종적 결론 때문에 지속적으로 여자를 경시하기도 한다.

반면 어린 여자 아이는 자신과 다르게 생긴 남자 아이의 성기를 보고 차이점을 부정하지 않는다. 여자 아이는 차이를 인정하고, 자신에게 남근이 없는 것을 아쉬워하며 남근을 부러워하기도 한다. 프로이트는 이

한다. 탐구자는 연구의 결과를 활용하여 객관세계를 제어할 수 있어서 즐겁지만, 탐구과정 즉 대상을 보는 과정자체에서도 쾌락의 느낌을 얻는 것이다.

것을 남근 선망Penisneid이라고 부른다(GW 5, 96). 남근 선망은 여자 아이가 남자가 되려고 소망하는 데서 정점에 이른다. 남자 차림을 좋아하는 여자는 남근 선망의 표출이라고 이해할 수 있을 것이다.

지금까지 유아기 성적 생활의 특징들을 살펴보았다. 첫째, 유아기 성적 생활은 자기성애적 성향을 보인다. 즉 유아는 자신의 신체를 성적 대상으로 발견한다. 둘째, 각각의 신체 부분들이 쾌락을 획득하는 작업에서 서로 서로 떨어져 통합성을 갖지 못한다.

프로이트는 이 시기의 성적 단계를 전생식기적 구성체die prägenitale Organisation 또는 전생식기적 단계die prägenitale Phase라고 부른다(GW 5, 98-99, GW 15, 105). 앞서 살펴본 바와 같이 이것은 세 가지 하위 국면으로 나뉜다.

① 전생식기적 구성체의 첫 번째 국면은 구강적 구성체die orale Organisation, 또는 구강적 단계die orale Phase이다. 이때 성적 활동은 영양 섭취 활동과 분리되지 않는다.

② 두 번째 전생식기적 국면은 가학증적-항문적 단계die sadistisch-anale Organisation이다. 구강적 단계는 성적 대상에게 부드러운 자극을 주어 쾌락을 얻는 반면, 항문적 단계에서는 항문의 점막에 배변물을 통과시킨다든지, 항문의 피부에 압력을 가하는 방식으로 쾌락을 추구한다. 이것은 가학증(사디즘)의 특징이다. 프로이트는 항문적 단계에서 앞으로의 성생활을 관통하는 대립성이 이미 완성된다고 본다. 그것은 아직 남성적 경향과 여성적 경향은 아니고, 능동성과 수동성이라고 부를 수 있다.

③ 세 번째 하위단계는 남근 단계die phallische Phase이다. 이 단계에서는 남성의 성기가 중요하며, 여성의 성기는 아직 발견되지 않았다. 프로이트는 이 단계를 생식기 단계die genitale Phase라고 부르지 않는다. 생식

기적 단계는 사춘기 이후 여자의 성기가 남자와 다른 독자적 기관으로 인정될 때 시작한다. 요약하면 성생활의 단계는 크게 전생식적 단계와 생식기적 단계로 나뉘며, 전생식기적 단계에 하위 단계가 3개 포함되어 있다.

유아기 성적 생활에 대해 하나 더 언급할 것이 있다. 그것은 성적 대상의 선택, 대상의 발견이다. 프로이트는 이것을 그냥 대상선택, 대상발견이라고 한다. 보통 우리는 대상선택을 사춘기의 특징이라고 여긴다. 그러나 일차 대상선택은 2살에서 5살 사이에 시작하고, 두 번째는 사춘기에 다시 시작한다(GW 5, 100). 유아기의 대상선택^{Objektwahl}은 한 사람을 향한다. 그 대상은 아이를 보호하고 양육하는 사람, 어머니나 어머니의 대리인이다.

아동이 6세에서 8세가 되면 성생활은 중단된다. 이 시기를 잠복기라고 부른다. 사춘기 시절까지 아동의 성생활이 억압되는 이유는 어디에 있을까? 프로이트는 두 가지 이유를 가정한다. 하나는 사회문화적 요구이다(GW 11, 322). 사회는 성적 충동을 억제하고 제한하려고 한다. 사회는 아이가 지성적 성숙의 일정한 단계에 도달할 때까지 성적 충동이 완전하게는 발달하지 않도록 한다. 왜냐하면 성적 충동이 발달하는데도 이것을 통제할 지성적 능력이 갖추어지지 않으면, 성충동을 교육을 통하여 제어할 수 없기 때문이다. 인간 사회는 구성원들이 노동하지 않으면 그들을 먹여 살릴 생존 수단을 가지고 있지 않으므로, 그들의 성적 활동의 에너지를 노동으로 돌려야 한다. 인간에게 노동의 충동은 없으므로 일하고 싶어 하지 않는다는 것이 프로이트의 생각이다. 노동의 충동이 없는 인간이 노동하려면 노동의 에너지를 성충동의 에너지에서 전용할 수 있어야 한다. 성충동이 모두 성적 활동에 소진되어 버리면 노동에 활용할 에너지가 없다.

둘째는 오이디푸스 콤플렉스라는 개인의 심리적 이유이다. 남자 아이는 어머니를 두고 아버지와 경쟁을 하고 있다고 믿는다. 아이는 아버지가 사라지기를 바라면서, 그런 증오 때문에 아버지도 아이 자신을 죽일지도, 즉 거세할지도 모른다고 불안해 한다. 여자아이는 경우가 복잡하지만 일단 부모를 반대로 놓아 본다.[57] 이런 심리과정을 프로이트는 오이디푸스 콤플렉스라고 부른다. 아이는 오이디푸스 콤플렉스를 겪으며 스스로 어머니에 대한 성적 충동을 억제한다. 그러면 아이는 어머니 외 다른 성적 대상이 없으므로 성적 생활 자체가 중단되어 잠복기로 들어간다.

『문명 속의 불만』에서는 성충동의 억제 이유로서 문화의 건설과 유지라는 하나의 이유만 언급되었다. 여기서 그와 다른 종류의 이유도 지적되고 있다. 인간은 성본능을 문화적 이유뿐 아니라 오이디푸스 콤플렉스라는 심리적 이유에서도 포기하도록 강요받고 있는 것이다.

2. 사춘기 이후의 성적 생활: 대상선택과 불륜의 문제

사춘기는 성적 생활의 관점에서 두 과제를 수행해야 한다(GW 11, 341). 대상선택과 성적 통합. 첫째, 대상선택이란 외부에서 성적 대상을 발견하는 것을 말한다. 프로이트는 아이의 성적 태도가 자기성애적 경향이라는 점을 지적하였다. 사춘기에 들어서면 인간은 자기성애적 태도를

---

57 여성의 오이디푸스 콤플렉스는 7장에서 자세히 다룬다.

버리고, 자신의 신체 안의 대상을 낯선 대상으로 바꾼다. 둘째, 성적 통합이란 입, 항문, 남근에 해당하는 각각의 부분충동들을 하나로 생식기능에 통합하는 것을 말한다. 개인이 이 과제를 성공적으로 완수한다면, 그의 성적 대상은 성별이 다른 외부의 인간이며 성적 최종 목표는 생식이다. 만약 여기서 실패한다면 개인의 성생활은 일탈이나 신경증에 빠지게 된다.

외부에서 성적 대상을 발견하는 과제에는 근친상간 금지가 포함되어 있다. 근친상간의 유혹은 부모와 아이, 양측에 온다고 프로이트는 본다(GW 5, 124-125).[58] 아이를 돌봐 주는 사람(대개 어머니)은 자신의 성적 생활에서 흘러나오는 감정으로 아이를 배려한다. 그는 아이를 쓰다듬고 입 맞추고, 흔들어 준다. 아이는 그에게 완전히 성적 대상의 대체물처럼 보인다.[59] 아이를 돌봐 주는 사람은 자신의 애정 어린 행동으로 아이의 성적 충동을 일깨우는 것이다. 아이들 역시 어린 나이부터 돌봐 주는 사람에 대해 성적으로 사랑sexuelle Liebe하듯이 처신한다. 아이들은 부모에게 연인처럼 안기며 안아 주기를 기대한다. 아이와 아이를 돌봐 주는 사람의 교류는 아이에게 성적 흥분과 성감대 만족의 원천이다.

아이가 가장 가까이 있던 사람을 성적 대상으로 선택할 수 있다면 문제가 간단할 것이다. 그러나 아이는 근친상간을 막는 장벽Inzestschranke

---

58 이 견해는 프로이트가 나중에 수정한다. 그는 아이가 어머니를 유혹하지만, 어머니가 아이를 유혹한다고는 보지 않았다. 프로이트는 초기에 아이가 성인에게 실제로 유혹당한 것이 아니라는 점을 몰랐다. 환자들은 어른이 되어서 어린 시절 성인으로부터 유혹되었다는 기억을 떠올리지만, 그것은 실제로 일어난 것이 아니라, 환자들이 만들어 낸 공상이다(GW 14, 59-60).

59 남편에게 사랑받지 못하는 여자는 성적 대상의 대체물을 젖먹이 아이에게서 찾는다. 아이가 자라면 여자는 결혼의 환상이 깨지면서 더욱 곤경에 처하여 평생의 삶을 혼탁하게 하는 신경증에 걸린다(GW 7, 158).

즉 혈족을 대상선택에서 배제해야 한다는 도덕적 지침을 수용해야 한다. 이 장벽을 존중하라고 사회와 문화가 요구하기 때문이다. 프로이트는 근친상간의 장벽이 인간의 본성에 뿌리를 둔 자연스런 제도가 아니라 사회적 규범이라는 점을 강조한다(GW 11, 347). 실제 인간의 최초 대상선택objektwahl은 대개 근친상간적 성향이라고 프로이트는 확신한다. 남자 아이가 어머니나 누이를, 그리고 여자아이는 아버지나 오빠를 지향한다면, 이러한 유아기적 경향을 현실로부터 분리하기 위하여 강력한 금지가 필요한 것이다.

오이디푸스는 인간 사회에서 가장 무거운 두 개의 범죄를 범했다. 어머니와의 근친상간과 부친살해. 이 두 가지 커다란 범죄는 인간 최초의 사회적 종교적 제도인 토테미즘이 엄금한 것이다(GW 11, 347-348). 오이디푸스와 같은 유형의 인간을 좀 다르게 해석할 수 있다. 그를 외부에서 성적 대상을 발견해야 하는 사춘기의 처음 과제를 제대로 수행하지 못한 남자의 상징이라고 이해할 수 있는 것이다. 오이디푸스는 아버지를 아버지인 줄 모르고 살해하고 어머니를 어머니인 줄 모르고 결혼한다. 그가 모르고 부친살해와 근친상간을 저질렀다는 점에서 그의 리비도(성적 갈망)는 근친상간적 고착에 완전히 빠져 있지는 않다. 프로이트는 오이디푸스처럼 리비도의 근친상간적 고착의 영향으로부터 완전히 벗어나지는 못한 사람도 주변에서 찾을 수 있다는 점을 지적한다(GW 5, 129). 젊은 남자가 성숙한 여자와 사랑에 빠지거나, 젊은 여자가 권위를 갖춘 늙은 남자와 사랑에 빠진다. 그 사랑의 대상은 어머니와 아버지를 다시 살려 놓은 것이다, 이것은 근친상간적 고착의 여파이다.

그런 여파는 모든 사람에게 나타난다. 대상발견Objektfindung의 과정은 매우 복잡한듯하다. 남자는 여자를, 여자는 남자를 자유롭게 선택하며 이 과정에 특정한 심리적 제약은 없는 듯 보이는 것이다. 그러나 프로이트가 보기에 인간이 성적 대상으로 발견하는 대상은 그에게 최초의 대상과 거의 동일하다(GW 11, 341). 첫 번째 사랑의 대상das erste Liebesobjekt은 나중의 대상선택을 위한 전범Vorbild의 구실을 한다. 남자에게는 어린 시절 어머니에 대한 기억이 있다. 남자는 어머니의 회상형상Erinnerungsbild에 따라 대상을 발견하고 선택하는데, 본인은 그렇게 하고 있다는 점을 모를 것이다(GW 5, 129). 어머니의 지금 외모와 회상형상이 다를 수도 있으며, 그 회상 자체가 무의식의 과정일 것이다.

최초의 대상이 나중의 대상 발견에서 전범이 된다는 점을 토대로 우리는 불륜(바람)의 심리과정에 접근할 수 있다. 대중은 성적 대상을 자꾸 바꾸는 성적 태도를 바람, 또는 불륜이라고 부른다. 왜 사람들은 한 대상에 머물지 못할까? 가장 일반적 대답은 충동이 만족되면 본능의 심리적 가치가 감소한다거나, 또는 충동이 위험과 도전을 선호한다는 것이다.

그러나 이런 견해에 프로이트는 반대한다(GW 8, 89). 그는 음주자와 술의 관계를 생각해 보자고 제안한다. 음주자에게 소주는 언제나 비슷한 만족을 준다. 똑같은 술을 마시면 지겨워서 맛이 떨어지니까 술이 조금 익숙해지면 계속 바꿔야 한다는 얘기를 음주자는 하지 않는다. 술의 종류가 많으니까 음주자는 맥주도 마시고 소주도 마신다. 맥주 중에서도 여러 종류를 맛본다. 그러나 하나가 익숙해진다고 해서 그것을 버리고 다른 것으로 바꾸지는 않는다. 그리고 충동은 위험이나 좌절이 없으면 만족이 감소한다고 해서 음주자가 일부러 자신을 난관에 빠지게 하기 위해 술값이 비싼 나라, 술이 금지된 나라로 가지는 않는다. 그런데 왜 음주자와 다른 방식으로 연애자는 성적 대상과 관계할까?

프로이트는 성적 본능에는 완전한 만족을 허용하는 데에 불리한 무언가가 있다고 생각한다. 성적 대상의 선택에서 최초의 대상이 근친상간적 대상이다. 인간은 근친상간 차단의 요구 때문에 최초의 대상이 아닌 다른 사람을 성적 대상으로 발견해야 한다. 대상선택에서 최초의 대상은 전범이다. 그래서 나중에 인간이 선택하고 발견한 대상은 본래적 대상이 아니라 그것의 대체물인 것이다(GW 8, 90). 대체물은 원래 대상보다 품질이 떨어진다.

음주자가 소주와 맥주를 바꾸어도 본래적 대상은 없다. 그러나 연애 생활은 최초의 대상이 진정한 대상이므로 그것과 동일한 대상은 현실에서 발견할 수 없다. 그래서 어떤 사람은 이 대상을 선택했다가 마음에 들지 않아서, 다른 대상으로 바꾸고 그것도 원래의 대상이 아니라서 다른 대상을 찾아 나선다. 모든 대상은 원본의 대체물이다. 대체물이 본래의 대상을 대신하지만, 대체물 중 어떤 것도 완전한 만족을 주지 못한다. 이것이 바로 성인의 연애 생활에서 나타나는 변덕을 설명해 준다.

대상선택에서 최초 대상이 전범이라고 해서 모든 사람이 바람둥이가 되는 것은 아니다. 연애 생활에서 대상을 자주 바꾸는 사람은 어린 시절에 강력하게 고착된 사람일 것이다. 남자가 어머니에 얽매여 있는 정도가 강하면 강할수록 그 대상과 더욱더 동일한 여자를 발견하려고 할 것이다. 그는 이 여자는 이래서 마음에 안 들고, 저 여자는 저래서 안 들고, 불만을 느끼며 성적 대상을 계속 교체할 것이다. 그러나 유아기의 고착 정도가 약하다면, 최초의 대상과 어느 정도 차이가 있더라도 만족할 것이다. 그런 사람은 성적 대상을 자꾸 바꾸어야 할 필요를 느끼지 않는다.

위의 이야기는 여자보다 남자에게 더욱 어울린다. 왜냐하면 앞에서 언급하였듯이 남자와 여자는 대상선택의 방식이 다르다. 남자는 최초의 대상을 전범으로 하여 나중에 대상을 선택하지만, 여자는 그렇지 않다. 여자는 사춘기 시절 자아도취적 성격이 되어 대상선택의 기준을 스스로 형성한다. 여자는 남자보다 오이디푸스와 같은 유아기의 고착에 빠질 가능성은 적을 것이다.

3. 성적 억제와 성적 일탈

앞에서 성도덕의 3단계를 언급하였다. 1단계는 완전히 자유로운 성적 활동이 허용되지만, 2단계는 성적 생활의 목표가 번식(생식)으로 제한된다. 두 번째 단계를 표준으로 삼으면 인구의 일부는 그들의 소질 때문에 두 번째 단계의 요구를 충족시켜 주지 못할 것이다. 어떤 사람들은 앞에서 언급한 성생활의 발달이, 즉 자기성애로부터 대상사랑으로, 신체 부분 부분에 흩어진 국소적 만족으로부터 남녀 생식기의 결합을 목표로 발전하는 일이 제대로 성취되지 않는 것이다. 프로이트는 이런 발달의 장애로부터 두 가지 해로운 일탈이 벌어진다고 본다(GW 7, 151). 일탈이란 정상적 성적 생활 즉, 문화에 유익한 성적 생활로부터 벗어난다는 점을 지적한다. 두 부류의 일탈은 도착과 동성애이다. 도착은 여러 가지 형태이나 모두 유아기의 단계에 고착하여 성적 생활에서 생식 기능의 우위를 인정하지 않는다. 동성애자는 성적 목표가 반대의 성으로부터 동일한 성으로 굴절된다.

도착과 동성애가 강력하게 배타적으로 형성된 사람들에게는 두 번째 단계의 문화 요구도 부담의 원천이다. 이렇게 소질적으로 일탈된 사람들의 운명은 다양하다. 운명을 가르는 것은 성충동의 강도라고 프로이트는 확신한다. 그들이 절대적으로 강력한 성적 충동을 가지고 있는지, 약한 성적 충동을 가지고 있는지에 따라 운명이 달라진다는 것이다. 첫째, 성적 충동이 약한 사람의 경우 일탈적 소질을 타고났다 하더라도 그들은 자신의 성향을 완전히 억제하여 문화의 도덕적 요구와 충돌하지 않는다. 그러나 그들은 자신의 성적 충동을 억누르느라고 문화 작업에 사용할 수 있을 힘을 소진한다. "그들은 내부적으로는 저지적 성격이고 외부적으로는 마비되어 아무 일도 제대로 하지 못한다."(GW 7, 153) 이런 사람들은 욕심이 없는 순박한 사람들처럼 보일 수도 있다. 그러나 프로이트의 관점에서 보자면 그들은 자신을 일탈적 성충동을 억제하느라 에너지를 소비하여 아무것도 힘차게 욕구하지 못하는 상태이다. 이런 이들은 인생에서 창조적 작업처럼 에너지가 많이 들어가는 일을 해낼 수 없을 것이다. 프로이트는 인간의 성적 행태를 보면 전체적 반응 방식을 추리할 수 있다고 주장한다(GW 7, 159-161). 자신의 성적 목표를 열렬하게 획득하는 남자는 다른 목표를 추구하는 데서도 불굴의 자세로 나아가는 반면, 자신의 강렬한 성적 충동의 만족을 포기하는 남자는 인생의 다른 일에서도 타협적이고 단념적인 행태를 보인다는 것이다. 후자 부류의 사람들은 독창적 사상가나 대담한 개혁자가 되지 못하고, 착하지만 나약한 사람이 되어 강력한 지도자를 추종하는 군중으로 변모할 것이라고 프로이트는 추리한다.

둘째, 성본능이 강렬하면서 일탈의 경향인 사람은 두 가지의 행로를 걸을 수 있다(GW 7, 153-154). ① 해당자는 일탈로 남아 있고, 문화 수준으로부터 일탈이라는 결과를 견디며 산다. ② 교육과 사회적 요구의 영향으로 일탈적 충동의 억제가 성공한다. 전자의 사람들은 일탈적 성생활을 하며 살아간다. 후자의 사람들은 일탈을 억제하는 데 성공하지만 성적 충동이 너무 강렬하기 때문에 그것은 그냥 잠들지 않고, 성적 행위와 완전히 다른 방식으로 표출된다. 이것이 바로 신경증적 증상이다.

성충동이 강력한 사람들의 인생은 일탈자가 아니면 신경증 환자이다. 어떤 사람들은 일탈적 충동을 변형시키지 않고 그대로 만족시킨다. 이들은 사회로부터 비난받고 소외될 것이다. 어떤 사람들은 일탈적 충동을 억제하여 일탈자로 살지는 않지만 일탈적 성충동을 신경증적 증상을 통하여 만족시킨다. 그들은 사회로부터 비난받지는 않지만 신경증을 앓는 비용을 지불한다.

프로이트는 신경증을 도착의 음화das Negativ라고 서술한다(GW 7, 153-154). 사진은 음화를 현상하여 만든 양화이다. 성도착의 사람에게 일탈적 경향은 그대로 드러나는 양화인 반면, 신경증 환자에게 일탈적 경향은 억압되어 무의식에 어둡게 숨어 있는 음화이다. 포지티브와 네거티브를 적극성, 소극성으로 이해할 수도 있다. 성도착자는 일탈의 성향을 적극적으로 표출하고, 신경증 환자는 소극적으로 표출한다. 신경증 환자는 적극적 도착자와 같은 성향을 비록 억압된 상태에서나마 보유하고 있기 때문이다.

성도덕이 2단계에서 3단계로 발전하면 성도덕은 더욱 엄격해진다. 이제 사회는 합법적 결혼 이외의 모든 성적 활동은 엄금한다. 이렇게 되면 문화의 요구와 충돌하는 사람들의 숫자는 늘어 갈 것이다. 그런 사람들 중 일부는 문화적 영향의 압박과 타고난 그들의 소질의 갈등 때문에 신경증적 질환으로 도피할 것이다. 프로이트는 두 번째 단계에서 건강하게 지내던 사람들도 세 번째 단계가 되면 더 많은 사람들이 신경증에 걸릴 것이라고 본다(GW 7, 155-156). 성적 만족의 심리적 가치는 거부(좌절)와 함께 증가할 것이다. 흐름이 막힌 성적 갈망(리비도)은 질병적 증상의 형태에서 신경증적 대체만족을 얻어 낸다. 신경증의 증상은 좌절된 리비도의 대체만족이다. 프로이트는 현대사회에서 신경증의 증가는 성적 제약을 강화하는 것으로부터 유래한다고 진단한다.

문화적 성도덕과 충돌하면서도 어떤 사람은 신경증에 걸리지 않는다. 그들은 신경증 대신 불륜을 저지르기 때문이다. 신경증적 증상이 성적 만족의 대체 수단인데, 그 사람들은 그런 대체물에 만족하지 않고 도덕에서는 어긋나지만 직접적 성생활을 통하여, 배우자 아닌 다른 파트너와 교제하며 성적 충동을 충족시킨다. 프로이트는 불륜이 결혼생활에서 일어나는 신경증 질환의 치유수단이 될 수 있다고 지적한다(GW 7, 158). 그러나 문화적 가정에서 자라난 여자일수록, 그리고 문화의 요구에 진정으로 복종할수록, 이런 탈출구를 더욱 더 두려워할 것이다. 그런 여자들은 자신의 충동과 의무감 사이에서 갈등하고 신경증으로 도피처를 찾게 된다. "그녀에게 정절의 미덕은 질병이 아니고는 지키지 못한다." 정숙한 부인들은 신경증의 고통을 겪는 비용을 지불하면서 착한 여자로 살아간다는 것이다.

어떤 선택을 하여도 곤경에 빠지는 상황을 논리학에서 딜레마라고 부른다. 강력한 성충동을 타고나서 현대의 문화적 성도덕과 충돌하는 여성의 경우 선택지는 두 개이다(GW 7, 160-161). 하나는 불륜, 다른 하나는 신경증이다. 불륜을 선택한다면 질병에는 걸리지 않지만 타락한 여자라는 비난을 받을 것이다. 신경증을 선택하면 정절의 미덕은 지키지만 질환에 시달리며 살아야 한다. 그 양자가 아닌 다른 선택도 있을 수 있다. 어떤 여자는 이룰 수 없는 동경으로 괴로워하면서 살아갈 것이다.

남자들은 사정이 좋다. 프로이트 당시에도 남자는 실제로 성의 규제가 적어서 상황이 여자만큼은 심각하지 않았다(GW 7, 157-158). 엄격한 성적 규범 속에서도 남자들은 여자보다 더 많은 성적 자유를 누린다. 남자에게 이중적 도덕이 허용되는 것이다.

문화와 성충동의 충돌이 벌어질 때 인간은 여러 가지 방식으로 대처한다. 1단계의 성도덕에서 2단계로 나아갈 때는 소질적으로 일탈의 경향이 있거나 제대로 성적 생활이 발전하지 못한 사람들은 일탈(도착과 동성애)의 성적 생활을 선택한다. 2단계에서 3단계로 발전하면 이제 일탈의 소질이 없는 정상인들도 일부는 신경증에 걸리고, 일부는 불륜을 저지른다. 불륜이란 결혼 외부의 성생활이지만 성적 일탈은 아니다. 그리고 매우 자아가 강력한 소수의 사람들은 그냥 불만을 인내하며 살아갈 것이다.

우리는 크게 세 종류의 성적 생활을 거론하였다. 일탈, 정상적 성적 활동, 유아기의 성적 활동. 이 중 가장 범위가 넓은 성생활이 일탈이며, 그다음이 유년의 성생활, 그리고 가장 좁은 형태가 정상의 성생활이다. 유년기의 성생활이 축소된 형태가 정상적 성생활이며, 확대된 것이 일탈이다(GW 11, 321). 성도덕의 단계와 관련하며 말한다면, 1단계는 유아기의 성적 생활뿐 아니라 일탈도 포함하며, 정상적 성적 생활은 2단계와 3단계에 해당할 것이다.

성적 일탈을 두 가지 기준에서 고려할 수 있다. 프로이트는 일탈을 성적 대상Sexualobjekt과 성적 목표Sexualziel 관계에서 접근한다(GW 5, 34). 어떤 사람으로부터 성적 매력이 흘러나오면, 그 사람은 당신의 성적 대상Sexual Objekt이다. 당신의 성적 충동Trieb이 특정한 행위Handlung를 지향하면 그 행위가 성적 목표이다. 이몽룡은 남원 광한루에서 그네를 타고 있는 춘향에게서 매력을 발견한다. 춘향은 이몽룡의 성적 대상이다. 춘향은 여자이고 이몽룡은 남자이니, 그 둘의 관계는 일탈이 아니다. 만약 남자에게 남자가 성적 대상이라면, 즉 동성애라면 성적 대상의 관점에서의 일탈이다. 그리고 이몽룡은 춘향을 가만히 볼 수도 있고, 다가가 손을 잡을 수도 있으며, 춘향전의 전개처럼 성관계를 맺을 수 있다. 주시, 접촉, 성교는 성적 목표이다. 만약 주시나, 접촉이 전희의 단계가 아니라 성적 쾌락의 최종 지향점이라면, 그것은 성적 목표의 관점에서 일탈, 즉 도착이다. 성적 대상과 성적 목표의 관점에서 성적 일탈Abweichung이 일어나는 데, 전자는 동성애, 후자는 도착이다.

(1) 성적 대상과 연관된 일탈: 동성애

플라톤의 『향연』에도 이와 관련된 얘기가 나온다. 『향연』의 등장인물인 아리스토파네스는 원래 인간이 지금의 인간을 앞뒤로 붙여 놓은 형태였다는 신화를 거론한다. 원래 인간은 전후방에 팔, 다리, 눈이 달려서 앞뒤로 자유롭게 보고 달릴 수 있었다. 인간이 너무 거만하여 신의 권위에 도전하자 신은 인간을 반쪽으로 갈라 버렸다. 그 이후 인간은 자신의 반쪽을 찾아 헤맨다. 이때 원래 남자-남자 형태였던 사람은 자신의 반이 남자이니 남자를 찾게 되고, 남자-여자였던 사람은 이성을 만나려고 한다.[60] 동성애가 역시 이성애처럼 자연스럽다는 점을 이

---

60 '반쪽찾기'는 다음 시에도 나온다. "어디엔가 있을 / 나의 한쪽을 위해 / 헤메이던 숱한 방황의 날들 / 태어나면서 이미 누군가가 정해졌었다면 / 이제는 그를 / 만나고 싶다."(서정윤, 「홀로 서기 1」)

이야기는 들려 준다.

성적 대상과 관련한 일탈에는 세 가지 유형이 있다(GW 5, 34-35). 절대적 일탈, 양성 일탈, 그리고 상황적 일탈. 첫째, 절대적 일탈이라면, 성적 대상은 언제나 같은 성의 사람이다. 반대 성은 성적 동경의 대상이 결코 아니다. 둘째, 양성 일탈이라면, 성적 대상은 동성일수도 이성일수도 있다. 성별에 따른 배타성이 없다. 셋째, 상황적 일탈이라면, 정상적 성적 대상을 구할 수 없는 경우에만 동성을 성적 대상으로 삼아, 성행위에서 만족을 구한다. 투옥된 죄수, 독신이 의무인 종교인, 성적 능력이 취약하여 이성을 유혹할 수 없는 사람들이 그런 상황에 있다.

인간은 남자 아니면 여자로 태어난다고 우리는 믿고 있다. 그러나 과학은 통상적 신념과 달리, 해부학적 관점에서 성의 특징이 뒤섞여 남자인지 여자인지 규정하기가 힘든 경우들을 알고 있다. 이것을 자웅동체Hermaphroditismus라고 하는데, 드문 경우에는 양쪽 성기관이 다 발달되어 나란히 있지만, 대개는 양쪽 다 위축되어 있다.

이런 해부학적 사실에서 프로이트는 다음을 추론한다(GW 5, 40). 원래 양성적 소질이 단일성으로 발전하는 과정에서 다른 성은 위축되어 사소한 흔적을 남긴다는 것이다. 미국 영화 「소년은 울지 않는다Boys Don't Cry」에서 주인공은 남자의 성기와 여자의 성기를 모두 가진 자웅동체이다. 자웅동체는 드물다. 그래도 이런 비정상적 경우를 살펴보는 이유는 그것이 정상적 성의 형성을 이해하는 데 도움을 주기 때문이다. 해부학적 관점에서 정상적으로 성장한 남성이나 여성에게 다른 성 기관의 직접적 흔적이나 기능은 없지만 자취기관의 형태로 또는 다른 기관으로 전화된 형태로 남아 있다고 프로이트는 믿는다. 그렇다면 해부학적 자웅동체는 어느 정도 정상이다.

이러한 결론을 심리적 영역으로 넘겨서, 동성애를 심리적 자웅동체의 표출로 이해하고자 할 수도 있을 것이다. 그렇다면 동성애는 해부학적 자웅동체의 심리적 신호가 될 것이다. 그러나 이런 식의 추리는 타당하지 않다고 프로이트는 지적한다(GW 5, 40-41). 동성애와 해부학적 자웅동체 사이에 별 관계가 없기 때문이다. 동성애와 신체적 자웅동체는 완전히 별개의 문제이다. 신체상 가장 남성적인 사람도 동성애일 수 있다. 고대 아테네에서 가장 남성다운 사람들이 동성애에 빠져 있다. 플라톤이 저술한 여러 편의 대화편에서 소크라테스는 미소년과 연애하는 남자로 묘사되고 있다.

보통 사람들은 동성애 남자에 대해서 이렇게 생각한다(GW 5, 43-44). "그들은 자신을 여자라고 여기고 신체와 정신에 나타나는 남성적 특징으로부터 매혹을 느낀다." 그러나 동성애 남자들은 자신을 여자처럼 느끼기 때문에, 성의 대상으로 남자를 추구하는 것은 아니다. 동성애 남성의 경우 상당수는 남성적 심리적 특징을 유지하고 있으며, 그래서 그들의 성적 대상에서 여성적 심리적 특징을 추구한다. 고대나 현대나 남창들은 옷이나 행태에서 여성을 모방한다. 소크라테스가 매력을 느끼는 사람은 남성다운 남자가 아니라, 여성스런 신체적 특성과 여성적 정신적 속성, 예를 들어 수줍음, 겸손, 배우고 싶어 하고 조력받고자 하는 성격을 포함한 남자이다.

동성애 남자라도 여전히 남성의 특징을 보인다는 최근의 연구도 있다.[61] 보통 남성은 여성에 비해 사랑 없이 책임지지 않는 섹스를 좋아하

---

61 Myers, *Psychology* (Worth Publisher, 2015), pp.147-148.

며, 시각적 성적 자극에 민감하고 파트너의 신체적 매력에 관심을 갖는
다. 동성애 남자들은 이런 점에서 일반 남성과 비슷하다.

(2) 성적 목표와 연관된 일탈: 도착

정상적 성적 목표는 생식기의 통합Vereinigung der Genitalien, 즉 성교Begattung
이다. 이 목표에서 벗어난 성적 활동은 도착이다. 최종적 성적 목표에
도착하기 전에 사람들은 여러 단계를 거친다. 성적 대상에 대한 바라보
기Beschauen와 만지기Betasten, 키스 등등. 이런 활동은 그 자체 쾌락을 주
고, 최종적 성적 목표에 도달하도록 흥분을 고조시킨다. 만약 이런 것
들이 중간 단계가 아니라 그 자체가 목적이 되어 거기에 체류한다면 그
것은 도착이 된다. 어떤 사람은 최종적 성적 목표와 아무 상관이 없는
활동에 매료되고 있다. 그런 활동은 일반인의 눈에는 성적 목표로 보이
지 않을 것이다.

(a) 해부학적 확장

누군가가 당신에게 성적 대상이 된다면, 당신은 그의 성적 기관을 긍
정적으로 평가할 것이다. 성생활의 최종목표가 성교이므로, 평가는 성
기를 향한다. 그런데 어떤 사람은 이 심리적 가치 평가를 성적 대상의
성기에만 제한되지 않고 성적 대상의 전체 신체로 확장할 수 있다. 이
몽룡은 춘향의 얼굴, 다리, 머리카락 모든 것에 대해 긍정적으로 평가
한다. 더 나아가 성적 대상으로부터 나오는 모든 감각을 평가에 편입할
수도 있다. 그러면 이몽룡은 춘향의 눈빛이나 웃음, 걸음걸이도 좋아하
게 된다. 동일한 과대평가Überschätzung가 성적 대상의 정신적 능력에도
미치게 되면 성적 대상으로부터 나오는 판단을 그냥 따르게 된다(GW
5, 49-50). 사랑은 눈이 먼다Love is blind는 말이 있다. 사랑이란 성적 대상

에 대한 맹신적 순종이다.

대중은 남녀 사이의 사랑으로부터 성적 충동이 일어난다고 본다. 그러나 프로이트는 반대로 생각한다. 사랑이란 성적 대상의 정신적 측면(성격, 세계관, 지성적 역량 등등)에 대한 과대평가이기 때문이다. 당신이 누군가에게 성적 매력을 느끼지 않는다면, 그는 당신에게 성적 대상이 아닐 것이며, 그는 당신에게 과대평가될 수도 없다. 그러면 사랑도 없다. 사랑은 성적 충동으로부터 나오는 것이다.

도착적 성생활에서 성적 대상은 생식기만이 아니라 성적 대상의 신체 전체에 퍼진다. 입술이나 항문이 대표적 사례이다. 입술과 항문은 어린 시절 성기 자체로 활용되어 왔다는 점이 앞에서 언급되었다. 그런 행위가 문명사회에서 도착이라 간주된다면 나름 이유가 있을 것이다. 누군가가 그런 행위에 구토증을 느낀다면 그것도 마찬가지이다. 구토의 감정은 그런 성적 목표를 수용하지 않도록 사람들을 보호하는 기능을 발휘한다. 구토 감정은 성적 목표를 제한하는 힘인 것이다. 프로이트는 이런 태도를 히스테리성 구토 환자에게서 발견한다(GW 5, 50-51). 환자는 입술이나 항문에 매료될 때 그런 마음으로부터 벗어나서 자신을 보호하기 위해 욕구의 대상에 대해 구토의 감정을 만들어 낸다. 프로이트는 이런 현상을 반점거Gegenbesetzung라고 부른다. 당신이 어떤 사람을 혐오하는데 그러지 말아야 할 이유가 강력하다면 당신은 오히려 그를 좋아하여 그를 미워하는 마음을 막아 낸다. 동물보호운동에 앞장서고 있는 사람들은 어린 시절에 동물을 잔인하게 대한 사람이었을 수도 있는 것이다.

극심한 허기를 느끼면 보통 때는 구역질이 나서 먹지 못하는 음식도 넘어간다. 마찬가지로 입술과 항문에 대한 구토증이 반점거 현상이라면, 그것에 대한 성적 본능이 강렬해질 때, 구토증은 극복된다. 입술과 항문은 그 자체가 성기로 고려될 수 있다는 것이다. 이런 도착의 요구는 유년기의 성생활을 살펴보면 정당화되는 측면도 있다.

(b) 관음증

영화 「사랑에 관한 짧은 필름」(키에슬롭스키 감독)에서 우체국 직원 토메크는 퇴근하고 나서 건너편 아파트의 여자(마그다)를 망원경으로 훔쳐본다. 시각적 인상은 자주 리비도를 일깨워 발동시킨다. 일반적으로 주시는 성적 과정의 정상적 중간 단계이다. 그런데 토메크처럼 주시에만 매달린다면 그것은 도착이다.

주시는 성적 대상을 미의 담지자로 발전하게 한다. 원시인들은 현대인보다 훨씬 더 벌거벗고 살았을 것이다. 문명의 발전과 함께 신체는 옷으로 가리게 되었다. 신체의 은폐는 오히려 성적 호기심을 깨어나게 한다. 은닉된 부분을 드러내어 성적 대상을 완성하려는 노력에 불길이 붙는 것이다. 토메크 역시 그런 과정을 겪었을 것이다. 망원경에 잡힌 마그다의 신체 부분을 주시하면서 그녀의 신체 전체를 상상하였을 것이다. 이런 주시의 과정에서 마그다는 토메크에게 미의 전형, 여신이 된다.

주시의 성적 호기심이 방향을 바꾸면 예술적 시선이 될 수 있다. 프로이트는 예술적 태도가 성적 생활에서 유래한다고 생각한다(GW 5, 55). 우리는 미술관에서 그림을 보며 즐거움을 느낀다. 만약 토메크가 마그다를 보는 것 자체에서 즐거움을 맛보고 있다면, 그것과 르누아르의 「긴 머리의 목욕하는 여인」을 보며 즐거워하는 것과 어떤 차이가 있을까? 예술적 시선은 성적 충동이 방향을 바꾼 것, 성적 대상을 미의 대상으로 시선을 바꾸어 보는 것이다. 이런 승화^{sublimieren}가 일어나려면 리비도(성적 갈망)의 양을 많이 줄여야 한다. 예술적 시선에 리비도의 양이 하나도 없지는 않을 것이지만 그 양이 줄어들어야 성적 대상을 예술적 미라는 새로운 가치로 방향을 바꾸어 볼 수 있다. 예술 감상이란 예술적 시선으로 대상을 주시하는 것이다.

노출증Exhibitionis 환자 역시 관음증과 본질은 같을 것이다. 지하도 같은 곳에서 지나가는 사람에게 성기를 드러내는 사람들은 타인의 성기를 보고 싶어서 그렇게 한다. 성기의 노출은 타인의 성기를 보고 싶어 하는 반대급부Gegenleistung이다(GW 5, 56). 어떤 사람은 타인에게 자신의 속마음을 잘 털어놓는다. 우리는 그런 사람을 자기 개방형이라고 분류한다. 그러나 그런 사람은 원래 개방형이어서 은밀한 얘기를 누설하는 것이 아니라, 타인의 비밀을 듣고 싶어서 미리 급부를 주는 것일지도 모른다.

접촉Tasten은 주시처럼 어느 정도는 정상적 성적 목표를 달성하는 데 불가피하다. 성적 대상의 피부와 접촉하는 데서 오는 감각은 그 자체로 쾌락의 원천이며, 새로운 성적 흥분을 일으킨다. 그래서 접촉에서 머무르는 것 그 자체가 성적 최종 목표가 되어 거기에 체류하지 않는다면 도착이라고 할 수 없다.

(c) 사물기호증Fetischismus

지금까지 언급한 성적 목표는 성교라는 최종적 목표에 도달하는 중간 단계의 의미를 가지고 있었다. 그런데 어떤 사람은 최종 목표와 전혀 관련이 없는 물건(속옷 등)이나 성적 목표와 거의 관계가 없는 성적 대상의 신체 일부(머리카락, 손톱 등)에서 성적 만족을 구한다. 그런 신체의 일부도 물건이라고 본다면, 페티시즘을 '사물'기호증이라고 불러도 좋을 것이다.[62]

---

62 이러한 물건 대체는 야만인들의 물신(Fetisch)와 비교할 수 있다. 그들은 이것에 그들의 신이 구현되

사물기호증은 성적 목표를 포기하는 것이다. 성적 목표를 물건에 두는 사람들은 정상적 성적 목표를 지향하는 사람들에게 경멸하는 자세를 취하기도 한다. 이것은 마광수의 소설 『즐거운 사라』에서 남자 주인공이 보여 준다. 보통 정상적 성적 목적을 지향하는 노력을 폄하하는 태도의 배후에는 생식기의 실행 능력에서 허약성이 바닥에 깔려 있다고 프로이트는 본다(GW 5, 52-53). 사람들은 어떤 이유에서 성교를 수행할 수 없게 되면, 그것으로부터 자신을 방어하기 위해 성교 자체의 의미를 평가절하한다는 것이다. 사람들은 능력이 없어서 하지 못하는 것을, 하기 싫어서 하지 않는다고 생각하여 자신의 무능을 감추려는 경향이 있는 것이다.

어떤 경우에는 사물기호증이 정상적 사랑이기도 한다. 성적 대상이 공간적으로 멀리 떨어져서, 또는 성적 능력이 상실되어 정상적 성적 목표가 달성될 수 없는 경우가 그런 사례가 될 것이다. 병적인 상황은 다음의 경우에 비로소 등장한다. 물건에 대한 열망이 정상적 성적 목표의 자리에 들어설 때, 더 나아가 물건이 그것의 소유자와 분리되어 유일한 성적 대상이 될 때(GW 5, 53)이다.

(d) 가학증과 피학증

가학증(사디즘)은 성적 대상에게 고통을 부가하려고 하고, 피학증(마조히즘)은 성적 대상으로부터 고통을 받으려고 한다. 이 상호 반대 경향은 성도착 중에서 가장 빈번하고 가장 흥미로운 것이다. 사디즘은 정상인에게도 쉽게 나타난다. 남자 대부분의 성적 태도는 공격성의 혼합을 보여 준다. 사디즘의 개념은 성적 대상에 대한 강압적 자세로부터 성적

어 있다고 간주한다(GW 5, 52).

184

대상을 굴복시키고 모욕을 주는 데서만 만족하는 것까지를 포괄하는 넓은 범위이다. 엄격히 말해서 이 중 후자만이 도착이다.

비슷하게 사디즘이 성적 생활에서 능동적 자세라면, 마조히즘은 성적 생활과 성적 대상에 대한 수동적 자세이다. 마조히즘의 가장 극단은 성적 대상으로부터 물리적 심리적 고통을 겪는 데서 만족을 얻는 것이다. 마조히즘은 정상적 성적 목표로부터 사디즘보다 멀리 떨어진 것처럼 보인다. 고통과 성적 쾌락은 어떤 식으로든 화해할 수 없기 때문이다.

프로이트는 마조히즘이 일차적으로 등장한 것인지, 사디즘에서 나온 변형인지 의심해 보기를 요구한다(GW 5, 57-58). 자주 마조히즘은 사디즘이 환자 자신을 향하여 방향을 바꾼 사디즘이다. 사디즘 환자가 성적 대상을 타인으로부터 환자 자신으로 바꾸면, 사디즘은 마조히즘이 되는 것이다. 가학증과 피학증의 관계는 후기에는 정반대가 된다. 전기에서는 둘 중 사디즘이 근원적 활동이지만, 후기에는 피학증이 근원적 성적 자세이다. 이런 변화의 바탕에는 파괴충동에 대한 프로이트의 통찰이 놓여 있다. 파괴충동은 인간이 자신을 파괴하고자 하는 욕구인데 이것이 성적 충동과 혼합되면 마조히즘의 성격을 띠게 된다. 이것은 일차적 근원적 마조히즘이다. 성적 충동이 파괴충동보다 우세하여 파괴충동을 제어하는 국면이 되면 파괴충동은 외부로 나아가 타인을 공격하려고 한다. 타인을 향한 파괴충동과 성적 충동이 결합하면 이것이 가학증이다. 가학증은 근원적 피학증에서 파생된 형태이다.

4. 성도착과 신경증

성에 대한 연구는 그 자체도 의미가 있지만, 신경증의 본성을 이해하기 위해서도 필요한 작업이다. 프로이트는 "신경증의 증상이 성적 대체만족sexuelle Ersatzbefriedigung"이라고 확신한다. 이 명제는 증상의 분석만으로는 입증하기 힘들다. 왜냐하면 성적 만족이란 개념이 흔히 우리가 생각하는 정상적 성생활의 만족이라면 그런 만족은 증상에 없다. 성의 의미를 확대하여 우리가 성적 만족에 소위 도착적 성적 욕구와 그것에 대한 부정을 포함시켜야 한다(GW 11, 318). 그러면 증상은 성적 만족의 대체물이 된다. 물론 증상 자체가 정상적 성생활의 변형이나 병적 성적 생활의 표출은 아니다. 증상을 분석해 보면 신경증 환자의 성적 태도는 정상적 성생활의 제약을 넘어선다는 점을 알 수 있다는 것이다.[63]

신경증의 토대는 성적 충동의 힘이다. 성적 충동의 에너지가 병적 현상으로 표출되며, 증상을 지속하게 한다. 프로이트는 증상이 환자의 성적 활동이라고 분명히 말한다. 그런데 증상이 그대로 환자의 성적 활동을 반영하지는 않는다. 증상은 잠재적 꿈 사고에 대한 외현적

---

[63] 성적 일탈을 신경증 환자의 성적 본능이 보여 준다(GW 5, 65-66). 첫째, 모든 신경증 환자에게서 예외 없이 무의식적 정신생활에서 도착의 충동(Regung), 즉 동성의 사람에게 리비도가 고착되어 있는 현상을 본다. 둘째, 신경증 환자의 무의식에서 해부학적 확장의 경향이 탐지된다. 특히 구강과 항문이 성기의 역할을 맡고자 요구하는 경향이 보인다. 셋째, 반립켤레의 현상이 나타난다. 능동과 수동처럼 상호 대립하는 두 개를 반립켤레(Gegensatzpaar)라고 부르는데, 이 중 하나가 등장하면 다른 하나도 작용하고 있다. 반립켤레를 구성하는 하나하나의 본능을 부분본능 또는 구성본능(Partialtrieb)이라고 부른다. 모든 능동적 도착(사디즘)에 수동적 반대편(마조히즘)이 수반되므로, 사디즘과 마조히즘의 충동은 능동과 수동의 반립켤레로 종합된 전체이다. 사디즘 때문에 고통을 겪고 있는 사람에게서 마조히즘적 증상의 단초를 발견할 수 있다. 노출증과 관음증도 부분본능들이다. 노출증 환자는 무의식에서 관음증적 충동을 가지고 있다.

꿈 내용처럼 왜곡되어 있다.[64] 이런 점에서 프로이트는 증상이 성적 소원에 대한 대체물이며, 성적 소원을 받아 적은 왜곡된 기록이며, 음악에 비유하자면 편곡Transkription이라고 한다(GW 5, 63). 왜곡, 대체, 편곡이 어떻게 일어나는지 나중에 신경증과 꿈을 다루는 곳에서 더 자세히 다룰 것이다.

신경증의 증상은 억압된 성적 소망의 표출이다. 성적 소망은 환자에게 억압되어 무의식에 소망이란 사고형성물Gedankenbildung로서 존재하고 있다. 이것은 의식이 접근하지 못하므로 말을 하거나 소망을 충족하기 위해 적절한 행동을 하는 식으로 소망이 처리되지 못한다. 그래서 무의식에 흥분의 양은 쌓여 있고, 이것은 어떤 식으로 표출Ausdruck, 방출Abfuhr되려고 시도한다. 히스테리에서는 흥분을 신체적 현상으로 전환Konversion하여, 즉 히스테리 증상을 통하여 방출할 기회를 발견한다.

성적 충동과 억압의 갈등이 어떻게 히스테리 증상으로 나타나는지 시각 장애의 사례를 통하여 프로이트는 설명한다(GW 8, 97-99). 인간의 기본 충동에 자기 보존을 목표로 하는 자아충동Ichtrieb과 성적 쾌락을 획득하는 데 봉사하는 성적 충동Sexualität이 포함된다.[65] 이 두 개의 충동은 서로 충돌하는 일이 벌어진다. 두 충동은 같은 신체 기관을 일반적으로 함께 쓰기 때문이다.

앞에서 살펴보았듯이, 인간은 성적 쾌락을 얻기 위하여 생식기만 사용하지는 않는다. 입은 키스를 하고, 밥 먹고 말하는 데 쓰인다. 눈은

---

64 꿈과 왜곡은 6장에서 자세히 설명한다.
65 이것은 프로이트의 초기 충동이론을 보여 준다.

생명 유지를 위하여 외부 세계의 중요한 변화를 지각할 뿐 아니라 대상의 속성이나 매력을 지각하여 대상을 사랑선택Liebeswahl의 대상으로 올려놓는다. 입과 눈 같은 신체 기관은 두 주인을 섬기는 것이다.

이 일은 쉽지 않다. 두 개의 기능을 가진 기관이 하나의 충동에 가까워지면 질수록, 그것은 다른 충동은 더욱 거부하게 된다. 입이 성적 충동에 너무 기울어 이것에 대한 억압이 일어나면 다른 기능 즉 자아충동이 수행되지 못하도록 목구멍이 조이는 것 같은 히스테리성 증상이 생긴다. 두 개의 기본 충동이 동일한 기관을 함께 사용할 때 그 기관과 관련된 성적 부분충동Partialtrieb에 대한 억압이 시행되면 병이 생기는 것이다. 성적 충동을 구성하는 다수의 부분충동이 있다. 입, 항문, 성기 각각에 나름의 성적 충동이 대응하고 있다. 그것들이 성적 충동의 부분충동이다.

눈에 해당하는 성적 부분충동은 성적 대상의 매력을 지각하는 것이다. 이 부분충동이 억압되면 시력이 상실되는 질병, 히스테리 증상이 발생한다. 주시 즉 보기를 활용하는 성적 부분 충동der sexuelle Patialtrieb, 즉 성적 관음증die sexuelle Schaulust이 과도한 요구를 하면 자아충동은 자신을 보호하기 위하여 방어 장치가 작동한다. 이 과정에서 대상의 성적 매력을 주시하고자 하는 충동(또는 그 충동을 대리하는 표상)이 억압되어 의식되지 못한다. 이렇게 되면 남자가 여자의 신체 매력을 훔쳐 보아도 남자 본인은 그것을(보고 있다는 점) 의식하지 못한다. 보면서도 보지 못하는 것이다.

억압된 관음증의 편에서 시각 장애를 서술할 수도 있다. 억압된 성적 충동이 다른 충동 즉 자아충동에게 복수를 하여 자아충동에게 상해를 준다. 성적 충동이 자아충동에게 억압되어 전개가 제약을 받자, 성적 충동에 봉사하던 기관(눈)에 대한 지배권을 상승시키고 있는 자아충동이 눈을 사용하지 못하게 한다. 자아가 성적 충동을 억압하는 데 시각 상실이라는 비용을 지불한 것이다.

운동 기관, 즉 손이 히스테리로 마비될 수도 있다(GW 8, 100). 손은 성적 충동과 자아충동이 함께 사용하는 기관이다. 대상에게 손이 성적 공격을 수행하려다가 자아충동에 의해 억압받으면 자아충동도 손을 사용하지 못하도록 성적 충동이 복수를 한다. 그러면 손은 자아충동을 섬기기 위한 어떤 행동도 수행하지 못하고 마비된다. 수음이 거절되자 손가락은 피아노나 바이올린에 필요한 섬세한 운동을 배우려고 하지 않을 수도 있다.

앞에서 신경증의 증상은 성적 소망을 충족하기 위한 성적 활동이라고 하였다. 그런데 위의 예에서 증상은 시각 장애, 또는 손의 마비이다. 이것이 어떻게 성적 활동이 될 수 있을까? 신경증은 성적 만족의 대체라는 프로이트의 견해는 잘못된 것 같다. 많은 사람들은 그렇게 반박했다. 그들은 프로이트가 신경증 증상의 원천이라고 여기는 성적 태도를 정상적 성적 충동과 합치시킨다. 그런데 프로이트에게 성적 생활 Sexualität은 정상적 성적 생활의 개념보다 훨씬 넓게 이해해야 한다. 성적 충동이 억압되어 신체로 전환되어 증상으로 나타나도 그것은 성적 활동이다. 가장 넓은 의미에서 본다면, 히스테리 증상도 도착이라고 부를 수 있다. 그러나 시각 상실이나 손의 마비 같은 증상은 일반적 의미에서 도착은 아니다. 만약 히스테리 환자가 증상을 통하여 성적 충동을 표출하지 않았다면 일반적 도착적 행위를 수행하였을 것이다. 신경증의 증상은 도착을 대신한 행동이다. 이런 의미에서 신경증은 도착의 부정das Negative der Perversion 또는 도착의 음화이다(GW 5, 65). 프로이트는 도착을 부정하기 위해 개인이 일으킨 행동도 성적 활동의 범위에 포함하는 것이다. 이렇게 성적 활동을 매우 넓게 파악해야 신경증의 증상이 성적 대체만족이라는 견해를 이해할 수 있다.

V- 신경증의 기전과 행복가치

앞장에서는 문명적 성도덕 사회에 적응하지 못하는 사람들이 도착이나 불륜, 신경증 중 하나를 선택하게 된다는 점을 지적하였다. 『문명 속의 불만』에서 프로이트는 삶의 여러 기술을 언급한 이후 모든 것들이 효력을 발휘하지 못하면 사람들은 신경증으로 도피한다고 말한다. 프로이트는 신경증을 인간이 선택하는 최후의 인생 기술처럼 여기는 듯하다. 이 장에서는 삶의 기술과 관련되어 신경증이 어떻게 발생하는지, 그것의 동기는 무엇인지 좀 더 자세히 살펴볼 것이다.

신경증neurosis 이란 스코틀랜드의 의사이며 화학자인 윌리엄 컬런William Cullen 이 1769년에 처음으로 도입한 용어이다. 그는 열이 나지 않고도 감각이나 운동의 측면에서 기이한 질병을 신경증이라고 부르자고 제안하였다. 뇌졸중, 근육무력증, 경련, 지적 퇴행 같은 질병이 여기에 포함되었는데 그 당시는 이런 장애가 신경계에 문제가 있어서라고 믿어서 신경증이라는 이름을 얻게 되었다.

1. 신경증의 종류

신경증은 크게 외상성 신경증과 자발적 신경증으로 나뉜다. 외상적 사건이란 전쟁이나 열차 사고, 갱도 매몰, 고문, 학대처럼 경악할 만한 사건을 말한다.[66] 외상적 신경증die traumatische Neurose은 삶을 위협하는 사건을 겪은 이후에 일어난다. 자발적 신경증die spontane Neurose은 특정한 외상적 사건 없이 저절로 일어난 것처럼 보인다(GW 11, 283). 프로이트는 이런 신경증도 병인을 조사하면 어떤 '외상처럼' 작용하는 체험이 영향을 미치고 있음을 인식한다(GW 1, 380).

외상적 신경증과 자발적 신경증은 발병 조건이 비슷하다. 프로이트는 두 신경증 모두 지나가 버린 특정 상황에 고착된다는 점에서 유사하다는 점을 통찰한다. 외상적 신경증 환자는 외상적 재해der traumatische Unfall에 고착하여, 꿈에서 외상적 상황die traumatische Situation을 자꾸 자꾸 불러온다. 환자들은 외상적 상황을 아직 종결짓지 못하고, 여전히 해결해야 할 현실적 과제로 받아들이고 있는 것이다. 프로이트는 자신이 분석한 신경증 환자 역시 외상적 신경증 환자처럼 과거에 고착되어 있다는 점을 발견한다(GW 11, 282-283). 3장에서 남편의 성불능을 부정하는 부인 환자가 소개되었다. 그녀는 사실상 끝나 버린 결혼 생활에 고착되어 그것을 자꾸만 반복하고 있다. 그녀는 다른 남자를 만날 수도 있었지만 남편에게 정절을 지키기 위하여 낯선 사람들 앞에 나가지 않았으며, 한 자리에 앉으면 일어나지도 않고, 강박적 행동으로 남편의 성불능을 교정한다. 불행한 결혼 생활은 그녀에게 외상적 재해나 다름이 없기 때문

---

66 어떤 아르헨티나 시인은 독재 정권 시절 감방에 갇혀서 검은 신발을 신은 사람에게 고문을 당한 경험이 있다. 나중에 작가는 검은 신발을 보면 공포를 느낀다. 검은 신발은 고문의 신호이어서, 검은 신을 지각할 때마다 과거에 경험한 고문이 회상되기 때문이다. 고문은 그에게 외상적 체험이다. 어린 시절 학대받은 경험이 있는 아이는 화난 얼굴이 컴퓨터 스크린에 나타나면 뇌파가 매우 강해지며, 오래 지속한다(Myers, *Psychology*, p.286).

에 프로이트는 신경증 환자가 고착되어 벗어나지 못하고 자꾸 반복하는 상황을 외상적 체험traumatische Erlebnis이라고 부르고 싶은 유혹을 느낀다고 고백한다(GW 11, 284). 이렇게 되면 외상적 신경증이나 자발적 신경증이 모두 동일한 조건에서 발병한다고 이해할 수 있기 때문이다. 즉 외상적 신경증과 자발적 신경증은 둘 다 정동으로 강렬하게 휩싸인 체험을 해결할 수 없어서 발생하는 질환인 것이다.

자발적 신경증에 두 부류의 신경증이 포함된다. 현실 신경증die aktuelle Neurose, Aktualneurose/actual neurosis과 정신 신경증psychoneurosis. 둘 다 모두 병인은 성적 문제이지만 현실 신경증은 리비도가 현재 제대로 처리되지 못하여 일어나는 것이며, 정신 신경증은 어린 시절의 외상이 한참 시간이 지난 후 현재의 외상적 사건에 영향을 미쳐서 일어나는 것이다.[67] [① 현실 신경증에는 신경쇠약증neurasthenia과 불안신경증Angstneurose/ anxiety neurosis이 속한다(GW 1, 497). 신경쇠약증의 주요 특징은 두통, 피로, 소화불량, 변비, 척추과민증 등등의 불편이다. 불안신경증의 증상은 자유 불안성, 초조, 기대 불안, 불안 발작, 운동 현기증, 광장 공포증, 불면증, 통증 민감성 등이다.] 지유 불안성freie Ängstlichkeit은 위험을 예견할 만한 일이 없는데도 막연히 그냥 불안한 현상이며, 기대불안Erwartungsangst은 위험한 상황을 예견할 때 불안이 일어나는 현상, 운동 현기증lokomotorischer Schwindel은 신체를 움직일 때 현기증이 일어나는 현상일 것이다.[68] 프로이트는 이런 신경증은 병

---

67 사춘기 이후 히스테리를 촉발하는 모든 체험과 흥분들이 아동기의 외상을 일깨운다. 그런 나중의 외상은 아동기의 외상만큼 엄격한 제한을 받지 않고 강도나 성격에서 상당히 변양이 많다(GW 1, 384).

68 프로이트는 기대불안을 불안적 기대(die ängstliche Erwartung)라고도 부르며 다음의 사례를 든다. 불안적 기대 속에서 어떤 부인은 남편이 기침할 때마다 부인 자신의 폐가 감염되지 않을까 생각하고, 마음속으로 남편이 죽어서 장의차가 지나가는 것을 보며, 집에 돌아올 때 두 사람이 현관에 서 있으면 아이가 창문에서 떨어지지 않았나 생각하고, 집에 벨이 울리면 부고를 전달하러 누가 왔다고 생

인이 현재에 작용하고 있다고 보고 현실 신경증이라고 부른다.[69] [② 정신 신경증은 유아기적 체험에 원인이 있다. 신경쇠약증 환자에게 질환을 조사하면 성생활로부터 유래하는 요인을 발견하는 성과를 거둔다. 그 요인을 환자가 알고 있고, 환자의 현재 생활에 속하는 것이기 때문이다. 반면 정신 신경증의 경우 그런 조사가 성과를 내지 못한다.](GW 1, 498-499) 정신 신경증의 원인도 성생활의 영역에 있지만, 증상의 뿌리에 있는 사건과 영향은 현재Aktualität에 있지 않고 매우 오래전, 어린 아동기에 체험한 것이며, 그때는 작용하지 않다가 추후에 영향을 미쳐 일어난 것이기 때문이다.[70] 정신 신경증은 방어 신경증, 전이 신경증transference neurosis으로도 불리는데, 여기에는 전환 히스테리와 강박신경증이 속한다. 프로이트가 집중하여 탐구하는 주제는 정신 신경증이다.

현실 신경증과 정신 신경증을 구별해야 할 이유는 정신 신경증은 특별한 치료방식이 필요하기 때문이다. 환자가 지금은 거의 망각하고 있는 어린 시절의 체험을 되살리려면 특별한 기법이 요구되는 것이다. 병인의 시점이 현재냐 과거냐의 차이에도 불구하고 현실 신경증과 정신 신경증은 모두 성적 생활로부터 나온다는 공통점이 있다. 반면 외상적 신경증은 병인이 성적 충동의 불만족과 관련이 없다.

자발적 신경증은 외부적 사건 때문이 아니라 내부의 충동이 억압되

각한다. 이런 경우 모두 단순한 가능성이라도 강화하는 어떤 계기도 없다(GW 1, 318).

69 프로이트는 현실 신경증을 단순 신경증(die einfache Neurose/simple neurose)이라도 부른다(GW 1, 385). 현실 신경증을 촉발하는 외상적 체험은 최근에 발생하여 현재 작용하는 것 하나밖에 없으므로, 아동기의 외상과 현재의 외상이 결합하여 발생하는 정신 신경증에 비해 단순하다고 간주할 수 있다.

70 「성적 아동 외상의 추후적 작용(die posthume Wirkung des sexuellen Kindertraumas)」(GW 1, 384), "무의식적 심리 흔적의 추후성(Nachträglichkeit)을 매개로 정신 신경증이 발생하기 때문에 정신 신경증에는 새로운 방식의 정신치료만이 접근할 수 있다. 그 치료는 최면을 사용하든 않든 지금까지 보던 암시법과는 다르다."(GW 1, 512)

면서 일어난다. 그런데 내부의 충동이 억압되려면 보통 충동을 일으키는 계기가 있다. 원래 개인에게 성적 충동은 존재하지만 그것을 일깨워 주는 사건이 계기로 작용하다. 만약 그 사건에서 나온 표상이 그에게 수용할 만한 것이라면 그는 충동을 억제할 필요가 없다. 표상과 자아가 충돌할 때 부조화적 표상unverträgliche Vorstellung/incompatible idea을 억압하려고 시도하는 과정에서 신경증의 증상이 형성된다(GW 1, 379). 유부녀가 외간 남자를 어떤 모임에서 만난다. 그 사건에서 남자와 데이트한다는 표상이 부인에게 떠오르고 그것이 부인 자신의 도덕성과 부조화를 이룬다고 하자. 이 경우 부인은 그 표상을 억압할 수도 있고 억압하지 않고 그냥 둘 수도 있다. 그냥 남자를 애타게 그리워한다면 괴롭지만 신경증에 걸리지 않는다. 그러나 그 표상의 부조화성Unverträglichkei 때문에 불쾌감이 너무 커서 그 생각을 의식에서 떠올릴 여력이 없을 때 자아는 자신을 방어하기 위해 그 표상을 망각하려고 한다. 신경증의 증상은 이때 형성된다.

부조화적 표상을 의식의 영역 밖으로 추방하는 작용을 억압이라고 부른다. 프로이트는 그런 부조화의 표상들은 대개 성적 체험이나 성적 감각의 기반 위에서 자라난다는 점을 발견한다(GW 1, 61-62). 환자는 방어를 위한 노력으로 사태를 멀리 밀어 놓고, 그것을 생각하지 않으려고 한다. 이 과정에서 증상이 발생한다. 프로이트는 아버지를 간호하면서 청년에게 사랑의 마음을 느끼는 소녀의 사례를 든다(GW 1, 208-210).

[그녀Fräulein Elisabeth v. R...는 아버지를 간호하면서 젊은 남자와 만난다. 아버지의 병이 심각해지고 그녀가 아버지 곁에 머무르는 시간이 길어지면서 청년과 만날 기회는 적어지게 되었다. 어느 날 소녀의 가족은 그녀가

파티에 가서 놀기를 권했다. 소녀는 파티에서 그 청년을 만나 즐거운 시
간을 보냈다. 그날 저녁 청년이 집으로 데려다 줄 때 그녀는 매우 따뜻
한 감정을 느꼈다. 그러나 그녀가 행복감 속에서 집에 늦게 도착했을 때
아버지의 병세가 악화되어 있음을 알고, 그녀는 자신의 쾌락을 위해 그
렇게 많은 시간을 쓴 데 대해 자신을 매우 책망했다. 이날은 그녀가 저
녁시간 내내 아버지를 떠나 있었던 마지막 날이었다. 이 날 이후로 그
녀는 청년을 거의 만나지 않았다. 이런 상황은 그녀가 당시 자신에게 허
용했던 행복과 집에 도착했을 때 목격한 아버지의 불행 사이의 갈등, 즉
부조화를 포함하고 있다. 이 갈등의 발생 때문에 소녀가 청년에게 품었
던 성적 표상이 억압되었다.]

위의 소녀에게 억압이 아무런 문제없이 말끔하게 성공한다면 힘들어
도 견디며 살아갈 것이다. 그러나 성적 충동이 강렬한 경우 억압은 말
끔히 성공하지 못하고 부작용을 일으킨다. 프로이트는 신경증의 병리
적 반응이 부조화적 표상을 사고로부터 추방하는 의도적 망각이 성공
하지 못하여 일어난다고 본다(GW 1, 62).

억압으로부터 증상이 형성되는 과정은 상당히 복잡하다. 우리는 보
통 스트레스 때문에 노이로제가 생긴다고 하지만 프로이트는 그렇게
허술하게 신경증의 기전을 설명하지 않는다. 충동의 억압으로부터 어
떻게 증상이 발생하는지 이해하려면 신체와 정신의 관계에 대한 프로
이트의 견해로 다시 돌아가야 한다. 그는 신체의 물리화학적 과정에 심
리적 과정이 수반한다고 가정하는 듯하다.[71] 신체적 사건에 정신적 사

---

71 프로이트는 심신관계가 평행하다고 가정한 적도 있다(The Unconscious. Appendix B. Psycho-

건이 수반한다면, 실제로 존재하는 사건은 신체의 과정이며 정신적 과정은 신체적 과정에 대한 또 다른 서술일 것이다. 예를 들어 신경세포들이 특정한 방식으로 네트워크를 형성하여 활동하는 사건을 심리적으로 서술하면 할머니에 대한 기억이 될 수 있다.

프로이트는 정신적 사건과 신체적 사건의 관계를 대표, 대리라는 개념으로 이해한다. 신체 내부 즉 세포에서 일어나는 자극은 신경세포로 전달되는데, 충동이란 바로 내부성 자극의 압박을 말한다. 신체에서 어떤 충동이 발생하면 그것에 수반하는 사건을 심리적 영역에서 지적할 수 있는데. 두 사건을 관계를 프로이트는 심리적 사건이 신체적 사건을 대리한다거나, '대표한다repräsentieren/represent'고 표현한다(GW 10, 255-256). 심리적 과정인 표상은 신경계의 활동인 충동을 대표하는 대표자, 즉 충동의 대표자Triebrepräsentanz이다. 예를 들어 성적 충동의 심리적 대표자는 '여자와 여행한다'는 표상이다. 표상에는 어떤 에너지가 붙어 있다. 어릴 때 당신이 어떤 사람에게 잔인하게 폭행을 당했다고 하자. 당신이 그 사람을 기억하면 그 표상에는 강력한 분노와 공포가 부착되어 있을 것이다. 프로이트는 여러 색채를 지니면서, 강할 수도 있고 약할 수도 있는 감정적 에너지를 정동, 정동의 수량Affektbetrag/quota of affect라고 부른다. 정동은 표상에 붙어 있는 충동의 에너지이다.

정리하면 충동의 심리적 대표자는 두 개의 부분으로 나뉜다. 하나는 표상적 부분Vorstellungsanteil/the ideational portion, 즉 표상내용이며, 다른 하나는 정동적 부분, 즉 표상에 부착되어 있는 에너지이다.[72] 정동은 단순히

physical Parallelism, SE 14, 206-207). 그러나 평행론의 문제를 깨닫고 포기한다(SE 14, 168, 각주 1).
72 프로이트에게 정동은 표상을 채우고 있는 충동의 에너지(the instinctual energy cathecting the idea), 흥분(sum of exitation)의 양이라는 뜻 외에 감정이나 정서를 뜻하기도 한다. 이런 이중성은 정동의 본

표상에 붙어 있다기보다 표상을 채우고 있다(점거하고 있다)고 표현하는 것이 더 좋을 것이다. 왜냐하면 이 에너지(정동의 수량)는 많기도 하고, 적기도 하고, 축적되기도 하고, 배출되기도 하기 때문이다. '유럽 여행을 떠난다'는 표상이 많은 양의 정동으로 채워져 있다면(점거되어 있다면) 여행을 위해 열렬히 준비할 것이며, 좌절되면 고통스러워할 것이다. 반면 그 표상이 약한 정동으로 채워져 있다면, 여행은 가도 그만, 가지 않아도 그만일 것이다. "여자 친구와 유럽 여행을 떠난다"는 표상이 성적 내용을 담고 있다면, 표상에 수반되는 정동은 리비도의 덩어리 Libidobetrag 이다(GW 15, 89-90). '여자 친구'를 '친구의 여자'로 바꾸면, 그 표상은 더욱 강렬한 리비도의 수량으로 채워져 있을 것이다. '친구의 여자와 유럽 여행을 간다'는 표상(표상내용)은 성적 충동의 심리적 대표자이며, 이 표상을 채우고 있는 정동 역시 충동의 대표자이다.

충동이 억압되면 충동의 심리적 대표자도 억압된다. 억압의 본질은 의식으로부터의 거부와 격리 die Abweisung und Fernhalten vom Bewußtsein 이므로 어떤 충동에 억압이 일어나면, 그것의 대표자도 의식으로 수용되기를 거부당할 것이다(GW 10, 249-250). 충동의 대표자는 표상내용과 그것의 정동이므로, 억압된 대표자 die verdrängte Repräsentanz 의 운명은 두 부분을 나누어 고려해야 한다. 왜냐하면 두 부분은 억압이 일어날 때 운명이 동일하지 않기 때문이다. 충동을 대표하는 표상(표상 내용)은 억압될 당시 이미 의식되고 있다면 의식으로부터 사라지거나, 의식되려고 한다면 의식으로부터 거부된다.

질에 대한 프로이트의 견해 때문이다. 그는 정동이 배출되는 과정에서 개인은 감정을 느낀다고 생각한다(SE 3, 66-68).

반면 충동 대표자의 정동적 부분은 억압되면 세 가지 방식으로 변화가 일어난다(GW 10, 255-256). ① 충동은 완전히 억제되어 정동에 어떤 흔적도 발견되지 않거나, ② 충동은 질적으로 색채를 띤 정동으로 출현하거나, ③ 충동은 불안으로 변환된다. 잘 나가는 친구에 대한 시기 같은 가벼운 공격적 충동은 완전히 제압할 수 있고 그것과 결부된 정동도 역시 사라질 것이다. 그런데 강렬한 충동은 그것의 심리적 대표인 표상 내용은 억압되어 의식되지 않더라도 표상을 채우는 정동의 수량은 규모가 크기 때문에 사라지지 않고 분노나 불쾌감 등으로 의식에 출현한다. 유행가를 들을 때 떠오르는 옛사랑의 기억은 의식의 저편으로 제쳐놓을 수 있지만, 상처의 아픔은 여전히 마음에 남아 있다. 이런 경우 표상과 그것의 정동은 분리된다. 표상은 억압되지만 정동은 그것과 분리되어 의식의 영역에 남아 있는 것이다. 그리고 해방된 정동은 불안으로 변환될 수도 있다. 충동의 심리적 대표자가 억압될 때 표상과 정동의 분리가 일어날 수 있다.

억압 이전: 충동 = 표상 + 정동.
억압 이후: 충동 = 표상 - 정동.

표상으로부터 해방된 정동이 어떤 방향으로 나아가느냐에 따라 신경증의 종류가 나뉜다. 그 정동이 신체 증상으로 전환되면 전환 히스테리, 원래의 표상과 무관한 다른 표상에 붙어 그것을 정동으로 채우면 강박신경증이다.

2. 전환 히스테리

히스테리 증상은 다음과 같다. 신경통, 경직과 마비, 발작, 간질성 경련, 틱 같은 장애, 만성 구토증, 거식증, 시각 장애 등등. 이런 증상은 저절로 일어나는 것처럼 보인다. 브로이어의 환자 안나 오Anna O는 팔다리가 마비되고, 단어도 생각이 나지 않아 모국어인 독일어는 1년 반 동안 완전히 잊은 채 영어로만 말한다. 환자의 자아와 갈등을 일으키는 표상에 부착된(수반된) 정동Affekt이 신체 증상으로 전환되어 이런 증상이 나타났다면, 그 질환은 전환 히스테리이다.

앞에서 언급한 환자 엘리자벳 양은 부조화의 상황에서 자신을 보호하기 위해 청년에 대한 성애적 표상을 억압한다. 표상을 억압하는 데에는 여러 방식이 있다.[73] 엘리자벳 양은 표상과 정동Affekt을 분리하는 방식을 활용하여 표상을 억압한다(GW 1, 210-211). 그녀의 청년에 대한 표상(이를테면 함께 산책을 하고 싶다)에는 환희와 수치의 정동이 결부되어 있다. 만약 그 표상에서 정동을 분리한다면 표상은 소녀를 황홀하게도, 괴롭히지도 않아서, 있어도 없는 것 같은 밋밋한 표상이 되어 버릴 것이다. 소녀는 표상과 정동을 분리하여 표상의 힘을 약화시킨다고 프로이트는 분석한다.

이때 정동은 신체적 기능 장애로 전환된다. 표상은 억압되지만 정동

---

[73] 억압의 다른 방식에는 반동형성(Reaktionbildung)과 전위(Verschiebung) 등이 있다. ① 상사에게 공격 성향을 가진 부하직원은 반대로 상사에게 지나치게 공손하다. 이것은 반동형성이다. 그는 반동형성을 통하여 공격성을 억압한다. ② 꼬마 한스에게 아버지에 대한 공격적 충동이 일어난다. 아버지는 꼬마 한스보다 힘이 세기 때문에 한스가 아버지를 두려워한다면 이것은 정상적 반응이므로 증상이 아니다. 그러나 한스는 아버지에 대한 공격성을 억압하기 위해 공격성을 말로 이동한다. 한스는 공격성의 대상을 전위하여 공격적 충동을 억압한다(GW 14, 132).

은 억압되지 않는다(GW 15, 89). 엘리자벳 양은 파티에서 집으로 돌아온 후 하루 반나절 정도 아파서 누워 있었으며, 오른쪽 허벅지에서 통증이 일어났다. 다음이 환자 자신의 방어를 위해 일어나는 전환의 기제이다.

표상 (Vorstellung) - 표상에 부착된 정동(Affekt) → 신체적 통증.

엘리자벳 양에는 더욱 심각한 문제가 있다. 그녀는 형부에게 애정을 느끼고 있었던 것이다.

[형부가 처가를 처음 방문하던 날 그는 엘리자벳을 신부라고 착각하여 엘리자벳에게 먼저 인사하면서, 언니에게는 무관심한 시선을 보냈다. 어느 날 저녁 엘리자벳과 형부가 활기찬 대화를 나누자 약혼자인 언니 는 농담 반 진담 반으로 "당신들 둘이 만났더라면 정말 잘 어울릴 뻔했 군요"라고 했다.](GW 1, 223-224)

형부에 대한 엘리자벳의 애정은 오랫동안 그녀에게 잠재되어 있었 고, 가족의 사랑이라는 가면을 쓰고 은폐되어 있었던 것이다. 그 애정 이 최근 휴양지에서 산책할 때 다시 활활 타올랐다. [엘리자벳은 형부와 산책하는 내내 함께 있었다. 그들은 모든 주제에 대해 대화를 나누었다. 그녀 에게 형부 같은 남편을 가지고 싶다는 소망Wunsch/desire이 강렬하게 일어났다. 며칠 후 언니와 형부가 떠난 후 엘리자벳은 산책했던 언덕으로 올라갔다. 거 기에 앉아 그녀는 언니와 같은 행복을 즐기고, 형부처럼 엘리자벳의 마음을 사 로잡는 남편을 찾는 꿈을 다시 꾸었다.](GW 1, 220-221)

형부에 대한 애정은 엘리자벳 양이 인정할 수 없다. 그것은 그녀의 도덕적 성품과 충돌하기 때문이다. 그러나 병을 앓고 있는 언니가 죽고 나면 형부의 아내가 될 수 있다는 엘리자벳 양의 표상이 너무나 강렬하여 그냥 억제할 수는 없다. 엘리자벳 양은 이 표상에 부착되어 있는 기쁨과 고통의 정동을 표상으로부터 떼어 내어 표상의 힘을 빼앗아서 표상을 억압한다. 표상으로부터 분리된 정동은 신체적 고통을 만들어 낸다. 심리적 흥분이 신체적 흥분으로 전환되는 것이다. 이런 전환이 성공하면, 엘리자벳은 정신적 고통을 모면하지만 대신 신체적 고통을 겪게 된다. 부조화적 표상을 억압하는 과정에서 신체적 증상이 창출되었다. 이 소녀는 형부에게 애정을 느꼈고, 이것을 그녀의 의식에 수용하는 것을 그녀의 도덕적 존재가 거부했다. 이 과정에서 신체적 통증이 발생한 것이다.

히스테리가 발병하려면 다음 심리적 조건이 반드시 충족되어야 한다. "하나의 표상이 의도적으로 의식으로부터 억압되어야 한다." 프로이트는 이 점을 "연상적 작업으로부터 의도적으로 배제(억압)되어야 한다"고 서술한다(GW 1, 174). 연상적 작업_{die assoziative Verarbeitung}이란 하나의 표상을 다른 표상과 연결하는 사유 과정을 말한다. 위의 사례에서 '형부의 아내가 되고 싶다'는 표상을 '그렇게 하면 주위로부터 비난받는다' 또는 '형부와 비슷한 남자도 많다'는 표상과 연결하는 과정이 연상적 작업이다. 표상이 억압되면 의식으로부터 그것이 배제되기 때문에 다른 표상과 연합할 수 없고, 그래서 그것에 대해 판단을 내릴 수 없다.

어떤 표상을 개인이 왜 억압해야 하는가? 불쾌감_{Unlustempfindung} 때문이다. 개인에게는 자아-이상이나 세계관이 갖춰져 있다. 그런데 어떤 표상이 자아의 전반적 표상집합과 조화를 이루지 못하면 개인은 불편한 느낌이 든다. 억압될 표상과 자아 사이의 부조화로부터 일어나는 불쾌 때문에 개인은 자신을 방어하고 보호하기 위해 그 표상을 억압하고 이 과정에서 증상이 형성된다. 만약 개인이 그 불쾌함을 견뎌 낸다면 억압할 필요도 없으므로 증상을 선택할 필요가 없다. 증상의 발생은 마치 '억압된 표상die verdrängte Vorstellung'이 개인에게 병을 일으켜 개인이 표상을 억압한 것에 대해 복수를 하는 식이라고 프로이트는 표현한다(GW 1, 174). 피억압자die Verdrängte/the repressed의 복수가 신경증의 병인인 것이다.

억압된 표상은 '억압된 충동'이나 '억압된 충동발동'의 대리자, 대표자이다. 프로이트는 충동을 신체 내적 과정이며, 그것은 심리의 영역에서 표상이라는 대리자를 통하여 발현한다고 추리한다. 충동(생리적 영역)—표상(심리적 영역). 예를 들어 성적 충동은 심리적 영역에서 '어떤 남자와 산책을 한다'는 표상으로 발현되는 데, 이때 표상은 충동의 대리자Treibrepräsentanz이다(GW 14, 123).

증상도 억압된 충동의 대리자이다. 프로이트는 증상이란 억압된 충동의 흔적이며, 억압된 표상을 회상하게 하는 계기라는 점을 지적한다. 어떤 남자는 양파를 좋아하는 여자와 사귄 적이 있다. 그는 양파 냄새를 키스와 연합하여, 나중에 양파 냄새를 맡으면 성적 흥분이 일어난다. 심리학에서는 이 경우 냄새가 성적 흥분에 대한 조건 자극Conditioned Stimulus인데, 프로이트의 용어로는 회상 기호der Erinnerungssymbol가 될 것이다.[74] 증상은 외상적 사건의 기호라는 점에서 억압된 충동이나 표상의 대리자이다. 다음의 사례에서 타는 푸딩 냄새(증상)는 충동이나 표상을 회상하게 하는 기호의 구실을 한다.

---

74 Myers, op. cit., p.285. 냄새는 특정한 사건을 떠올리게 하는 기호이기 때문이다(GW 1, 164).

[루시Miss Lucy R.는 젊은 영국인 여자인데 비엔나 교외의 공장장 집에서 가정교사로 일하고 있었다. 그녀는 우울증과 피로를 겪고 있었고, 주관적 후각 감각 때문에 고통을 겪고 있었다. 그 냄새는 타는 푸딩 냄새이다. 루시는 두 아이를 돌보고 있었는데, 아이의 어머니는 몇 년 전 병으로 죽었다. 루시는 아이들의 아버지를 사랑하고 있었다, 그러나 루시는 자신이 아이들의 어머니 자리를 차지하려는 희망을 마음속에서 키우고 있다는 것을 알고 싶어 하지 않았다. 그녀는 그런 생각을 머릿속에서 몰아내려고 하였다. 왜냐하면 아이들의 아버지는 사소한 일에도 화를 잘 내는 너그럽지 못한 남자이며, 루시를 사랑하지 않기 때문이다. 탄 푸딩 냄새는 루시가 아이들과 요리할 때 실제로 맡았는데, 루시는 그때 영국의 어머니로부터 돌아오라는 편지를 받았다.](GW 1. 163-171)

루시는 흥분상태가 되면 타는 푸딩 냄새를 맡는다. 이것이 그녀의 증상이며, 피억압자the repressed의 대리이다. 루시에게 억압되는 표상은 아이들의 아버지에 대한 사랑(그 남자의 아내가 된다는 표상)이다. 프로이트는 히스테리 성립의 필수 조건을 자아와, 자아로 밀고 들어오는 표상 사이에 부조화의 관계에서 발견한다(GW 1, 181). 루시의 자아는 자존심을 지키며 살고자 하지만, 한편에서는 어떻게든 남자와 결혼하고 싶은 마음이 루시의 자아에 밀려 들어온다. 루시는 자아를 방어하기 위해 자아와 충돌하는 표상을 억압한다. 이 과정에서 억압되어야 할 표상으로부터 그 표상과 결부된 고통스런 정동을 분리하여 신체 증상으로 전환한다. 루시의 경우 억압되는 표상으로부터 분리된 고통스런 정동이 후각 감각으로 전환된다. 이렇게 하여 루시는 부조화적 표상을 자아의 의식으로부터 추방하지만, 그 비용으로 신체적 고통을 겪는다.

새로운 표상과 자아가 충돌할 때 루시는 표상을 억압하여 부조화의 문제를 해결하려고 한다. 그런데 자아를 바꾸어 새로운 표상을 받아들일 수도 있지 않을까? 자상하고 배려하는 남자가 아니더라도 재력 있는 남자라면 결혼할 수 있다고 루시가 인생관을 변경한다면, 아이의 아버지와 결혼하고 싶은 소망을 모순 없이 수용할 수 있을 것이다. 엘리자벳 양은 언니가 죽고 나서 형부와 결혼하고 싶지만 이 소망은 도덕적 여자이고자 하는 자신의 인생 태도와 충돌한다. 주위의 비난을 무릅쓰고도 자신의 소망을 성취하도록 용기를 갖는다면 엘리자벳은 소망을 억압하지 않고 충동을 인정할 수 있었을 것이다. 이러한 근거에서 프로이트는 히스테리가 '도덕적 나약성의 행위'라고 한다(GW 1, 181-182). 도덕적 용기der moralische Mut를 갖는 것이 개인에게 이득이 되는 경우가 많을 것이다.

3. 강박신경증

신경증의 특징은 의식의 분열이다. 전환 히스테리와 강박신경증zwangsneurose에서 어떤 표상은 억압되어 새로운 종류의 의식집단을 형성하고 있다. 억압된 표상에 부착된 정동(흥분)이 신체적 증상으로 전환되면 히스테리이며, 강박신경증에서는 표상으로부터 분리된 정동이 신체 증상으로 전환되지 않고 심리적 영역에 체류하면서, 원래의 표상과 상관이 없는 엉뚱한 표상에 갖다 붙는다(GW 1, 67). 이 새로운 표상은 그 자체로는 강렬하지 않은데 납득할 수 없을 정도의 강력한 정동을 구비하고 있다.

억압된 표상(성적 표상) ─정동(표상과 정동의 분리) → 강박 표상

[사례 1. 어린 소녀가 강박적 자기 비난에 시달리고 있다. 그녀는 신문에서 위조 화폐에 관한 기사를 읽으면 자신이 위폐를 만들었다는 생각이 든다. 어디서 범인을 모르는 살인 사건이 벌어지면, 그녀는 자신이 살해한 것이 아닐까 불안하다. 이때 그녀는 이런 강박적 자기비판이 터무니없다는 점을 명백하게 의식하지 못하고 상당기간 죄의식이 그녀를 장악한다. 정신분석은 그녀의 죄의식의 기원을 밝혀낸다. 그녀는 친구로부터 마스터베이션을 배워 쾌감 자극 때문에 몇 년 동안 그 행위가 옳지 않다는 의식을 가지고, 자기비판(Selbstvorwurf)과 함께 수행했다.](GW 1, 69)

여기서 '억압된 표상'은 '마스터베이션을 한다'는 것이다. 이 표상에는 강렬한 흥분(에너지)이 수반되어 있는데, 소녀의 자아와 조화를 이루지 못하여 억압된다. 정동은 원래 표상으로부터 분리되어 해방된다. 해방된 정동은 새로운 표상에 결부된다. 새로운 표상은 '자신이 위폐를 만들거나, 살인을 한다'는 표상이다. 이런 생각은 누구나 한 번쯤은 할 수 있지만 에너지가 붙어 있지 않다. 그런데 억압된 표상으로부터 해방된 정동이 이런 이차적 연결을 통하여 그 자체로는 강렬하지 않은 표상을 강박표상으로 만든다.

[사례 2. 53세의 부인은 질투 망상에 시달리고 있다. 부인은 공장을 경영하는 남편과 시골에서 행복하게 살고 있었다. 남편은 부인을 잘 보살펴 주었으며, 30년 전 연애결혼 이후로 불화가 없었다. 두 아이는 결혼

했고, 남편은 의무감에서 아직 은퇴하고 있지 않았다. 일 년 전 불행한 일이 일어났다. 부인은 익명의 편지를 받았다. 남편이 어떤 젊은 여자와 바람이 났다고 비난하는 내용이었다. 남편에 대한 부인의 신뢰는 무너졌고, 그때부터 부인의 행복은 파괴되었다. 더 자세한 줄거리는 다음과 같다. 부인의 집에는 입주 하녀가 있었다. 하녀와 부인은 자주 비밀스런 이야기를 하곤 했다. 하녀는 학교 동창인 다른 처녀에게 적대감을 가지고 있었는데 그 처녀는 하류 계층 출신인데도 인생에서 성공하였기 때문이다. 처녀는 가정부 일을 하는 대신 상업 교육을 받고 부인의 남편이 경영하는 공장에 취직했다. 전쟁이 터지고 남자들이 징집되어 인력이 부족해지자 그 처녀는 좋은 자리로 승진했다. 처녀는 공장에서 많은 남자들과 교류하며 아가씨Fräulein로 불렸다. 인생에서 뒤처진 가정부 하녀는 자연스럽게도 학교 친구인 공장의 처녀를 비난하고 싶었다. 어느 날 부인은 가정부 하녀와 함께 어떤 나이 든 남자에 관해 이야기를 나누었다. 그 남자는 자기 부인하고 살지 않고, 젊은 여자와 사귀고 있다는 소문이 났다. 부인은 자신도 모르게 다음과 같이 불쑥 말했다. "내 남편이 젊은 여자와 바람나는 일이 생기면, 나는 견디지 못할 거야." 바로 다음 날 부인은 앞에서 말한 것처럼 남편이 바람났다는 익명의 편지를 받았다. 부인은 편지가 가정부 하녀의 짓이라고 추리했다. 왜냐하면 편지는 남편의 애인이 가정부가 증오하는 공장의 처녀라고 지목하고 있었기 때문이다. 부인은 음모를 다 알았지만, 편지는 부인을 한순간에 파괴하였다. 부인은 격렬한 분노에 빠져 남편을 불러 험악한 비난을 퍼부었다. 남편은 웃으면서 설명하고 최선의 조치를 취했다. 의사를 불러 부인을 진정시켰다. 그 이후로 부인은 안정을 찾으려고 했고, 더 이상 그 익명의 편지를 믿지 않으려고 했다. 그러나 그 처녀의 이름이 들리거나 길

에서 그녀와 마주치면 그녀에 대한 불신, 고통, 비난이 부인에게 새롭게
폭발했다.](GW 11, 254-256)

남편에 대한 부인의 의심은 논리적으로 이해할 수 없는 일이다. ①
부인은 남편에 대한 의심이 근거가 없다는 점을 잘 알고 있다. 그 편지
가 어떻게 조작되었는지도 안다. ② 그럼에도 불구하고 부인은 질투
Eifersucht가 정당한 것처럼 여기어 괴로움을 겪고 있다. 논리라는 것은 앞
뒤가 맞는 것이다. 그런데 ①과 ②는 그렇지 않다. 보통 사람은 어떤
믿음이 근거가 없다는 것을 알면 그것을 믿지 않는다. 그러나 부인은
특정 믿음을 믿지 않으면서도 믿고 있다. 프로이트는 이것을 논리적으
로 이해되지 않는 비현실적 망상관념Wahnidee이라 부른다(GW 11, 257).
부인은 질투망상Eifersuchtwahn을 겪고 있는 것이다.
　부인은 왜 그렇게 비현실적 사고를 해서라도 남편의 외도를 의심해
야 하는 것일까? 그렇게 함으로써 부인은 어떤 이익을 얻는가? 자, 이제
부인의 마음속으로 들어가 부인의 감정을 느껴 보자. 감정이입einfühlen
은 인간이 타인의 마음을 이해하는 데 매우 효과적인 방법이다. 프로이
트는 다음과 같이 부인의 마음을 추측한다.

[부인의 마음속에는 한 젊은 남자에 대한 강렬한 연정이 불타고 있다.
그는 바로 부인의 사위이다. 부인은 자신의 마음을 모르거나 거의 의식
하지 못한다. 만약 부인이 젊은 남자를 사랑하는데, 부인의 남편도 젊
은 여자를 사랑한다면, 부인은 자신의 부정이 일으키는 양심의 압박
Gewissendruck을 덜 수 있다. 남편의 부정에 대한 망상은 부인의 마음에 불
타는 상처를 치료하는 시원한 고약이다.](GW 11, 259)

부인은 질투 망상으로 이득을 얻고 있다. 그것은 자신의 부정한 마음에 대한 위로이다. 프로이트는 환자가 신경증에 걸리는 이유는 증상이 환자 자신에게 어떤 점에서 이득을 주기 때문이라고 해석한다. 그는 이런 이득을 자주 경제적 동기라고 부른다. 그에게 경제는 돈 경제가 아니라, 쾌락 경제일 것이다.

경제적 동기는 증상으로 표출된다. 프로이트는 이 관계를 사물이 거울에 비치는 것에 비유한다. 사물의 원래 모양, 즉 원상Urbild이 거울에 비쳐 반영상Spiegelbild을 만든다. 부인의 원래 마음, 즉 원상은 사위에 대한 사랑인데, 그것은 의식되지 않는다. 이것이 의식이란 거울에 비쳐 반영상을 만든다. 그 반영상이 증상(남편이 젊은 여자와 바람을 피운다는 관념), 질투 망상이다. 증상은 반영상이 불과하므로 이것을 부인하기 위해 아무리 많은 증거를 쏟아 부어도 다 쓸 데가 없다. 왜냐하면 그런 논의는 모두 반영상을 지향하고 있지, 원상Urbild을 목표로 삼고 있지 않기 때문이다. 강력한 힘은 원상에서 나오며, 원상은 무의식에 은폐되어 접근되지 않는다.

강박신경증에서 환자는 이 부인처럼 어떤 사상Gedanke 또는 표상에 매달려 있다. 강박 표상Zwangsvorstellungen은 그 자체로는 무의미하고 개인에게 시시한 것이며 멍청한 것이기도 하다. 환자는 자신의 의지에 반하여 그것을 골똘히 생각하고 생각해야 한다.

어떤 환자는 특정한 행동에 얽매여 있다. 강박행동Zwangshandlung은 대개 일상의 행동을 반복하거나, 예식적 차원으로 장식을 가한 행동이다(GW 11, 265-266). 이런 행동을 수행하느라 정작 필요한 일, 즉 취침, 세수, 화장, 산책 같은 일은 매우 시간이 많이 들거나 결코 완수할 수 없게 된다.

강박신경증 환자에게 사람들은 이런 충고를 한다. "그런 어리석은 사고에 매달리지 말고, 유치한 짓 대신 무언가 합당한 일을 하라." 사람들은 그렇게 말하면서 환자에게 대단한 도움을 준 것처럼 흐뭇해한다. 그러나 그들은 아무것도 한 게 없다. 왜냐하면 환자 스스로도 강박 증상에 대해 제대로 판단하고 있기 때문이다. 그들 스스로도 그렇게 하고 싶지 않지만, 어떤 사고나 행동을 하지 않을 수 없다. 그런 증상은 어떤 알지 못하는 에너지에 의해 끌린다. 그는 이 에너지를 처리하지 못하고 단지 그런 증상의 모양을 바꿀 수 있을 뿐이다.

강박신경증의 도식에 따라 이 사례를 정리한다. 억압된 표상은 "부인이 사위와 잔다"는 것이다. 이 표상에는 강력한 에너지, 즉 정동이 부착되어 있다. 이 표상은 부인의 도덕관과 심각하게 충돌한다. 부인은 새로 밀려오는 표상으로부터 자신을 보호하기 위해 표상으로부터 정동을 분리하여 표상을 보지 않으려 한다. 해방된 정동은 또 다른 표상과 연합한다. 이차적 결합의 표상은 "남편이 공장의 처녀와 바람을 피운다"는 것이다. 이 표상은 근거가 없어서 부인은 믿지 않았던 것인데 해방된 정동의 에너지가 붙어서 강력한 표상, 강박 표상이 된다.

[사례 3. 30살 부인은 매우 심한 강박현상으로 고통을 겪고 있다. 그녀는 여러 강박행동들을 하루에도 몇 차례씩 수행하고 있었다. 그녀는 자신의 방에서 옆방으로 달려가 방 중심에 놓인 탁자 옆에서 특정한 자세로 서서 가정부를 불러 시시한 일을 하나 시키거나 그냥 돌려보낸다. 그리고 나서 부인은 자신의 방으로 달려간다.](GW 11, 270)

이 사례는 3장에서 좀 더 자세히 소개된 것이다. 위 환자에게 강박행동의 핵심은 가정부를 불러 얼룩을 보게 하는 것이다. 남편은 결혼 첫 날밤 하녀 앞에서 창피할까 봐 불안했다. 환자는 이제 남편이 가정부 앞에서 창피할 필요가 없다는 점을 선언하고 있다. 얼룩이 제자리에 있 으니까. 환자는 그 장면을 그대로 반복하지 않는다는 데 주목해야 한 다. 환자는 그 장면을 남편에게 유리하게 수정하고 있다. 그럼으로써 환자는 다른 것도 교정한다. 그것은 결혼 첫날밤 고통스러웠던 일, 붉 은 잉크를 활용하여 감추려고 했던 것, 즉 남편의 성불능을 교정한다.

환자는 '자신이 남자와 성생활을 한다'는 표상을 억압한다. 이 표상은 정숙한 여자이고자 하는 환자의 자아 관념과 조화를 이루지 못하기 때 문이다. 이 표상으로부터 표상의 에너지인 정동은 분리되어, 해방된 정 동은 새로운 행위와 결합한다. 부인이 하녀를 불러 일을 시키며, 이 방 에서 저 방으로 달려가는 행동은 강박행동이다. 이 행동은 그 자체로는 에너지가 부착되어 있지 않았던 것이다. 그 행동을 수행하여 환자는 남 편의 성불능을 부인하고, 즉 남편과 성생활을 하고 있다고 생각하려고 안간힘을 쓴다.

[사례 4. 19살의 잘 자란 재능 있는 소녀가 최근 수면 예식Schlafzeremoniell 을 전개하여 부모를 고통에 빠트린다. 환자는 부모가 있으며, 외동딸이 다. 환자는 잘 때 안정이 필요하고, 소음의 모든 원천을 배제해야 하기 때문에 여러 준비 작업이 요구된다고 주장한다. 이러한 의도에서 환자 는 두 가지 준비를 한다. ① 방에 있는 큰 시계는 정지시키고, 다른 작은 시계는 모두 방 밖에 둔다. 작은 손목시계도 침대 옆 탁자에 두지 않는 다. 화분과 꽃병은 책상 위에 모아 두어 밤에 떨어져 잠을 방해하지 않 게 한다. 그리고 그녀는 자신의 방과 부모의 방 사이에 문을 반쯤 열어

놓는다. 그렇게 하기 위해 열린 두 문 사이에 여러 가지 물건들을 끼워 놓는다. ② 환자는 침대 머리의 큰 베개가 침대의 나무 벽에 닿지 않도록 한다. 작은 베개는 큰 베개 위에 마름모 형태로 놓여야 한다. 그녀는 머리를 마름모의 대각선이 마주치는 곳에 둔다.](GW 11, 272-273)

정상인들도 나름대로 수면예식을 가지고 있다. 우리는 잠자기 전에 옷을 갈아입고 창문과 방문을 닫고, 불을 끄는 등, 일정한 조건이 구비되어야 잠이 들고, 그렇지 못하면 방해받는다. 건강한 사람들이 수면을 위한 조건으로 요구하는 이런 것들은 이성적으로 납득이 간다.

반면 병적 수면 예식은 절차가 복잡하고 길어서 굉장한 희생을 요구한다. 그리고 그 예식은 언뜻 보면 합리적 근거가 있는데 정상인과 다른 점은 세심한 수면 준비가 단지 정도가 지나친 것처럼 보인다. 그러나 자세히 보면, 병적 수면 예식은 합리적 근거를 벗어난, 오히려 합리적 근거와 직접적으로 모순된 규정들을 포함하고 있다. 소녀는 작은 시계도 방 밖에 둔다. 그녀는 작은 시계 소리가 들리지 않는다는 점을 스스로 알고 있다. 그리고 화분과 꽃병이 제자리에 놓여 있으면 밤에 바닥으로 떨어져 깨질 수 없다는 점도 인정하고 있다. 부모방과 소녀 자신의 방 사이에 문을 열어 두는 것은 수면에 도움이 되지 않고 오히려 소음의 원천이 될 수 있다.

프로이트는 분석과정에서 소녀에게 암시를 주고 해석을 제안했다. 언제나 그녀는 그것을 아니라고 단호하게 부정하거나 경멸적 의심을 갖고 받아들였다. 초기의 부정적 반응이 지나고 그녀는 자신 앞에 놓여 있는 여러 가지 가능성들을 탐색하고, 기억을 만들어 내고, 연관을 형성했다(GW 11, 274-275). 이런 일이 일어나면서 서서히 그녀는 강박적 조치들을 소홀히 하게 되었고, 드디어 모든 수면 예식을 버렸다. 환자는 다음을 깨달았던 것이다.

[환자는 시계가 여성 성기의 상징이라는 점을 알게 되었다. 시계는 주기적 운행 과정과 일정한 간격 때문에 여성의 성기의 역할을 담당하는 것이다. 환자는 시계의 똑딱 소리가 잠을 방해할까 불안해 한다. 시계의 똑딱 소리는 성적 흥분 상태에서 음핵Klitoris의 고동과 유사하다. 이것 때문에 그녀는 고통스러워 실제로 자꾸 잠에서 깨어났다. 환자의 수면 예식에서 음핵의 발기불안Erektionsangst은 바늘이 돌아가고 있는 시계를 밤중에 근처에 두지 말아야 한다는 지침으로 표출된다.

수면 예식의 핵심은 침대와 관련된 지침이다. 갑자기 그녀는 큰 베개가 침대의 벽에 닿지 않게 해야 한다는 지침이 무엇을 의미하는지 이해하게 되었다. 그녀에게 큰 베개는 여자이고, 똑바로 선 침대의 나무 벽은 남자이다. 그녀는 마법적 방식으로auf magische Weise 남자와 여자를 떼어 놓기를 원했다. 즉 큰 베개가 침대의 벽에 닿지 않게 함으로써 부모가 부부 관계를 하지 못하도록 부모를 떨어뜨려 놓으려고 한 것이다.]

우리는 사극에서 궁녀들이 미워하는 사람을 인형으로 만들어 놓고 바늘로 찌르는 장면을 가끔 본다. 그렇게 한다고 해서 실제로 사람이 다치지는 않을 것이다. 그러나 인간의 소원은 그런 마법적 방식으로 충족되기도 한다. 환자의 행위도 이와 같다. 큰 베개가 어머니라면 작은 베개는 딸을 표상한다. 왜 작은 베개는 마름모로 자리 잡고 그녀의 머리는 정중앙에 위치에 놓여야 하는가?

[모든 성벽에 반복해서 등장하는 루네 문자에서 마름모는 여성의 열린 성기를 의미한다는 것을 그녀는 쉽게 기억했다. 그녀 자신은 남자, 즉 아버지의 역할을 수행하는데 이 경우 그녀의 머리를 통하여 남성적 기관을 대체하고 있다. 머리를 마름모에 놓는다는 것은 소녀가 아버지가 되어 소녀 자신과 성관계를 맺는다는 것을 의미한다.](GW 11, 276)

어린아이들이 인형을 유모차에 태우고 끌고 다니는 것을 우리는 자주 본다. 이때 아이는 어머니와 동일화하여 자신이 어머니가 되고 자신의 상징인 인형을 차에 태운다. 이 장면은 어머니로부터 사랑받고 싶은 아이가 어떻게 소원을 충족하는지 잘 보여 준다.

위의 사례 네 개의 분석에서 우리는 증상에 의미가 있으며, 그것은 무의식의 영역에 속한다는 점을 알게 되었다. 증상의 목적을 모르고 행동한다는 점에서 신경증 환자는 최면술에 걸린 사람과 같다는 점을 프로이트는 지적한다(GW 11, 286). [베르넴Bernheim이 한번은 환자에게 최면에서 깨어나면 5분 후 병실에서 우산을 펴라는 암시를 주었다. 환자는 깨어나서 이 암시를 수행하였다. 왜 우산을 폈는지 물었을 때 그는 행위에 대한 동기 Motiv를 알지 못하였다.] 마찬가지로 30세 부인은 왜 강박행동을 했는지 프로이트가 물었을 때 모른다고 답하였다. 실제로 그녀는 동기도 모르면서 최면의 피시술자처럼 강박행동을 반복한 것이다. 19세 소녀 역시 큰 베개가 침대의 벽에 닿지 않아야 한다는 지침을 만들고 그 지침을 이행했지만, 그것이 무엇을 의미하는지, 어떤 동기에서 그 지침이 힘을 얻고 있는지 모른다.

4. 신경증의 치료 방법

이제 신경증을 치료하는 주제로 넘어가자. 정신분석의 치료를 이해하려면 억압의 본질을 명확하게 이해해야 한다. 전환 히스테리는 모순이 자아로 밀려 들어오는 외상적 상황으로부터 일어난다. 환자는 모순적 표상을 제거하기 위해 그것을 억압한다. 억압은 표상을 소멸시키지 않고, 표상을 의식의 바깥으로 몰아내고, 무의식으로 추방한다. 이렇게 되면 자아로부터 분리된 새로운 심리 집단이 존재하게 된다. 자아(의식)와 무의식. 표상에 대한 억압이 일어나면, 인간의 심리는 두 영역으로 분열된다. 의식의 분열die Spaltung des Bewußtseins은 환자가 의도하여 심리에 도입된다(GW 1, 182). 환자는 그 과정을 의식하지는 못한다. 프로이트는 히스테리 환자의 의식 분열에는 환자가 자신을 방어하려는 의도가 담겨 있다는 의미에서 의식분열은 '환자가 원하는 의도적 행위'라고 하는 것이다. 루시는 자부심을 보호하려는 의도에서 자신의 성적 충동을 억압하지만 자신이 그렇게 하고 있다는 것은 모른다.

억압은 인식도 아니고 무지도 아닌 독특한 상황을 만들어 낸다. 표상이 억압되면 무엇을 보면서도 보지 못하는 상태, 눈뜬 장님의 상태Blindheit bei sehenden Augen가 된다(GW 1, 175). 이런 현상을 선택적 주의selective attention 또는 선택적 부주의selective inattention와 비교할 수 있다.[75] 선택적 주의란 의식을 어떤 일에 선택하여 집중한다는 것이다. 차를 운전하면서 옆 사람과 얘기를 한다고 하자. 우리의 선택적 주의는 운전에서 대화로, 대화에서 운전으로 이동한다. 주의의 선택을 받지 못한 일은

---

75 Myers, *Psychology*, pp.96-97.

제대로 인식되지 못한다. 교통 사고의 28퍼센트가 잡담하거나 휴대전화로 문자 메시지를 보내다가 일어난다. 하나의 사건을 선택하여 주의를 집중하면 다른 사건에는 부주의를 선택한 것이나 다름없다.

다음의 실험은 선택적 부주의가 인간을 눈뜬 장님의 상태로 만든다는 것을 보여 준다. 실험은 검은 셔츠를 입은 사람들이 흰 옷을 입은 사람들 사이에서 농구공을 패스하고 있을 때 젊은 여자가 우산을 쓰고 지나가는 1분짜리 비디오를 보여 주는 것이다.[76] 시청자는 검은 옷을 입은 사람들이 농구공을 몇 번 패스하는지 알아맞추라는 과제를 부여받는다. 시청자는 패스 횟수를 헤아리느라 우산 쓴 젊은 여자는 보지 못한다. 공의 패스를 주의가 선택하고, 우산 여자는 부주의가 선택한 것이다.

억압과 선택적 부주의는 무언가를 보면서도 보지 못하는 상태라는 점이 유사하다. 그 둘의 차이는 보지 않으려는 대상이 무의식적 표상이냐 지각이냐에 달려 있다. 억압은 자아가 이드의 충동이나 무의식적 표상을 의식하지 않으려고 한다. 반면, 선택적 부주의는 여러 개의 지각 중 일부를 보지 않는 것이다. 이런 현상을 프로이트는 지각의 부인^{die} Verleugnung der Wahrnehmungen/disavowal of perception 이라고 부른다(GW 17, 134). 억압은 자아(의식)와 이드(무의식) 사이에서. 부인은 자아(의식)와 자아(의식) 사이에서 일어나는 것이다.[77]

신경증의 증상을 없애기 위해 프로이트가 처음 사용한 방법은 브로이어가 도입한 정화법^{die kathartische Methode/cathartic method}이다. 이것은 원래

---

76 https://www.youtube.com/watch?v=nkn3wRyb9Bk

77 억압과 부인을 자크 라캉은 각각 신경증과 성도착을 진단하는 기준으로 삼는다.(Bruce Fink, A Clinical Introduction to Lacanian Psychoanalysis, Harvard University Press, 1997, p.76).

의 표상으로부터 분리되어, 최면을 활용하든 않든, 길을 잘못 든 정동을 방출하는 것이다. 우리는 상식적으로 감정을 털어내어 버리면 감정이 부착되어 있는 사건도 마음에 쌓이지 않는다고 여긴다. 어떤 사건에는 감정이 묻어 있다. 예를 들어 친구들 앞에서 학생이 교사에서 벌을 받아 꿇어앉으면 수치의 감정이 일어난다. 이미 일어난 사건을 제거할 수는 없지만 그것에 반응을 하면 사건의 힘을 없앨 수 있다. 그 사건에 대해 반응이란 학생이 부모에게 억울한 심정을 털어놓는다든지, 직접 학교 당국에 항의하는 것을 포함한다. 이렇게 하여 수치의 감정이 방출되면, 수치의 사건이 힘을 잃어 기억 속에서 사라지고 나중에 그 사건을 기억하더라도 감정은 삭제되어 있어서 그 기억이 현재 마음 상태에 부담을 주지 않는다.

브로이어는 환자 안나 오를 치료할 때 정화법을 사용하였다(GW 2, 87). 안나 오는 비엔나에서 3층에 살았는데, 자살 충동을 보여 비엔나 교외로 이사하게 되었다. 브로이어는 며칠에 한 번 저녁에 방문하여, 그녀가 그동안 쌓아 놓은 이야기들을 털어놓게 하였다. 그런 후 그녀는 진정되었고 다음날 상냥하고 기분이 좋았다. 그녀는 이러한 절차를 '대화 치료talking cure'라고 부르며, '굴뚝 청소chimney-sweeping'이라고 장난스럽게 부르기도 했다. 대화 치료나 굴뚝 청소는 안나 오 자신의 표현이지만, 방출 요법의 본질을 정확하게 지적하고 있다.

방출 말고도 심리적 외상을 처리할 수 있는 방법이 있다. 이것은 연상(연합)의 방식이다(GW 1, 87-88). 우리는 외상의 기억을 다른 기억과 연합할 수 있다. 예를 들어 교사로부터 받은 처벌의 기억과 그 교사로부터 칭찬받던 기억을 연합하면 처벌의 기억에 부착된 수치의 감정이 사라지거나 다른 것으로 수정될 수 있다. 외상의 기억은 그 기억과 모순되는 다른 경험들 옆에 병렬되어서 그런 표상들에 의해 수정될 수 있는 것이다. 예를 들어 불행한 사건이 벌어진 후, 위험의 기억과 공포의 반복에다가 그 이후 과정(구조, 현재의 안전) 같은 기억들이 결합한다고 하자. 그러면 공포가 방출되어 소진될 것이다. 모욕의 기억은 실제로 모욕당하지 않았다는 점을 깨닫는 식으로 사실 관계를 바로잡음으로써, 모욕의 정동도 방출할 수 있다. 또는 자기 자신의 가치에 대한 고려를 통하여, 그런 모욕이 자신에게 아무런 영향을 주지 못한다는 식으로 자부심과 모욕을 연결하며 모욕의 정동은 배출되고 모욕의 상황이 교정된다. 건강한 사람들은 이렇게 연상의 방식을 수행함으로써 어떤 사건에 동반되는 정동을 소멸시키고 상황에 대한 판단을 내리거나 수정한다.

히스테리 환자는 위의 두 가지 방법 중 어떤 것으로도 외상적 사건을 처리하지 못한다. 환자는 이런 종류의 기억들을 마음대로 처리할 수 없는 데에는 이유가 있다(GW 1, 88). 히스테리 현상을 유발한 사건의 기억이 억압되어 환자의 일상적 심리 상태에는 없기 때문이다. 누가 신경성 지각마비를 겪고 있다고 하자. 그는 이것을 일으킨 원인을 기억하고 그것에 대해 적절한 반작용을 가하여 정동을 방출하고자 한다. 그런데 그는 그렇게 하지 못한다. 그 기억이 그의 일상적 마음 상태(즉 의식)에서는 없기 때문이다. 외상적 체험들은 환자가 일상적 심리 상태에 있을 때는 기억 속에 없어서, 그것을 의식하지 못하는데, 환자가 최면 속에서 질문을 받으면, 생생하게 사건을 기억할 수도 있다.

히스테리 증상을 유발한 원인 사건을 기억하기 위해 처음 최면이 활용되었다. 최면술사는 환자를 의자에 앉히고 눈을 약간 치켜뜨고 긴장을 풀라고 말한다. 그리고 조용하게 나직한 목소리로 환자에게 암시를 준다. "당신의 눈은 점점 더 피로하다. … 당신의 눈꺼풀은 점점 더 무거워진다. … 자꾸 자꾸 무거워진다. 당신은 눈은 닫히기 시작한다. … 당신은 더욱더 마음이 편하다. … 당신의 숨결은 깊고 한결같다. … 당신 신체의 근육은 점점 더 이완된다. 당신의 온 몸이 납처럼 느껴지기 시작한다." 이렇게 최면 유도hypnotic induction가 몇 분 지나가고 나면, 환자는 최면을 경험할 수 있다.

프로이트는 에미 부인Frau Emmy von N.에게 최면을 유도하고 말더듬이 언제 처음 일어났는지 질문한다. 에미 부인은 충격을 받은 사건을 기억한다(GW 1, 132-133). [그녀가 머물던 호텔에서 한 웨이터가 그녀의 욕실에서 몸을 숨기고 있었다. 그녀는 어두워서 그를 외투라고 생각하고 손을 뻗어 잡으려고 했다. 그러나 그 남자는 갑자기 튀어나왔다.] 어느 정도는 우리 모두 암시를 받지만, 최면에 잘 걸리는 사람은 20% 정도이다. 루시는 프로이트가 최면을 걸어도 몽유상태에 빠지지 않았다. 프로이트는 자신의 최면 기술에 한계가 있다는 점을 깨닫고 새로운 방법을 모색한다.

다음, 압박 기법을 프로이트는 활용한다(GW 1, 270). 그는 환자에게 이렇게 말한다. [잠시 후 나는 양손으로 당신의 머리를 누를 것이다. 압박이 지속되는 동안 당신은 눈앞에 그림의 형태로 어떤 회상을 보거나, 또는 갑자기 어떤 관념이 떠오를 것이다. 당신은 어떤 것이든 나에게 전달해야 한다. 당신은 그것이 중요하지 않다는 이유로, 또는 그것이 찾고자 하는 것이 아니라는 이유로, 말하기 싫다는 이유로, 그것을 간직하고 있어서는 안 된다.] 프로이트는 환자에게 어떤 착상을 얻어 내기 위해 환자의 머리를 누르는 방법을 사용하였고 성과를 거두었다.

프로이트가 최종적으로 선택한 방법은 자유연상 기법이다. 자유연상die freie Assoziation이란 간단한 기술이다. 자유연상 기법은 의사가 환자에게 자유로운 연상(freie Association)에 마음을 내맡기게 하는 것이다. 프로이트는 실수 행위와 꿈, 신경증을 이해하기 위해 이 방법을 사용한다. 환자가 어떤 말실수를 했다고 하자. 의사는 그에게 왜 어떻게 하여 그런 실수를 하게 되었는지 물어본다. 환자는 자신에게 떠오른 연상 내용을 답하고 의사는 그것을 토대로 실수를 해명하게 된다(GW 11, 104). 환자가 이해할 수 없는 이상한 내용의 꿈을 꾸었다고 하자. 의사는 환자에게 그 꿈에 대하여 처음 떠오른 생각을 말하라고 요구한다. 환자는 아무런 착상Einfall이 떠오르지 않는다고 주장할 수도 있다. 의사는 환자에게 틀림없이 무언가 연관된 생각이 떠오를 것이라고 환자에게 답변을 강요한다. 환자는 이런 식으로 말할 것이다. "그건 어쩐지 어저께 일어난 일인 것 같은데요, … 그것은 얼마 전에 일어났던 그 일을 생각하게 하는군요." 환자는 꿈에서 출발하여 좀 먼 사건으로, 드디어는 아주 먼 사건까지 기억해 낸다.

자유연상은 심리 과정의 자유를 부정한다. 프로이트는 환자가 어떤 생각을 떠올린다면 그것은 환자가 마음대로beliebig 만들어 낸 것처럼 보이지만 실제로는 환자 고유의 성격적 특징이나 주변 상황과 긴밀히 연결되어 있다고 믿는다. 그렇다면 환자가 내어놓은 연상은 환자의 심리과정을 해명하는 사실로서 존중해야 하는 것이다. 프로이트는 인간의 마음은 자유롭게 보이지만 실제로는 어떤 다른 것에 의해 규정되어 있으며, 그것의 관계를 자유연상 기법이 드러낼 수 있다고 확신하는 것이다.

프로이트는 자유 연상의 사례를 하나 든다(GW 11, 105-106). 이것은 이름 연상이다. 프로이트는 남자 한 사람을 치료하고 있던 중 그에게 여자 이름을 모두 떠올려 말하게 하였다. 환자는 바람둥이라서 온갖 종류의 여자와 사귄 것을 프로이트가 알았기에, 환자가 엄청난 품목의 여자 명단을 제시할 것을 기대하였다. 그러나 놀랍게도 환자는 한참 침묵하더니 'Albine'라는 이름을 하나밖에 말하지 못했다. 프로이트는 물었다. "이 이름이 당신과 어떤 연관이 있나요? 당신은 알비네라는 이름의 여자들과 사귀었나요?" 환자는 그런 이름의 여자는 하나도 교제하지 않았다고 말했다. 프로이트는 환자의 답변을 통하여 환자의 마음을 추리할 수 있었다. 환자의 피부가 유난히 흰색이라 프로이트는 그를 흰둥이 Albino라고 자주 불렀다. 환자가 좋아하는 여자는 Albine, 즉 하얀 피부이다. 결국 그가 만난 수많은 여자는 자기 자신이었던 것이다.

최면이든 자유연상이든 피억압자를 일깨우기 위한 기법이다. 정화요법은 억압된 표상을 환자가 기억하여 서술하면서 그 표상과 결부된 정동을 방출하는 기법이다. 이것은 증상 요법이지 원인 치료는 아니다. 억압된 표상에 부착된 정동을 방출하면, 정동이 부착되어 있는 증상을 제거할 수 있다. 그러나 표상의 기반인 충동이 인간의 기본 충동이면 그 충동은 또 다시 일어난다. 그러면 충동의 대표자인 표상을 다시 억압해야 하고 이 과정에서 정동이 표상으로부터 분리되어 다시 어떤 신체 증상으로 전환된다. 정동을 방출하면 그 증상을 다시 사라진다. 그러나 하나의 증상이 사라지면 다른 증상이 다시 나타난다(GW 1, 256-260). 이런 점에서 정화요법은 증상 치료이지 히스테리의 근저에 있는 원인을 치료하지는 않는 것이다.

정화요법 외에 심리적 외상에 대해 대처하는 발전된 방법이 제시되었다. 그것은 억압된 표상을 찾아내고 그것에 대해 판단을 내리거나 수정하는 방법이다. 정동의 방출만이 목적이라면 심리적 외상을 정확히 찾아낼 필요는 없을 것이다. 안나 오처럼 최면 상태에서 환각적 경험을 얘기하는 것만으로도 기분이 좋아질 수 있다. 그러나 판단의 수행을 통하여 심리적 외상을 처리하려면 억압된 표상이 무엇인지 정확하게 확인해야 한다. 최면법은 이렇게 하지 못한다. 왜냐하면 환자가 최면 상태에 들어가면 분석가의 암시를 수동적으로 받아들이기만 하기 때문이다. 반면 자유연상 기법으로 환자의 피억압 표상을 확인하려고 할 때 환자는 어떤 지점에서 연상을 거부하며 더 이상 연상을 진행하려 하지 않는다. 프로이트는 환자가 특정한 지점에서 저항^{Widerstand/resistance}하는 이유는 원래 그곳에서 억압이 이루어졌기 때문이라고 추측한다. 환자는 어떤 것을 숨기고 싶은데 분석이 그곳에 다다르게 되니까 저항하는 것이다. 저항은 억압된 충동을 찾아내는 데 필수불가결의 단서가 된다. 프로이트가 최면을 버리고 자유연상 기법으로 넘어가는 이유는 환자의 저항을 활용하기 위해서이다. 분석가는 억압된 표상을 발견하면 환자가 그것에 대해 판단하도록 도와준다. "치료의 목적은 잘못된 길로 접어든 정동의 방출^{Abreagieren}이 아니라, 억압을 발견하고 판단을 수행함^{Urteilsleistungen}으로써, 원래 거부된 표상을 이제 수용하든 다시 폐기하든, 판단을 수행하여 억압을 해체^{Ablösung}하는 것이다."(GW 14, 55-56) 이런 치료는 정화법이 아니므로 프로이트는 '정신 분석'이라는 새로운 이름을 부여한다.

엘리자벳 양에게 프로이트는 분석의 결과를 담담하게 제시한다(GW 1, 225). "오랫동안 당신은 형부를 사랑하고 있었다." 그녀는 울음을 터트리며 분석을 거부한다. "그것은 사실이 아니다. 당신이 그것을 나에게 설득하는 것이다. 내가 그런 나쁜 사람일 수가 없다." 이 억압된 관념의 재수용^{Wiederaufnahme jener verdrängten Vorstellung/ the return of the repressed idea}은 소녀의 가슴을 찢어 놓는다. 프로이트는 그녀에게 두 개의 위로의 말을 던

지며 엘리자벳 양이 상황을 새롭게 판단하도록 도와준다. "① 우리는 우리의 감정에 대해 책임질 필요가 없다. ② 당신이 이런 상황에서 질병에 걸렸다는 사실이 당신의 도덕적 성품에 대한 충분한 증거가 된다." 엘리자벳 양이 도덕적 성품의 인간이 아니라면 형부를 사랑하는 표상을 억압할 필요가 없었을 것이다. 이런 위로를 들으며 그녀는 문제의 상황에 대해 다음과 같이 판단을 수행할 수 있으리라 필자는 추측한다. "그래. 내가 형부를 사랑하는 마음을 품었지만 그것은 아무 죄가 아니야. 내가 나를 속일 필요는 없어." 이제 억압된 표상은 엘리자벳 양의 무의식에서 의식으로 상승한다. 그녀는 그 표상을 다른 표상과 연합하면서 문제를 해결할 수 있다. 우연히 파티에서 만난 남자가 형부와 비슷하다는 점을 인식하고 그와 새로운 관계를 모색할 수 있는 것이다. 그녀가 이렇게 억압을 발견하여 판단을 수행하지 않았다면, 그 표상을 억압하는 데 에너지를 소모하느라 새로운 남자관계를 시작할 수 없을 것이다.

프로이트는 1895년 브로이어와 공동으로 출판한 『히스테리 연구』에서 그들의 방법은 히스테리 증상을 제거하지 히스테리를 치료하지 않는다고 했다. 그러나 3년 후(1898) 프로이트는 태도를 완전히 바꾸어 자신 있게 단언한다(GW 1, 512). 정화법에 토대를 두고 자신이 발전시킨 방법으로 히스테리와 강박신경증을 치료하는 전망이 생겼다는 것이다. 그 새로운 방법을 '정신 분석'이라고 프로이트는 불렀다.

5. 저항과 억압

프로이트보다 정신분석을 먼저 시작한 브로이어는 정신분석적 치료의 단초를 발견했다. 그것은 증상의 의미를 포함하고 있는 무의식적 과정을 환자가 의식하게 하는 것이다(GW 11, 288-289). 의식의 과정에서는 증상이 형성되지 않는다. 아무리 가혹한 좌절이 있어도 본인이 무엇을 원하고 있는지 의식하고 있다면 신경증에 걸리지 않는다. 치료는 증상과 관련된 무의식적 과정을 의식으로 인도하는 것이다.

치료의 과정은 증상형성 과정을 거꾸로 거슬러 올라가는 것이다. 무의식에 어떤 에너지가 존재한다. 그것은 사고나 욕망, 또는 행동으로 표출된다. 보통은 의식이 자신의 정신 과정을 알 수 있다. 그런데 신경증 환자의 경우 그 과정이 의식으로부터 단절되어 어떻게 진행되는 알 수 없다. 환자의 증상은 무의식이라는 지하에 머물고 있는 어떤 에너지에 대한 대리자이다. 분석가는 증상을 토대로 증상형성의 과정을 회귀적으로 되돌아가 증상의 의미를 발견하고 환자에게 알려 준다.

무의식적 증상형성 과정을 의식으로 변환하는 과정을 관철하면 치료(증상 제거)는 성공한다. 그러나 처음에는 정신 분석가들은 너무 쉽게 생각했다. 그들은 분석가가 도달한 증상형성과정에 대한 통찰을 환자에게 알려 주면 다 된다고 믿었던 것이다. 그러나 환자는 분석가의 증상 해석을 잘 수용하지 않는다. 그들은 그것을 받아들이지 않고 거부한다. 분석가는 환자의 저항을 극복해야 한다는 새로운 과제를 인식하게 되었다.

치과 환자가 치료에 저항하는 경우를 상상해 보자. 참을 수 없는 고통으로 치과의사를 방문한 환자는 의사가 막상 집게를 들고 다가오자 의사의 팔을 잡고 제지한다. 이런 일이 치과 진료실에서는 일어나지 않는다. 그러나 프로이트는 환자를 치료하여 고통스런 증상으로부터 환자를 해방시키려고 할 때 환자는 치료 기간 내내 저항Widerstand을 행사한다는 점을 발견한다. 환자의 저항은 매우 다양하고 매우 정교하며 저항을 인지하기가 어렵기도 하다.

저항은 분석 자체를 방해한다. 정신분석적 치료에서 자유연상 기법이 활용된다. 분석가는 환자에게 요구한다. "깊이 생각하지는 말고, 고요한 자기 관찰 상태로 들어가 내부 지각에서 당신이 만들어 낼 수 있는 모든 것을 전달하라. 감정, 사상, 기억들이 떠오르는 대로 말하라. 표상들 중 일부를 선택하거나 배제하지 않도록 하라. 그것들이 말하기에 너무 부적절하거나, 너무 모호하거나, 이 문제와 관련이 없거나 중요하지 않거나, 말이 안 되거나, 말할 필요가 없다는 식으로 판단하지 말고 떠오르는 대로 말하라."(GW 11, 297) 프로이트는 환자가 어떤 것도 느끼지 못한다고 했다가, 너무 많은 것들이 떠올라 어떤 것도 포착할 수 없다면서 치료를 방해하는 사태와 마주친다. 환자는 치료자가 환자 자신에 접근하지 못하도록 저항하는 것이다.

저항의 최고점은 분석가가 증상의 의미를 환자에게 제시할 때이다(GW 11, 303). 분석가가 증상의 의도와 관련된 새로운 자료를 환자에게 들이밀면, 환자는 엄청나게 비판적 태도를 취한다. 프로이트는 그것을 환자가 너무나 고통스러워 의식하고 싶지 않기 때문이라고 단정한다. 이때 치료가 위기에 봉착한다. 이전에는 환자가 많은 것들을 이해하고 수용했지만, 이제 반대하는 데 온갖 힘을 다 쏟는다. 저항을 제대로 처리하지 못하면 그때까지의 치료 성과는 수포로 돌아갈 수 있다.

저항에는 부정적 측면만 있는 것은 아니다. 저항은 환자의 과거에 관한 중요한 자료들을 포함하고 있고, 그것들을 다시 불러오게 도와주기도 한다. 그래서 프로이트는 저항을 분석에서 최고의 보물로 간주한다. 브로이어와 프로이트는 처음에 정신치료를 최면을 활용하여 시행하였다. 브로이어의 최초 환자(안나 오)는 항상 최면의 영향을 받으면서 치료를 받았다. 프로이트는 처음에 브로이어를 따랐지만 얼마안가 최면을 버린다. 여러 가지 이유가 있다. 최면을 통한 치료는 성과는 오래 지속하지 않았다. 가장 중요한 이유는 최면상태에서는 환자가 저항하지 않아서 의사가 환자의 저항을 알아채지 못하기 때문이다(GW 11, 302). 프로이트는 진정한 정신 분석은 최면의 도움을 포기함으로써 정립되었다고 확신한다.

증상은 무의식에 남아 있는 어떤 것, 즉 피억압자의 대체Ersatz이거나 대리자이다. 억압의 정신 과정을 분석가가 환자의 의식 앞으로 데려가는 데 저항이 있을 수밖에 없다. 만약 저항이 없다면, 애초부터 그 정신 과정이 의식되지 않을 리가 없을 것이다. 환자의 저항은 문제의 정신과정을 무의식에 머물게 하기 위한 시도이다. 증상을 형성하는 무의식적 힘은 분석적 치료가 무의식을 의식으로 전환하려는 노력에 저항한다. 저항을 통하여 드러나는 그 병리적 과정을 프로이트는 억압Verdrängung이라고 부르는 것이다. 억압은 증상 형성의 전제조건인데, 분석가는 억압이 어디에 있는지 환자의 저항을 통하여 추리한다.

억압은 추방이나 외면에 뜻이 더 가깝다. 우리는 너무 아프면 고통을 느끼지 않기 위해 기절하여 고통을 감각으로부터 추방한다. 어떤 사람은 매우 수치스러운 사건을 기억하지 않기 위해 의식이 외면한다. 무엇이 억압되어 있다면, 그것은 의식의 영역 바깥에 추방되어 있다. 프로이트는 억압이 매우 독특한 작업이어서 유사한 활동이 없다는 점을 강조한다(GW 11, 304).

억압을 단념과 비교하여 보자. 보통 충동이 일어나도 우리는 그것을 단념Abweisung할 수 있다. 그러면 충동에서 에너지가 빠져나가, 충동은 무력하게 된다. 여행을 떠나고 싶은 충동이 들더라도 단념하면, 그리고 싶은 마음의 에너지가 줄어든다. 이때 충동을 단념하기로 결정한 과정 전체를 자아는 알 수 있다. 반면, 충동을 단념하지 않고 억압하면 문제가 완전히 달라진다. 그러면 충동에 관한 기억은 남아 있지 않지만, 충동의 에너지, 즉 정동은 그대로 유지된다. 억압 과정은 자아가 깨닫지 못하고, 충동으로부터 분리된 에너지는 신체 증상으로 전환되거나(전환 히스테리), 다른 표상과 연결되거나(강박신경증), 아니면 불안으로 변환된다(히스테리성 불안). 욕망을 단념하는 과정과 욕망을 억압하는 과정은 완전히 다르다.

억압 개념에 좀 더 선명한 형태를 주기 위해 프로이트는 인간의 정신에 대한 이론적 표상을 제시한다. 정신은 무의식과 의식으로 구성되어 있다. 여기서 무의식unbewußt이라는 말은 서술적 의미로부터 체계라는 의미로 발전한다. 어떤 심리 과정이 의식되는가, 의식되지 않는가 여부는 동일한 심리 과정의 속성일 뿐이다. 그러나 이제 무의식은 의식되고 있지 않는다는 심리상태를 서술하는 것이 아니라, 하나의 심리적 기관, 체계를 가리킨다. 프로이트는 무의식이 정신을 구성하는 하나의 체계가 아니라, 모든 심리적 과정은 일차적으로 무의식적 단계Studium, 국면Phase으로 존재하고, 나중에 가서 의식적 국면으로 전환한다고 가정한다. 마치 사진이 음화가 먼저 존재하고 나중에 현상과정을 거쳐 양화가 되는 것과 같다. 모든 음화가 다 양화가 되지 않듯이 모든 무의식적 심리 과정이 의식적 과정으로 변환되는 것은 아니다. 무의식과 의식의 체계는 공간화하면 이해하기 쉽다. 프로이트는 무의식의 체계를 커다란 대기실이라고 상상한다(GW 11, 301).

[대기실에 많은 손님이 주인을 만나러 기다리고 있다. 손님은 여러 가지 소망이다. 대기실에 주인의 응접실이 붙어 있다. 두 방 사이에 비서가 있고 응접실에 주인이 앉아서 손님을 맞이한다. 대기실이 바로 무의식 unbewußt의 방이다. 대기실에 기다리던 손님이 응접실에 들어가려면 비서의 허락을 받아야 한다. 비서는 주인이 누구를 만나고 싶어 하고 누구를 싫어하는지 잘 알고 있다. 비서가 어떤 손님(소망)의 입장을 불허하고 다시 대기실로 밀어낸다면 그 소망은 억압당한 것이다. 비서의 검열을 통과한 손님은 응접실로 들어간다. 이 방에는 의자가 놓여 있고 거기에 손님들이 앉아 있다. 아직 그들은 주인을 만나지 못하고 있다. 주인이 어떤 손님에게 시선을 주면 이제 그는 주인 옆으로 가서 주인과 얘기한다. 이제 소망은 의식된다bewußt. 응접실은 전의식의 방Vorbewußt이다. 무의식과 전의식은 완전히 다르다. 그 둘은 모두 의식되고 있지 않지만, 무의식은 비서가 응접실 입장을 불허하고 대기실에 억류한 손님이며, 전의식은 응접실에 들어가 접견을 기다리는 손님이다. 무의식은 억압된 소망이며, 전의식은 아직 시선을 받지 못한 소망이다.]

신경증적 증상의 의미(동기)는 억압된 충동이다. 그것은 검열Zensur을 통과하지 못하고 억압되어 무의식의 방에 머무르고 있다. 검열의 위력은 치료 과정에서 저항Wiederstand으로 다시 등장한다. 환자가 치료에 저항하는 이유는 환자가 증상으로 고생하면서도 동시에 증상을 통하여 어떤 이득을 취하고 있기 때문이다.[78] 증상을 제거하면 그 이득도 사라

---

78 증상은 고통스럽지만 어떤 점에서 만족을 준다. 이런 고통 속의 쾌락(pleasure in pain), 불만족 속의 만족(satisfaction in dissatisfaction)을 지시하는 단어가 불어에는 있다. 그것은 주이상스(jouissance)이다(Fink, op. cit., p.8).

질까 두려워 환자는 의사의 치료에 저항하는 것이다.

　신경증 환자들은 현실 세계에서 욕망의 거부^{Versagen}를 경험하는 경우에, 원래 소망의 대상이 아닌 그것의 대체^{代替} 대상을 통하여 소망을 충족하려 한다. 그 대체 대상이 바로 증상 속에 들어 있는 것이다. 신경증 환자들이 질병에 걸린 이유는 그들에게 현실 세계가 성적 소원의 만족을 마련하여 주지 않았기 때문이다. 그래서 프로이트는 "증상은 실제의 인생에서 결여된 만족에 대한 대체만족^{Ersatzbefriedigung}"이라고 한다(GW 11, 302). 인간의 소망에는 일차적 대상이 있으며, 그것을 통하여 우리는 소망을 충족시키려 한다. 그런데 원래의 대상에 접근할 수 없다면 우리는 그것에 대한 대체물을 찾는다.

　53세 부인은 질투 망상을 통하여 상징적 방식으로 사위를 향한 사랑의 소원을 충족하고 있다. 남편이 젊은 여자와 바람을 피운다면, 부인 자신도 젊은 남자와 사랑을 나눌 권리가 보장되는 것이다. 30세 여자 환자는 사랑하는 남편과 떨어져 혼자 살고 있다. 남편은 허약하여 그녀는 남편과 함께 삶을 나눌 수가 없는 것이다. 그녀는 남편에게 충실하게 남아 있어야 하고 어떤 다른 남자도 남편의 자리에 받아들이지 않는다. 그녀의 강박행동은 그녀에게 그녀가 동경하는 것을 준다. 강박행동은 그녀의 남편을 높은 지위로 올리고 남편의 허약성을 수정한다. 이 증상은 꿈처럼 근본적으로 소망 성취인데, 더 나아가 성애적 소원성취^{erotische Wunscherfüllung}이다. 29세 소녀 환자의 예에서 그녀의 수면 예식은 부모의 부부 관계를 방해한다고 추리할 수 있다. 그녀는 자신을 어머니의 자리에 놓으려고 하여, 그녀 자신의 성적 소원을 충족한다. 꿈은 일반적 소원 성취인 데 반해 신경증은 소원의 내용이 성애이다. 이 점에서 신경증과 꿈은 다르다.

증상을 통하여 환자가 얻는 혜택은 성적 이득이다. 반드시 성적 충동만이 억압될 이유는 없다. 자아의 이상과 충돌하면 파괴적 충동도 억압될 것이다. 이럴 경우 증상을 겪으면서 환자가 얻는 혜택은 파괴적 이득일 것이다. 그런데 프로이트의 환자는 주로 성생활에서 증상이 생겼기 때문에 증상은 은밀하게 성적 소원을 성취하는 기능을 한다고 프로이트는 주장하는 것이다. 만약 프로이트가 파괴성의 문제로 신경증을 겪는 환자를 치료하였다면 신경증은 꿈처럼 그냥 소원 성취라고 하였을지도 모른다.

VI - 꿈과 공상적 소망충족

신경증은 증상을 형성하는 왜곡된 방식으로 충동의 만족을 추구한다. 꿈 역시 신경증과 비슷한 방식으로 소망을 충족한다. 현실 세계에서 소망을 충족하기 힘들 때 인간은 꿈속에서 환각적 방식으로 소원을 성취하는 것이다.[79] 꿈꾸는 사람은 꿈속의 영상이 사물이 아니라 단지 그림이라는 것을 모른다. 꿈에는 실재와 공상의 구별이 없다.

꿈은 보통 이해할 수 없는 낯선 내용으로 가득하다. 보통 사람들은 그냥 꿈은 무의미하다고 흘려버릴지도 모른다. 그러나 프로이트는 『꿈의 해석』에서 꿈을 해석하는 심리적 기술이 존재한다는 점을 증명하려고 한다. 그는 이 절차를 적용하면 모든 꿈은 의미 있는 심리적 구성체이어서, 각성시의 정신적 활동과 연관되어 있음을 밝혀낼 수 있다고 생각한다. 더 나아가 프로이트는 꿈이 무엇 때문에 낯설고 이해할 수 없는 성격인지를 해명하고, 그 해명과정에서 꿈을 만들어 내는 심리적 위력들이 무엇인지 추론하고자 한다.

---

79 독어 'wunsch'는 영어로 'wish'이다. 필자는 이것을 소원, 또는 소망이라고 번역한다. 영어로는 'desire'로 불어로는 'désir'로도 번역된다. 'Erfüllung'은 '성취,' 또는 충족이라고 옮긴다. 임진수 교수는 Wunscherfullung을 '소원성취'라고 번역해야 한다고 주장한다. 그러나 필자는 '소원'에는 '소원하다'는 동사가 없기 때문에 '소망하다'는 동사를 가진 '소망'도 좋은 번역이라고 본다. 아울러 Erfüllung은 '꽉 채우다'는 의미이므로 '성취'뿐 아니라 '충족'이라고 번역할 수 있다고 본다. 임진수, 『소원, 욕망, 사랑』 파워북, 2015, 11-22쪽.

대중은 예로부터 꿈을 해석하려고 노력해 왔다. 프로이트는 본질적으로 서로 다른 두 가지 방법을 지적한다. 상징적 해석법die symbolische Traumdeutung과 암호해독법(GW 2/3, 101-104).

첫째, 상징적 해석법은 꿈 내용 전체를 보고, 그것과 다르지만 그것과 연결되어 있고, 이해 가능한 어떤 내용으로 대체하는 것이다. 이 방법은 원 꿈의 내용이 이해할 수 없거나 혼란스러우면 사용할 수 없다. 이 방법의 예는 성서에서 요셉이 파라오의 꿈을 해석하는 데 쓰였다. "일곱 마리의 뚱뚱한 암소를 일곱 마리의 여윈 암소가 따라와 뚱뚱한 암소를 잡아먹어 버린다." 이것은 다음의 내용에 대한 상징적 대체이다. "이집트에 7년 동안 풍년이 들고, 다음 7년 동안 흉년이 들어 풍년 때 비축한 것들을 다 먹어 치운다." 요셉은 이렇게 파라오의 꿈을 해석하여 파라오가 다가올 흉년을 대비할 수 있게 한다. 상징적 해석법에서 발견된 꿈의 의미를 "그렇게 될 것이다"라고 바꾸면 꿈은 미래를 예언하는 것이 된다. 파라오 꿈의 예에서 '먹어 치운다'를 '먹어 치울 것이다'라고 바꾸면 꿈은 예언적 성격을 갖추게 된다. 꿈을 상징적 해석방식으로 잘 해석하기 위해 어떤 지침을 따라야 할지 안내하는 일은 불가능하다. 상징적 해석을 할 때 꿈 해석의 성공은 명료한 착상과 직관에 도달하는 문제여서, 상징적 방식의 꿈 해석은 각별한 재능을 가져야 하는 예술적 활동으로 추앙되었다.

둘째, 꿈 해석의 통속적 방법 중 다른 하나는 그런 재능을 요구하지 않는다. 암호해독법은 꿈을 암호문처럼 취급한다. 꿈의 모든 기호는 이미 의미를 알고 있는 다른 기호로 번역된다. 예를 들어 우리가 화장하는 꿈을 꾸면 새로운 연인을 만나는 것이며, 돼지가 쫓아와 무는 꿈은 권세나 지위, 재물을 얻게 된다는 것으로 대체될 수 있다. 꿈을 해석하기 위해 우리가 할 일은 중요 단어를 해석하고 그것을 연결하여 전체 의미를 파악한 후 미래에 관한 예언으로 삼는 것이다.

이 두 가지 통속적 꿈 해석 방식은 학술적 관점에서는 활용할 수 없다. 프로이트는 상징적 방법은 적용이 제한되어 있고, 암호해독의 방식은 해답(즉 꿈 해몽 서적)의 신뢰성에 달려 있음을 지적한다. 돼지가 왜 재물인지, 꽃이 왜 명성 획득인지, 이 점에 대해 꿈 서적은 아무런 증거도 제시하지 못하고 있다. 상징적 방식 역시 신뢰성이 문제가 된다. 왜 살찐 돼지가 풍년이어야 하는지 근거가 약하다. 프로이트는 꿈 해석의 학술적 방식이 가능하다고 주장한다.

꿈 해석법은 프로이트가 신경증 환자를 치료하는 과정에서 터득하게 되었다(GW 2, 104-105). 꿈의 해석 기법을 창안하기 몇 년 전부터 그는 히스테리성 공포증, 강박표상Zwangsvorstellung같은 정신병리적 구성체를 해결하는 일에 전념하고 있었다. 이 연구의 도정에서 프로이트는 꿈의 해석이란 과제와 마주치게 되었다. 프로이트는 환자들에게 그들의 마음에 떠오른 모든 상념과 사고를 자신에게 말하라고 요구한다. 환자들은 그들이 꾼 꿈을 이야기했고, 꿈이 환자의 정신생활의 한 고리로 삽입될 수 있다는 점을 프로이트는 깨달았다.

프로이트가 꿈을 분석하는 방법은 자유연상이다. 꿈을 해석하려면 환자 측에서 두 가지 심리적 준비가 필요하다(GW 2, 105). ① 환자는 자신의 심리적 지각들에 주의를 집중해야 한다. ② 비판을 배제하여, 환자에게 떠오르는 생각들을 체로 치지 않도록 해야 한다. 주의 깊게 자기를 관찰하기 위해서는 편안한 자세에서 눈을 감고 있는 것이 유리하다. 정신분석의 성공은 환자가 모든 것에 주의를 기울이고, 그의 감각에 지나가는 모든 것을 분석가에게 전달하고, 그에게 중요하지 않은 것처럼 보이기 때문에 어떤 상념들을 억제하지 않도록 하는 데에 달려 있는 것이다.

꿈은 복잡하기 때문에 『꿈의 해석』에서 프로이트는 꿈을 여러 개의 요소로 나누어 연구한다(GW 2, 108). 아직 자유연상에 익숙하지 않은 환자에게 그냥 꿈에서 어떤 상념이 떠오르냐고 물으면, 대개 환자는 정신 영역에서 어떤 것도 포착하지 못한다. 프로이트는 환자에게 꿈을 조각내어 제시한다. 꿈의 분석에서는 일차적으로 꿈 전체가 아니라 꿈 내용의 한 부분을 주의의 대상으로 삼는 것이다. 그러면 환자는 꿈의 부분들 뒤에 숨어 있는 배후 사고들을 분석가에게 전달한다.

이런 점에서 프로이트의 꿈 해석법은 상징을 통한 해석법과는 거리가 멀고, 암호해독법과 가깝다. 상징적 해석법은 꿈을 전체로 해명하지만, 암호해독은 세부를 해석하여 종합하기 때문이다. 암호해독법처럼 프로이트의 꿈 해석 방식은 꿈을 처음부터 부분들이 결합한 형태로 간주한다. 그러나 프로이트의 꿈 해석법은 통속적 암호 해석법처럼 쉽게 이루어지지 않는다. 암호해독법에는 꿈 내용을 번역할 수 있는 고정된 해답이 이미 있다. 프로이트의 꿈 해석에는 그런 사전이 없다. 동일한 꿈 내용은 다른 사람에게는 다른 의미가 숨어 있는 것이다(GW 2, 109). 예를 들어 꿈에 돼지가 보여도 꿈꾸는 사람에 따라 의미가 다른 것이다.

1. 꿈의 동기

꿈의 동기는 소망충족이다. 꿈을 해석하면 꿈의 의미가 드러난다. 프로이트는 자신의 꿈을 예로 든다(GW 2, 110-122). 이것은 유명한 이르마

Irma의 주사 꿈이다. 프로이트가 그 꿈을 꾼 동기는 자신의 소망을 가장 쉬운 방식으로 충족하기 위해서이다.

[**배경 설명:** 1895년 여름. 젊은 여자를 정신 분석으로 치료하고 있었다. 그 환자는 나의 가족과 매우 친한 사이이다. 치료는 부분적 성공으로 끝났다. 환자는 히스테리성 공포로부터는 벗어났으나 모든 신체 증상이 사라진 것은 아니다. 나는 환자가 받아들이기 힘든 치료방법을 환자에게 요구했다. 우리는 그렇게 의견이 갈린 가운데 여름휴가를 맞이하여 치료를 중단했다. 어느 날 나의 동료 한 사람(오토Otto)이 나를 방문했다. 그는 직전에 환자인 이르마Irma의 가족과 함께 휴양지에서 시간을 보냈다. 나는 오토에게 이르마가 어떤지 묻자 그는 그녀는 좀 나아졌지만 완전히 회복한 것은 아니라고 답했다. 오토의 말과 어조는 나를 짜증나게 했다. 나는 오토의 말 속에서 나에 대한 질책을 탐지했다. 나는 오토가 나에게 취한 반감이 환자 가족들의 말 때문이라고 추정했다. 그들은 나의 치료를 달가워하지 않는다는 느낌을 나는 전부터 받고 있었다. 그날 밤 나는 이르마의 치료 사례를 기록했다. 나는 그것을 나 자신을 정당화하기 위해 우리의 리더였던 M에게 보여 주려고 했던 것이다. 그날 밤 나는 다음의 꿈을 꾸었다.

1895년 7월 23일·24일의 꿈.

① 넓은 홀에서 우리는 많은 손님을 접대하고 있었다. 그들 중에 이르마가 있다. ② 나는 이르마를 한편으로 데리고 가서 그녀가 내게 보낸 편지에 대해 답하며, 내가 제시한 치료 방책을 그녀가 받아들이지 않은 것을 비난했다. 나는 그녀에게 말했다. "너에게 아직 통증이 남아 있다

면, 그것은 순전히 네 책임이다." ③ 그녀는 답한다. "제가 목, 위장, 그리고 복부가 얼마나 아픈지나 아세요? 목을 죄는 것 같습니다." 나는 깜짝 놀라 그녀를 쳐다 본다. 그녀는 정말 창백하고 얼굴이 부은 것 같다. ④ 그녀에게는 기질적 문제가 있는데 내가 간과한 것이 아닌지 생각해 보았다. ⑤ 나는 그녀를 창가로 데려가 목을 벌리게 하여 들여다보려 한다. 그녀는 틀니를 한 여자들이 입을 벌리기 싫어하듯이 내 요구에 반항한다. ⑥ 마침내 나는 그녀 목의 오른쪽에서 하얀 반점을 발견한다. 왼쪽에서는 하얀 주름진 형상에 회백색 딱지가 앉아 있는 것을 발견한다. 나는 급히 의사 M을 부른다. M은 보통 때와 완전히 다르게 보인다. ⑦ M은 창백하고 절뚝거리고 턱에 수염도 없다. 그는 검사를 반복하고 확인한다. 오토도 옆에 서 있다. 다른 친구 레오폴드^{Leopold}는 그녀의 신체를 쳐 보면서 왼쪽 아래에서 탁음이 들린다고 말한다. 그리고 왼쪽 어깨에 병균이 침투한 지역이 있다는 점을 지적한다. ⑧ M은 말한다. "감염된 것이 확실해. 그러나 심하지는 않아. 곧 이질이 따라와서 독소는 배출될 거야." 우리는 즉시 어떻게 감염되었는지 알아낸다. 친구 오토가 얼마 전에 그녀에게 프로필렌, 트리메틸아민을 주사했던 것이다. ⑨ "그런 주사를 그렇게 경솔하게 취급하다니. 아마도 주사기가 청결하지 않았을 것이다."

분석

① 넓은 홀에서 우리는 많은 손님을 접대하고 있었다. 우리는 그해 여름 어떤 휴양지에 머무르고 있었으며, 그 집에서 이 꿈을 꾸었다. 우리가 머무르던 집이 꿈속의 홀처럼 넓었다. 꿈을 꾸기 전날, 아내는 며칠 후 자기 생일 잔치에 이르마를 포함하여 친구들을 초대하고 싶다고

하였다. 내 꿈은 이 사건을 예견한 것이다.

② 나는 이르마가 내가 제시한 치료 방법을 수용하지 않은 것을 비난했다. 환자에게 증상의 숨은 의미만 알려 주면 나의 임무는 완수된 것이라는 의견을 나는 당시 가지고 있었다. 이 치료 절차를 그녀가 받아들여야 치료가 성공할 수 있는데도, 나는 그녀가 그것을 수용하든 말든 그 문제에 대해 책임이 없다고 믿고 있었다. 내가 이르마에게 꿈속에서 한 말로부터 그녀가 아직 고통을 느끼고 있는 데 대해 내가 책임지지 않기 위해 노심초사한다는 점을 알 수 있다.

③ 이르마의 고통 호소: "제가 목, 위장, 그리고 복부가 얼마나 아픈지나 아세요? 목을 죄는 것 같습니다." 위장의 고통은 이르마의 증상 중 하나였지만 심한 것은 아니었다. 그녀는 실제로 구토와 메스꺼움을 더욱 불평했다. 목과 복부, 그리고 목이 죄는 통증은 이르마의 질환이 아니었다. 왜 내가 꿈속에서 그런 증상을 선택했는지 그 당시 나는 이해할 수 없었다.

④ 그녀에게 기질적 문제가 있는데 내가 간과한 것이 아닌지 생각해 보았다. 이런 우려는 신경증 환자를 우리처럼 치료하는 전문가에게는 언제나 따라다닌다. 우리는 다른 의사들이 기질적 질환이라고 취급하는 증상을 히스테리아라고 간주하는 습관이 있다. 실제로 위장에 탈이 나서 아픈 증상을 정신적 요인으로 잘못 진단할 위험이 정신치료에는 상존하는 것이다. 그러나 이런 걱정은 꿈의 이 부분에 담긴 진정한 의미가 아니다. 만약 이르마의 통증이 기질적 근거에서 나온 것이라면, 나는 그것을 치료할 책임이 없는 것이다. 나는 히스테리성 통증만을 치료한다. 차라리 내가 잘못 진단하였기를 바라고 있었다는 생각이 떠오른다. 그러면 치료를 실패한 것에 대한 비난으로부터 벗어날 수 있을

것이다.

⑤ 나는 그녀를 창가로 데려가 목을 벌리게 하여 들여다보려 한다. 그녀는 틀니를 한 여자들이 입을 벌리기를 싫어하듯이 내 요구에 반항한다. 나는 실제로는 이르마의 구강을 조사한 적이 없다. 이 장면은 나에게 다른 기억을 불러일으켰다. 나는 입주 가정교사의 구강을 검사한 적이 있다. 그녀는 젊고 아름다웠지만, 입을 벌리게 하자 의치를 숨기려고 하였다. 이것은 다시 다른 장면을 회상하게 하였다. 이르마는 친한 친구가 있었는데 나는 그 친구를 높이 평가했다. 내가 어느 날 저녁 그 친구를 방문했을 때 꿈속의 상황처럼 그녀는 창문 옆에 서 있었다. 그녀의 주치의인 M은 그녀에게 디프테리아성 막이 있다고 단언했다. 그녀의 증상에 대해서는 나는 잘 모르지만, 확실한 한 가지는 그녀도 꿈속의 이르마처럼 히스테리성 목졸림으로 고통을 겪고 있다는 것이다. 꿈속에서 나는 이르마를 그녀의 친구로 대치했다. 이르마는 이르마가 아니라 그녀의 친구인 것이다. 지금 나는 다음 기억이 떠올랐다. 나는 이르마의 친구가 나에게 와서 자신의 증상을 해소해 달라고 부탁하는 상상을 떠올리며 놀았던 것이다. 왜 나는 이르마를 그녀의 친구로 바꾸어 놓은 것인가? 나는 그녀의 친구가 더 지성적 인간이라는 생각 때문에 그 친구에게 더욱 호감이 있었다. 그 친구는 더 현명하여 내가 제시한 치료 방법을 수용했을 것이다.

⑥ 나는 이르마의 목에서 하얀 반점과 회백색 딱지를 발견한다. 하얀 반점은 디프테리아를 연상케 한다. 그와 함께 이르마의 친구, 그리고 2년 전 나의 큰딸이 앓았던 심한 병과 그 시기의 공포를 떠올리게 한다. 하얀 딱지는 내 건강에 대한 염려를 불러일으킨다. 나는 그 당시 자주 코카인을 사용하여 코의 염증을 가라앉혔는데, 며칠 전 나처럼 치

료한 여자 환자 한 사람이 부작용으로 코 점막이 마비되었다는 소식을 들었다.

⑦ M은 창백하고 절뚝거리고 턱에 수염도 없다. 그는 안색이 좋지 않아 자주 친구들이 걱정한다. 그런데 뒤의 두 특징은 다른 사람의 것이다. 외국에 살고 있는 형이 떠오른다. 그는 턱수염을 말끔하게 깎고, 꿈에 등장하는 M과 전체적으로 비슷하게 생겼다. 형은 엉덩이 관절염 때문에 다리를 전다는 것을 며칠 전에 들었다. 내가 두 사람을 꿈속에서 하나로 융합하는 데에는 이유가 있다. 나는 최근 두 사람에게 어떤 제안을 했는데, 둘은 비슷한 이유로 거절하여 나는 그들에게 짜증이 나 있었다.

⑧ M은 말한다. "감염된 것이 확실해. 그러나 심하지는 않아. 곧 이질이 따라와서 독소는 배출될 거야." 이질은 설사를 동반한다. 꿈에서 M은 설사가 독소를 배출하여 감염 문제가 해결될 것이라고 한다. 이것은 의학 이론상 어처구니없는 주장이다. 나는 M이 그런 말을 하게 하여 M의 실력을 조롱하려고 한 것은 아닐까? 의사 M은 이르마처럼 내가 이르마에게 제시한 치료방법에 동의하지 않았다. 나는 히스테리를 잘 모르는 동료 의사를 조롱하고 싶었던 것이다.

⑨ 그런 주사를 그렇게 경솔하게 취급하다니. 부주의에 대한 비난은 내 친구 오토를 향하고 있다. 오토는 전날 오후 경솔하게도 이르마 가족의 말만 듣고 나를 질책하는 듯한 어조로 말했다.]

프로이트는 꿈을 여러 개의 요소로 분해하고 각각을 해석한다. 그것을 종합하면 꿈 전체의 해석이 된다. 이 꿈의 해석을 통하여, 꿈의 의미를 프로이트는 통찰한다. "꿈의 의미^{Sinn des Traumes}란 꿈의 동기, 꿈을 통하여 꿈꾸는 사람이 획득하는 어떤 것이다." 위 꿈의 의미는 무엇인가? 프로이트는 그 꿈의 의도와 동기를 깨달았다. "꿈은 지난 날의 사건을 통하여 자극되어 일어난 어떤 소망을 충족한다. 그 꿈의 성과는 다음과 같다. 이르마에 남아 있는 통증은 나에게 책임이 없고, 오토가 책임져야 한다. 오토는 이르마가 치료되지 않았다는 언급을 하여 나를 화나게 하였고, 꿈에서 나는 그를 비난하여 꿈은 그에게 내가 복수하는 무대였다." 꿈은 사건을 실제로가 아니라 꿈꾸는 사람이 소망하는 대로 서술한다. 이런 의미에서 "따라서 꿈의 내용은 소망충족Wunscherfüllung이고, 꿈의 동기는 소망이다."(GW 2, 123) 이것이 프로이트가 밝혀낸 꿈의 비밀이다.

소망충족의 특징이 확연한 꿈도 있다. 프로이트는 어떤 종류의 꿈은 마음대로 만들어 낼 수 있다고 한다(GW 2, 128-129). 그는 저녁에 정어리나 올리브처럼 아주 짠 음식을 먹으면 밤에 갈증이 나서 잠에서 깨는데, 깨기 전에 꿈을 꾼다. [나는 물을 마시고 있다. 나는 커다란 컵으로 물을 마시고 있다.] 그는 꿈꾸고 나서 잠에서 깨면 실제로 물을 마신다. 갈증은 물을 마시고 싶은 소망을 일으키고 꿈은 그 소망을 충족한다. 꿈에서 물을 마셔서 갈증을 실제로 달래 준다면, 갈증을 해소하기 위해 깰 필요는 없다. 이런 꿈은 실제 생활에서 수행해야 하는 것들의 자리에 들어서서 꿈꾸는 사람을 일시적이나마 편하게 해 준다.

필자에게도 이런 꿈의 사례가 있다. 필자는 시간 강사 시절 부천 누나 집에서 대전의 목원대학으로 강의를 다녔다. 수업이 10시에 시작하므로 6시에 일어나 전철을 타고 영등포 역에 가서 대전으로 가는 기차에 오른다. 항상 잠이 부족하여 차만 타면 늘 졸곤 했다. 어느 날 아침 꿈속에서 필자는 이미 대전의 대학에 도착하여 강의를 하고 있었다. 낮

익은 학생의 얼굴들이 보였다. 이 꿈은 필자가 좀 더 편안히 자고 싶은 소망을 드러내고 있다.

어린아이의 꿈은 소망충족의 동기를 가장 잘 보여 준다. 그것은 단순하여 풀어야 할 수수께끼도 없다. 아동의 꿈은 꿈의 의미가 소망충족이라는 점을 입증하는 데 귀중한 보배라고 프로이트는 간주한다(GW 2, 132-135). 그는 자신의 아이들이 꾼 꿈을 분석한다. [3살짜리 딸은 아우스제Aussee의 아름다운 풍광에 자극을 받아 꿈을 꾸었다. 그는 처음으로 호수를 건넜다. 배를 타는 시간이 그에게 너무 짧아서 우리가 배에서 내릴 때 배를 떠나지 않으려고 하며 비통하게 울었다. 다음 날 딸은 말했다. "지난 밤 나는 호수를 건넜어요."]

이 꿈은 분석할 필요가 없다. 프로이트의 딸은 호수에서 좀 더 배를 타고 싶어 하였고, 그 소망은 꿈에서 충족된 것이다.

2. 꿈의 왜곡과 검열

프로이트는 모든 꿈의 의미는 소망충족이며, 그 이외의 꿈은 없다고 주장한다. 그의 의견에 처음부터 격렬한 반대가 있었다. 사람들은 프로이트에게 이렇게 반박한다(GW 2, 139). "꿈의 의미가 소망충족이라는 점은 별로 새로울 것이 없다. 그러나 모든 꿈이 소망충족이라는 주장은 정당화될 수 없는 일반화이다." 이런 반박은 극복하기 힘들어 보인다. 소망충족이 아닌 내용의 꿈을 자주 사람들이 경험하기 때문이다. 프로이트는 이 난관을 꿈의 이중 구조를 제안하며 헤쳐 나간다. 우리는 꿈꾸고 나서 아침에 내용을 기억한다. 그것은 드러난, 외현적 꿈 내용der manifeste Trauminhalt이다. 이것이 꿈의 전부도 진짜도 아니다. 진정한 꿈은 그것들 뒤에 은폐되어 있다. 이 꿈을 잠재적 꿈 사고라고 부른다. 외현적 꿈과 잠재적 꿈을 서로 비교해 보면, 외현적 내용에서 불쾌한 꿈이 존재한다는 것은 분명하다. 그러나 외현적 꿈을 해석하여 잠재적 사고 내용을 발견하면, 모든 꿈은 소망충족이라는 점을 알 수 있다고 프로이트는 확신한다(GW 2, 140). 잠재적 꿈이 외현적 꿈으로 진행하는 과정에서 왜곡이 발생하는 것이다.

왜 꿈은 원래의 형태와 다르게 출현하는 것일까? 꿈 왜곡Traumentstellung의 유래는 설명하기 위해 프로이트는 자신의 꿈을 다시 분석한다(GW 2, 142-147).

[**배경 설명:** 1897년 봄 우리 대학의 교수 2인이 나를 조교수로 추천했다는 점을 알았다. 그 소식에 나는 기뻤다. 저명 인사가 나를 인정해 준 것이기 때문이다. 그러나 나는 그것에 기대를 걸지 않았다. 지난 몇 년 동안 교육부는 그런 추천을 무시했다. 나보다 나이가 많은 동료들이 임명을 헛되이 기다리고 있었다. 내가 더 운이 좋다고 믿을 이유는 없었다. 나는 단념하며 살아가기로 결심했다.

어느 날 저녁 친구가 나를 방문했다. 그는 오랫동안 교수직에 추천되어 있었다. 우리 사회에서 교수가 되면 환자들은 반신처럼 숭배한다. 그는 나처럼 단념하는 성격이 아니어서 교육부 사무실에 들러 자주 그의 관심을 표명해 왔다. 그는 교육부 관리에게 교수 임명 연기가 후보자의 종교를 고려해서가 아니냐고 직선적으로 물었다. 그는 현 상황에서는 어쩔 수 없다는 답변만 들었다. 상황은 나에게도 마찬가지이다. 종교적 고려는 나에게도 해당되는 것이기 때문이다. 그가 방문한 다음 날 새벽에 나는 꿈을 꾸었다. 그 중 일부는 다음과 같다.

① 내 친구 R은 나의 삼촌이다. 나는 R에게 커다란 애정을 느낀다.
② R의 얼굴이 변화했다. R은 좀 길쭉하게 보이고, 수염이 황금색인데
　 그것이 눈에 잘 들어온다.

해석: 나는 삼촌이 요셉 한 분밖에 없다. 그는 불행한 사건을 겪었다. 30
여 년 전 돈을 벌다가 삼촌은 범죄 사건에 연루되어 법의 처벌을 받았
다. 나의 아버지는 요셉이 나쁜 사람이 아니라, 멍청이라고 말하곤 했
다. 만약 R이 삼촌이라면, 나는 R이 멍청이라고 말하고 싶은 것이다. 내
삼촌은 꿈속 R의 얼굴처럼 길쭉하고 수염 색이 아름다웠다. 내가 꿈속
에서 본 얼굴은 내 친구 R의 얼굴이기도 하고 삼촌의 얼굴이기도 하다.

내가 왜 R을 멍청이 요셉 삼촌과 비교하였는가? 삼촌은 범죄인이지만,
R은 법을 어긴 적이 없다. 이때 나는 며칠 전 또 다른 동료 N과 나눈 대
화가 기억이 났다. 나는 N을 거리에서 만났다. 그 역시 교수 자리에 추
천되어 있었다. 그는 내가 추천된 것을 알고 축하해 주었다. 나는 주저
없이 축하받기를 거부했다. "농담하지 마세요. 당신은 그 추천의 가치
를 몸소 체험하지 않았습니까?" 그는 별로 진지하지 않게 답했다. "알 수
없는 일이지요. 저에게는 다른 특별한 점도 있습니다. 어떤 사람이 저를
고소한 일을 알고 계시지요? 그것은 완전히 모함이었습니다. 교육부는
이 사건을 활용하여 저를 임명하지 않으려고 합니다. 당신은 경력이 깨
끗하지 않습니까?" 이제 나는 꿈의 목적, 의미를 해석할 수 있게 되었다.
꿈은 요셉을 통하여 내 동료 두 사람이 교수로 임명되지 못한 이유를 표

출하는 것이다. 한 사람은 멍청이고, 다른 한 사람은 범죄자이다. 이제 나는 왜 그들이 그렇게 꿈에서 묘사되고 있는지 알게 되었다. 만약 나의 동료, R과 N이 종교적 이유에서 교수로 임명되지 못했다면, 나도 그렇게 될 것이다. 그러나 내가 두 동료의 임명 거부가 다른 이유 때문이라고 간주할 수 있고, 그 이유가 나에게는 해당하지 않는다면, 나에게 희망은 있는 것이다. 이것이 내 꿈이 채택한 전략이다. 꿈은 R을 멍청이로 만들고, N을 범죄자로 만든다. 나는 둘 중 어떤 것도 아니므로, 두 사람과 공통점이 없다. 나는 교수 임명을 기대해도 좋다.

나는 이 꿈 해석을 좀 더 진행해야 한다. 아직 해석하지 않은 부분이 있다. R이 나의 삼촌이라는 생각이 든 후, 나는 꿈속에서 삼촌에게 깊은 애정을 느꼈다. 그런 감정은 어디에서 오는 것일까? 나는 삼촌 요셉에게 실제로는 그런 감정을 품은 적이 없다. 친구 R도 좋아하고 존경하지만, 그런 애정의 감정은 전혀 아니다. R에 대한 나의 감정은 진정한 것이 아니라 과장된 것이라는 생각이 들었다. 새로운 빛이 비추기 시작했다. 꿈에서 애정은 꿈 배후에 놓여 있는 잠재적 내용이 아니다. 그것은 오히려 잠재적 내용과 모순되며 꿈의 해석을 방해하고 있다. 꿈 사고는 R이 멍청이라는 주장이다. 내가 R에 대해 느낀 애정은 잠재적 꿈 사고(der latente Traumgedanke)에서 유래한 것이 아니라, 내가 그것을 은폐하려는 악전고투의 산물이다. 꿈에서 겉으로 나타나는 애정은 왜곡의 목적에 봉사한다. 나의 꿈 사고는 R에 대한 경멸을 포함한다. 나는 이점을 깨닫지 않고 위장하기 위해 애정의 느낌에 도달한 것이다.]

이 꿈에서 왜곡된 점은 프로이트가 R에 대해서 갖는 감정이다. 외현적 꿈의 내용에서 프로이트는 R에 애정을 느끼고 있지만, 잠재적 꿈 사고에서는 반대로 프로이트는 R을 멍청하다고 생각하고 있다. 꿈은 이렇게 왜곡되었다.

R은 멍청하다(잠재적 꿈 사고) → R을 사랑한다(외현적 꿈 내용).

실제로 프로이트는 R을 존경하고 있는데 왜 꿈(잠재적 꿈 사고)에서 그를 그렇게 폄하해야 할까? 이 질문은 꿈의 의미, 의도, 동기를 묻고 있다. 프로이트는 R과 자신을 차별화하여 교수가 되고 싶은 소원을 꿈에서 성취한다.

꿈 왜곡을 고려하면 고통스런 내용의 꿈을 소망충족으로 해석할 길이 열린다. 프로이트는 우리에게 심리적 기관이 두 개 있다는 가정을 염두에 두고 다음과 말한다(GW 2, 151). "고통의 꿈은 사실상 두 번째 기관에 고통스러운 것을 포함하고 있으며, 동시에 첫 번째 기관의 소망을 충족한다. 모든 꿈은 첫 번째 기관에서 출발한다는 점에서 꿈은 소망충족이다." 첫 번째 기관은 정신 장치 중 무의식의 체계이며, 두 번째 기관은 의식의 체계이다. 모든 꿈은 무의식의 기관에서는 소망충족이다.

프로이트는 고통스런 내용의 꿈을 분석한다(GW 2, 151-153). 여자 환자의 꿈이다.

[나는 저녁 식사에 손님을 초대하고 싶었다. 집에 훈제 연어 조금 말고는 아무것도 없어서 음식 재료를 사러 외출하려고 생각했다. 그러나 그날이 일요일 오후라서 모든 상점이 문을 닫았다는 생각이 들었다. 그래서 나는 음식 배달점으로 전화를 걸었다. 그러나 전화가 고장이 났다. 그래서 나는 만찬을 열려던 소원을 포기했다.]

환자에게는 바짝 마른 여자 친구가 있다. 환자의 남편은 여자의 풍만한 몸매를 선호하지만 웬일인지 그 여자를 칭찬하여 환자는 친구에게 질투를 느끼고 있었다. 만약 환자가 친구를 집에 초대하여 잘 먹이면 친구가 살이 찔 수 있다. 프로이트는 환자의 꿈 사고에 친구가 풍만하게 되지 않기를 바라는 소망이 담겨 있음을 분석한다. 이 꿈은 외현적 꿈 내용에서는 고통스런 내용이 담겨 있지만 진정한 꿈에서는 환자의 질투를 충족하고 있는 것이다. 꿈 왜곡을 고려하면, 꿈의 본질을 표현하는 프로이트의 공식은 다음처럼 수정된다. "꿈은 (억제되고, 억압된) 소망의 (위장된) 충족이다."(GW 2/3, 166)

꿈 왜곡은 우리에게 꿈을 낯설고 이해할 수 없게 만든다. 꿈 왜곡은 어디에서 올까? 꿈 왜곡을 통하여 무엇이 달성되는가? 프로이트는 이것을 물으며 꿈 검열이란 개념에 도달한다. 꿈을 소설 작품이라고 간주하자. 보통 소설의 저자는 하나이지만 꿈 소설의 저자는 둘이다. 프로이트는 두 저자를 기관Instanz, 심리적 위력Macht, 흐름Strömung, 체계System라고 부른다(GW 2, 149-150). 그중 하나의 힘은 소망을 형성하여 꿈을 통하여 표출하며, 다른 한 힘은 꿈의 소망에 검열을 행사한다. 이 검열을 통하여 소망의 표현에 왜곡이 일어나는 것이다.

검열의 사례로 프로이트는 다음을 제시한다(GW 11, 137-138). 이 꿈은 원저자가 품고 있는 소망을 꿈에 그대로 표출하지 못하고, 제2 저자의 검열을 거친다. 다음은 빈의 교양 있는 부인(50세)의 꿈이다.

[그녀는 육군 병원에 가서 보초에게 말했다. "병원에서 자원봉사를 원하기 때문에 병원장을 만나고 싶다." 그녀는 봉사라는 말을 사랑봉사를 의미하도록 발음했다. 그 부인은 장교들과 군의관들에게 말했다. "나와 많

은 빈의 여자들이 장교와 병사, 상하 계급의 구분 없이 모든 장병들에게 준비가 되어 있다." 여기서 잠시 웅성거리는 소리들이 뒤를 이었다. 선임 군의관이 그녀의 허리에 팔을 두르면서 말했다. "부인 실제로 그렇게 된다고 생각해 보세요." (웅성거림) 부인은 남자들이란 다 똑같다고 생각하며 말했다. "저는 나이 든 여자입니다. 저는 그렇게 할 수 없습니다. 나이가 고려되어야 하지요. 나이 든 여자가 팔팔한 젊은 남자와 … (웅성거림) 그건 정말 끔찍하겠지요."]

이 꿈은 프로이트의 분석을 읽지 않아도 누구나 해석할 수 있을 것이다. 부인의 상상은 장교와 사병을 막론하고 군인들에게 사랑의 욕구를 만족시키기 위하여 자신의 몸을 바칠 각오가 되어 있다는 것이다. 이것은 음란한 리비도 환상의 전형이다. 왜 이 꿈에는 그 부인이 기억하지 못하는 빈 곳과 제대로 듣지 못하게 하는 웅성거림이 생겼을까? 프로이트는 꿈의 검열을 언론의 검열과 비교한다. 언론 검열을 받아 신문의 정치면이 군데군데 본문 내용이 삭제되어 버리고 그 자리에는 하얀 백지가 대신하고 있듯이, 꿈에서도 음란한 내용은 억압되어 빈 곳과 웅얼거림이 들어간 것이다. 이렇게 신문의 텅 빈 곳에는 원래 검열 관청의 눈에 들지 않는 무언가가 있었을 것이고, 꿈에는 꿈꾸는 사람의 마음에 들지 않는 내용이 있었을 것이다.

꿈 검열이 제압하고자 하는 의도는 비난받을 성질이다. 그것은 윤리적·미적·사회적 관점에서 너무나 추잡하여 사람들이 감히 생각조차 하지 않으려는 것이다. "꿈속에서 검열받는 의도는 즉 왜곡된 표현으로 나타나는 소망은 무절제한 이기주의의 발로이다."(GW 11, 142-143) 프로이트는 꿈속에서도 억압되는 사악한 의도는 두 가지라고 주장한다. 하나는 무절제한 성적 욕구, 리비도이다. 리비도는 타인의 아내뿐만 아니라 가족까지도 성적 대상으로 삼는다. 다른 하나는 한계 없는 증오이다. 인간은 자신의 길에 방해가 된다면 가족마저도 죽기를 바랄 수 있다.

꿈 왜곡의 강도는 사람마다 다를 것이다. 프로이트는 그것이 두 가지 요인에 비례한다고 생각한다(GW 11, 144). 검열받는 욕망이 나쁘면 나쁠수록, 검열의 요구가 강하면 강할수록 꿈 왜곡은 더 커진다는 것이다. 다시 말해 사회적, 도덕적, 미학적 관점에서 추잡한 것을 바라면 바랄수록, 꿈꾸는 이의 도덕관이 엄격할수록 꿈 검열은 더욱 강하게 되는 것이다.

프로이트는 꿈의 연구를 통하여 무의식에 대한 새로운 통찰을 얻었다. 꿈은 우리가 자주 꾸며 검열이 빈번히 발생한다는 점에서 무의식의 심리 과정은 일정한 순간에만 존재하는 일시적 현상이 아니라는 점을 알 수 있다. 정신에는 우리가 오랫동안 의식하지 못하는 의도와 과정이 존재한다. 무의식은 꿈의 해석 과정에서 새로운 의미를 얻게 되었다. 무의식은 일정한 순간에만 존재하는 일시적 현상이나 상태가 아니라, 의식되지는 않지만 지속하는 하나의 심리적 힘이다.

사회생활에서도 심리적 행위의 왜곡을 발견할 수 있다. 두 사람의 행동에서 한 사람은 힘을 가지고 있고, 다른 한 사람은 그 힘을 고려해야 하는 관계라고 하자. 약자는 강자에게 강한 분노를 느낄 때 분노를 의식하면서도 거짓으로 존경을 표현한다. 어떨 때는 분노를 억압하여 약자는 자신이 분노하는 줄도 모르고 강자를 숭배하기도 한다. 이런 과정으로 독재 국가의 시민들은 지배자를 받들어 모시는 것이다.

프로이트는 예절에도 그런 위장의 측면이 있음을 지적한다. 우리는 타인에게 경멸이나 분노 같은 부정적 태도를 보이지 않고, 품위 있게 처신하고자 한다. 예절을 실천할 때 우리가 드러내고 싶지 않은 소망은 억압된다. 프로이트는 독자에게 자신의 꿈을 해석할 때도 그런 왜곡이 일어난다는 점을 솔직히 인정한다(GW 2, 147). 꿈의 소망이 너무나 반사회적이거나 반도덕적일 경우 프로이트는 자신도 모르게 독자에게 그것을 은폐하는 것이다. 이런 무의식적 은폐와 왜곡은 모든 형태의 고백, 고해성사, 자서전 같은 데서도 일어난다.

3. 꿈의 재료와 전형적 꿈

식당에 가면 음식 재료의 원산지 표기를 본다. 쇠고기는 호주산, 고추는 중국산, 배추는 한국산 등등. 소설은 작가의 경험을 가공한 것이 많다. 작가의 고향이 경주라면 경주의 거리가 소재가 되고, 작가의 직업이 항해사라면 바다가 소재가 된다. 꿈을 단편 소설이라고 생각해 보자. 꿈의 재료는 어디에서 올까? 그것은 꿈꾼 사람의 경험에서 온다고 우리는 추측할 수 있다.

프로이트는 꿈의 재료에 관한 여러 학자들의 연구를 종합한다. 꿈 재료의 유래에 관한 물음을 통해 그는 꿈이 각성상태의 삶과 어떤 관계가 있는지를 알게 된다. 여기서 꿈은 실제로 우리가 꾸는 꿈, 즉 외현적 꿈 내용이다(GW 2/3, 170). 잠재적 꿈 사고는 외현적 꿈으로부터 우리가 추리하는 것이지, 실제로 그런 꿈을 우리가 꾸지는 않는다.

첫째, 꿈의 재료는 최근의 경험에서 온다. 프로이트는 꿈에 등장하는 요소들은 바로 전날의 체험과 연관이 있다고 한다. 앞 장에서 필자는 프로이트가 분석한 두 개의 꿈, 즉 이르마 주사의 꿈과 노랑 수염을 가진 삼촌의 꿈을 설명하였다. 두 경우 모두 꿈과 그 전날의 연관이 명백하였다.

둘째, 꿈의 재료는 아주 어린 시절의 체험이다(GW 2/3, 195). 꿈에는 아주 어린 아이 시절의 인상들이 나타날 수 있다. 그 인상들은 각성 시 삶에서는 기억할 수 없는 것이다. 예를 들어 어떤 남자는 20년 전에 떠난 고향을 방문하기로 하였다. 여행을 출발하기 전날 그는 꿈을 꾸었다. [그는 전혀 모르는 지역에 있었고, 그 거리에서 낯선 남자와 만나 대화를 나누었다.] 그가 고향에 도착해 보니 꿈속에서 전혀 몰랐던 지역은 고향 근처에 실제로 있었고, 대화를 나눈 남자는 아버지의 친구였다. 그는 어린 시절 실제로 그 장소와 그 남자를 보았던 것이다.

셋째, 꿈의 재료는 모든 사람에게 공통적인 보편적 체험에서 유래한다. 지금까지 프로이트가 분석한 꿈은 재료가 꿈꾼 사람에게 특유한 경험에서 온다. 그래서 그 꿈을 해석하려면 꿈꾼 사람이 꿈의 배후에 깔려 있는 경험과 무의식적 사고를 분석가에게 전달해 주어야 한다. 꿈은 각자 특유한 방식으로 꿈의 세계를 꾸미는 무대이므로, 타인이 꿈을 이해하기 힘든 것이다. 이런 꿈과 달리 어떤 꿈들은 거의 모든 사람이 동일한 방식으로 꿈을 만든다. 그런 꿈을 전형적 꿈typischer Traum이라고 한다(GW 2/3, 247). 전형적 꿈은 모든 사람에게 공통적인 체험이나 환상, 소망에서 유래한다고 프로이트는 추측한다.

프로이트는 전형적 꿈에 관한 아주 다양한 종류와 사례를 확보하고 있다. 필자는 그중 나체 꿈과 소중한 사람의 사망에 관한 꿈만 여기서 살펴보도록 한다.

(1) 옷을 벗은 상태라서 당황하는 꿈

이것은 내용이 타인 앞에서 옷을 벗고 나체로 있거나 제대로 옷을 갖추어 입고 있지 않은 꿈이다. 그런 꿈 중에서 꿈꾼 사람이 그 점에 대해 수치를 느끼지 않기도 한다. 그런데 나체 꿈에서 전형적인 꿈은 수치와 당황을 느끼는 것이다(GW 2/3, 247-248). 수치를 느껴 장소를 이동하여 나체 상태를 숨겨 보려 하지만 그렇게 할 수 없어서 당황하는 내용이 포함되어 있다.

프로이트는 신경증 환자의 나체 꿈은 재료의 원천이 어린 시절의 기억이라는 점을 지적한다(GW 2/3, 249-250). 우리가 옷을 제대로 갖추어 입지 않고도 식구들이나 방문자들 앞에 부끄럽지 않을 수 있었던 시기는 아주 어린 시절뿐이다. 실제로 많은 아이들은 옷을 벗으면 수치를 느끼는 대신 열광한다. 아이들은 웃고, 이리저리 뛰어다니고, 자신의 신체를 두드린다. 그러면 어머니나 그것을 보는 사람이 지적한다. "그건 창피한 일이다. 그러면 안 돼." 프로이트는 여기서 아이들의 노출충동Exibitionsgelüst을 발견한다. 2, 3살짜리 아이들은 마을을 다니며 사람들 앞에서 자신의 속옷을 들춰 신체를 노출하며, 프로이트의 환자 한 사람은 8살 때 옷을 벗고 속옷 차림으로 춤추면서 여동생 방으로 가려다가 하녀에게 저지당한 일을 기억하고 있었다. 신경증 환자의 어린 시절의 역사에는 다른 성의 아이 앞에서 옷을 벗는 체험이 중요한 역할을 담당하고 있다. 신체의 노출은 성적 성격을 가지고 있는 것이다.

사람들은 수치가 없었던 어린 시절을 나중에 낙원이라고 회고한다. 프로이트에 따르면 실제로는 우리에게 그런 낙원은 존재하지 않았다. 어린 시절을 낙원이라고 여기는 것은 어린 시절에 관한 집단 환상Massenphantasie이다. 어쨌든 벌거벗고 지내며, 서로에게 수치를 느끼지 않았던 어린 시절을 낙원이라고 인간은 믿기 때문에, 이런 낙원으로 꿈은 우리를 다시 데려가는 것이다. 따라서 나체 꿈은 소망충족의 꿈, 성적 충동이 충족되는 노출-꿈Exititionsträumen이다(GW 2/3, 250).

전형적 나체 꿈은 노출 꿈이면서 거기에 억압이 표출되어 있다. 꿈에 포함되어 있는 당황스럽고 어쩔 줄 모르는 난감함의 고통스런 감정은 억압의 결과로 생긴 산물이라고 프로이트는 지적한다. 나체 꿈에서, 무의식(제1 심리체계)은 노출을 의도하지만, 검열(제2 심리체계)은 억누르려고 한다(GW 2/3, 251). 나체 꿈에 들어 있는 고통의 정서는 노출광경을 비난하는 제2 심리체계의 반응인 것이다. 만약 이런 억압과 검열이 없었다면 꿈꾼 이가 꿈에서 옷을 벗었기에 당황하거나 그 상태를 숨기려고 하지 않았을 것이다.

프로이트는 계단을 바삐 올라가다가 층계에 얼어붙어 버리는 자신의 꿈을 노출 꿈의 사례로 분석한다(GW 2/3, 244-246).

[나는 옷을 제대로 갖춰 입지 않고 일층에서 이층으로 계단을 올라간다. 나는 세 계단을 한꺼번에 오른다. 갑자기 하녀 한 사람이 계단을 내려온다. 나를 향해 다가온다. 나는 부끄러워서 서둘러 가려고 한다. 그런데 저지당한 상태Gehemmtsein가 된다. 나는 계단에 붙어서 그 자리를 떠나지 못한다.]

꿈의 상황은 프로이트의 일상적 현실이다. 그는 빈에서 2층으로 구성된 2가구 주택에 살았다. 그 집은 옥외의 계단으로 연결되어 있다. 1층에 진료실과 연구실이 있고, 2층은 살림집이다. 프로이트는 늦은 시간 일을 마치면, 그 계단으로 올라 침실로 간다. 꿈꾼 날 저녁에도 그는 이 짧은 길을 옷깃, 넥타이, 소매를 풀고 올라갔다. 몇 계단씩 뛰어 오르는 것도 그의 습관이다. 계단을 오르는 것은 성행위를 암시한다. 하녀 앞에서 옷을 벗고 수치를 느낀다는 것도 성적 의미를 담고 있다. 꿈속의 하녀는 프로이트가 왕진차 방문하는 노부인의 집에 근무하는 여자이다. 어느 날 그녀는 프로이트에게 침을 계단에 뱉지 말라고 불평하면서 이렇게 말했다. "의사 선생님, 오늘 방에 들어오시기 전에 구두를 깨끗이 했으면 좋았잖아요. 붉은 양탄자가 선생님 발자국으로 완전히 더러워졌어요." 이 하녀는 프로이트의 어린 시절 유모를 떠올리게 한다. 붉은 양탄자를 발로 밟아서 더럽힌다는 하녀의 말에서 프로이트는 성적 의미를 들었을 것이고, 그 말은 프로이트에게 예전에 자신이 유모에 대해서 가졌던 성적 태도를 자극하였다. 이것이 재료가 되어 프로이트는 옷을 벗고 계단을 오르다가 하녀를 만나 당황하는 노출 꿈을 꾸게 된 것이다. 이 꿈은 프로이트가 어린 시절의 하녀에 대해 품고 있었던 성적 소망을 표출한다.

(2) 소중한 사람의 사망에 관한 꿈

이것은 내용상 소중한 가족, 부모, 형제, 아이 등이 죽는 꿈이다. 프로이트는 이 꿈을 두 종류로 나눈다. 한 부류는 이런 내용의 꿈을 꾸면서도 꿈꾼 이가 꿈속에서 비탄에 빠지지 않으며, 깨어나서 왜 자신이 슬퍼하지 않았는지 난감해 한다. 다른 부류는 꿈꾸는 사람이 꿈속에서 사망 사건에 대해 격렬한 고통을 느끼며 울면서 자신을 표현한다.

첫 번째 종류의 꿈은 전형적이라고 분류할 필요가 없다. 그런 꿈은 분석해 보면 외형상의 의미와 다른 어떤 의미가 있으며, 그 진정한 의미를 숨기고 있기 때문이다. 예를 들어 이모는 조카가 죽기를 바라는 꿈을 꾸었지만, 이모는 조카의 죽음을 슬퍼하지 않는다. 이 꿈은 조카가 정말 죽기를 바라는 꿈이 아니다. 이모는 어떤 남자를 좋아하고 있고 오랫동안 그를 만나지 못했는데, 그녀는 아이가 죽으면 그가 장례식에 올 것이라고 기대하고 있다. 이모는 그 남자를 만나고 싶은데 그것을 위장하느라 아이가 죽은 것이다. 이 꿈의 진정한 내용은 이 소원이므로 꿈꾼 사람이 비탄에 빠질 이유가 없었던 것이다.

프로이트는 여기서 중요한 점을 지적한다. [꿈에 포함되는 감정은 외현적 내용에서 나오는 것이 아니라, 잠재적 내용에서 유래하므로, 꿈에 담겨 있는 정동의 내용Affectinhalt은 왜곡되지 않고 있다.](GW 2/3, 254) 꿈에서 정서의 표현은 왜곡될 수 있으나 정서 자체는 그대로라는 것이다. 우리는 경멸하는 사람에게도 예의를 갖추어 말한다. 이럴 경우 표현은 원래의 마음을 왜곡하였지만, 그렇다고 경멸의 정서가 바뀌는 것은 아니다. 이렇게 정서의 내용은 꿈에서도 왜곡되지 않는다.

두 번째 종류의 꿈에서는 사랑하는 가족의 죽음이 표상되고, 그 때문에 고통스런 정서가 확인된다. 이 꿈은 내용이 말하듯이 당사자가 죽었으면 하는 소원이다. 누군가가 어머니, 아버지, 형제, 자매가 죽는 데에 고통을 표출하는 꿈을 꾼다 해도 그가 지금 그들의 죽음을 소망하는 것은 아니다(GW 2/3, 255). 프로이트는 꿈꾼 이가 가족 구성원이 죽기를 바랐지만 그때는 어린 시절이라고 추리한다. 그렇다고 해서 이와 유사한 꿈을 꾼 사람들은 반발감정을 누그러뜨리지 않을 것이므로, 프로이트는 이런 꿈을 철저하게 다룬다. 먼저 형제가 죽는 내용의 꿈부터 시작한다(GW 2/3, 256-261).

보통 사람들은 아이들 형제 사이의 관계가 그냥 사랑의 관계라고 전제한다. 프로이트는 완전히 다른 의견이다. 사람들은 어른이 되면 형제가 서로 사랑하며 살아가지만, 어린 시절에는 대개 서로 적대하며 지냈다는 것이다. 형은 동생을 괴롭히고, 장난감을 빼앗으며, 반면 동생은 형에 대해 무력한 분노를 삼키며, 형을 부러워하고 두려워한다. 프로이트가 보기에 아이는 완전히 이기적 존재이다(GW 2/3, 256). 아이는 자신의 욕구를 강렬하게 느끼고, 다른 형제를 고려하지 않고 그것을 충족하려고 한다. 아동기의 후반부에 이타적 경향과 도덕이 자라나지만, 아동기는 대부분 도덕이 없다.

많은 사람들은 현재 형제를 사랑하고, 그들이 죽으면 몹시 슬퍼한다, 그러나 예전에는 형제가 나쁜 소원을 무의식에 품고 있었다. 이런 이유로 그 소망이 꿈에서 실현될 수 있다고 프로이트는 본다. [3살 이전의 아이가 동생에게 어떤 태도를 취하는지 살펴보자. 아이는 혼자였는데 어느 날 황새가 새로운 아이를 물어 왔다는 이야기를 듣는다. 아이는 새로 태어난 동생을 보고 힘주어 말한다. 황새는 이 아이를 다시 데려가야 한다.](GW 2/3, 257) 아이는 동생의 탄생으로 어떤 손해를 볼 것인지 평가할 줄 안다고 프로이트는 확신한다. 이 시기의 아이들은 질투심Eifersucht을 강하고 분명하게 느끼고 있다.

프로이트는 조카를 관찰한다(GW 2/3, 258-259). 그 남자 아이는 18개월까지 동생이 없어서 부모의 사랑을 독차지했다. 그는 여동생이 태어나자 두 살 때까지 동생을 비난하는데 오로지 그의 언어 능력을 활용했다. 오빠는 불쑥 대화에 끼어 들어와 "너무 작아, 작아"라며 여동생을 흉본다. 그는 여동생이 이가 없다는 점을 자주 기억시키려고 한다.

위의 설명을 들으면 사람들은 아이들이 다른 형제들에 대해 적대감을 품는다는 점은 인정할 수도 있다. 그러나 그렇다고 형제가 죽기를 바란다는 점은 여전히 납득하지 못할 것이다. 아이들에게 죽음의 의미는 우리와 다르다. 아이들은 어른들이 죽음에서 표상하는 시체가 썩는 전율, 싸늘한 무덤의 냉혹성, 무의 공포를 전혀 알지 못한다(GW 2/3, 261). 죽음의 공포가 낯설기 때문에 아이들은 죽음이라는 소름끼치는 말을 가지고 놀며 다른 아이에게 말한다. "네가 한번만 더 그렇게 하면 죽을 거야." 8살 난 아이는 자연사 박물관을 구경하고 나서 어머니에게 이렇게 말한다. "엄마, 엄마를 정말 사랑해. 엄마가 죽으면, 엄마를 박제해서 여기 방에 세워 놓고 언제나 볼 거야." 죽음을 앞두고 얼마나 고통을 겪는지 아이는 알지 못한다. 프로이트는 아이에게 죽는다는 것은 그냥 떠난다는 것, 살아 있는 사람을 방해하지 않고 멀리 가 버리는 것 fortsein과 다를 것이 없다는 점을 인식한다(GW 2/3, 261). 아이가 다른 아이의 부재를 소망할 이유가 있으면, 이 소망은 그가 죽기를 바란다는 형태로 별다른 위장 없이 표출되는 것이다.

아이가 형제에 대해서 품는 사망의 소원을 아이의 이기주의적 태도를 통하여 설명할 수 있다. 그러나 부모에 대한 죽음의 소망Todeswunsch은 어떻게 설명될 수 있을까? 부모는 아이에게 사랑을 베풀어 주고 욕구를 채워 준다. 아이가 정말 이기적 존재라면 아이는 부모의 죽음이 아니라 생존을 오히려 소망해야 할 것 같다. 프로이트는 이 난문을 부모에 대한 사랑과 증오의 이중적 태도를 통하여 해결하려 한다(GW 2/3, 262). [성적 사랑이 아주 어린 나이에 싹터서, 아들은 아버지를, 딸은 어머니를 경쟁자로 여기고, 경쟁자를 제거하는 것이 아이 자신에게 유리하다고 생각한다.] 이것은 오이디푸스 콤플렉스이다. 아이가 부모의 한편은 사랑하고, 다른 한편은 죽이고 싶도록 증오한다는 가정은 매우 충격적 상정이라서 지금까지도 이 때문에 많은 사람들은 프로이트의 이론에 거부감을 느끼고 있다. 그는 부모의 죽음에 관한 꿈은 꿈꾸는 사람과 성별이 같은 부모에게 향한다는 점을 많이 관찰한다. 아들은 아버지의 죽음을, 딸은 어머니의 죽음을 소망한다는 것이다.[80]

프로이트는 젊은 남자의 무의식적 정신생활을 분석하여 아버지에 대한 증오를 발견한다(GW 2/3. 266).

[그는 강박신경증으로 거의 생활이 불가능했다. 그는 길거리로 나가면, 마주치는 모든 사람을 자신이 살해할 것이라는 불안 때문에 외출을 할 수가 없었다. 시내에서 살인 사건이 벌어지면, 범인이 자신이라는 고발이 들어올 경우를 대비하여 알리바이를 준비하는 데 하루 종일을 보내곤 했다.]

프로이트는 분석을 통하여 이러한 고통스런 강박 표상의 근거는 지나치게 엄격한 그의 아버지에 대한 살해소망인데, 그것이 타인에 대한 공포의 형태로 전이되었다는 점을 발견한다. 불안은 소망 때문에 생기는 경우가 많다. 환자는 아버지를 살해하고 싶은데 그렇게 하면 안 된다는 생각도 가지고 있다. 그래서 그는 아버지를 혹시 살해할까 두려워하는 것이다. 불안의 원래 대상은 아버지인데, 아버지로부터 불안은 분리되어 다른 사람과 결합한다. 이런 식의 자리바꿈을 전이[Übertragung/]

---

80 [내 친척의 8살짜리 딸은 엄마가 식탁에서 자리를 비우면, 자신을 어머니의 후계자라고 선포한다. "지금부터 내가 어머니이다. 카를, 야채 더 먹을래?" 똑똑한 4살짜리 소녀는 직선적으로 말한다. "엄마가 멀리 가 버리면, 아빠는 나와 결혼해야 해. 나는 아빠의 아내가 될 거야." 어린 남자 아이는 아버지가 여행하는 동안 어머니 옆에서 자는 기회를 가지고 있다가, 아버지가 돌아와 그 자리를 빼앗겨야 한다면, 아이는 아버지의 부재를 소망할 수 있는 것이다. 이런 소망은 아버지가 죽어야 달성되는 것이 아이에게 명백하다. 할아버지의 경우처럼 죽은 사람은 영원히 돌아오지 못한다는 점을 아이는 알고 있는 것이다.](GW 2/3. 264-265)

transference라고 부른다. 직장에서 상사에게 무안을 당한 회사원은 집으로 돌아오는 길에 쓰레기통을 걷어찬다. 원래 분노는 직장 상사에게 부착되어 있던 것이다. 불안은 원래 대상으로부터 분리되어 어떤 경우에는 강아지에게, 또는 아내와 새로 결합한다. 모두 다 전이의 사례이다.

부모는 신경증 환자의 유년 시절 정신생활에 중요한 영향을 준다는 점을 프로이트는 많은 분석적 경험에서 추론한다. 부모의 한편에 대한 사랑, 다른 한편에 대한 증오는 신경증의 재료가 된다. 이런 태도는 신경증 환자만이 취하는 것일까? 프로이트는 그렇게 생각하지 않는다. 부모에 대한 애정적 그리고 적대적 소망이 정상인에게도 일어나는데 신경증 환자의 어린 시절의 경우 더 크기 때문에 잘 보일 뿐이다.

프로이트는 고대인도 부모에 대한 아이의 복합적 태도를 알고 있었다고 본다. 왜냐하면 그런 인식이 전설에 남아 있기 때문이다(GW 2/3, 267-268). 그는 오이디푸스의 왕König Ödipus의 전설을 생각한다. 이 전설은 여러 작품의 소재가 되었는데, 프로이트가 관심을 두는 작품은 소포클레스Sophokles가 쓴 같은 이름의 연극이다.

[오이디푸스는 테베의 왕 라이오스Laios와 왕비 요카스테Jokaste의 아들이다. 오이디푸스가 아버지를 살해할 것이라는 점괘가 나와 오이디푸스는 태어나자마자 버려진다. 그는 구출되어 외국의 궁정에서 왕의 아들로 자란다. 그는 출생의 비밀이 궁금하여 점을 치자 아버지를 죽이고 어머니와 결혼한다는 점괘를 받는다. 그는 고향을 떠나는 길에 라이오스 왕을 만나 시비가 붙자 그를 살해한다. 오이디푸스는 테베 입구를 가로막고 있는 스핑크스의 수수께끼를 풀어 스핑크스를 제거하자 테베 사람들은 이를 감사하게 여기어 오이디푸스를 테베의 왕으로 선택한다. 오

이디푸스는 요카스테를 아내로 맞이하여, 그녀 즉 어머니와 2남 2녀를 낳는다. 페스트가 일어나자 테베인은 병의 원인을 알기 위해 점을 친다. 여기서 소포클레스의 비극은 시작한다. 전령은 점괘를 보고한다. "라이오스의 살해범이 이 땅에서 추방되면 페스트는 멈출 것이다." 살해범은 어디에 있는가? 희곡은 점차적으로 오이디푸스 자신이 라이오스의 살해범이며, 라이오스와 요카스테의 아들이라는 점을 밝혀낸다. 오이디푸스는 자신의 눈을 찔러 멀게 하고 고향을 떠난다. 원래 신의 예언은 성취되었다.]

연극 「오이디푸스 왕」은 소위 운명 비극이다. 이런 종류의 작품은 신과 인간의 대립을 다루며, 비극적 효과는 신의 초인간적 의지에 인간이 저항하지만 실패로 끝난다는 데서 온다. 오이디푸스의 부모는 운명을 피하려 오이디푸스를 내다 버렸고, 오이디푸스 역시 자신이 자라난 고장을 떠난다. 그들이 만약 운명을 피하려 하지 않았다면 오히려 운명에서 벗어날 수 있었을 것이다. 이런 연극을 보며 매우 놀란 관객은 신의 의지에 복종하고 인간 자신이 얼마나 무력한지를 깨닫는다. 프로이트는 근대의 작가들도 이와 비슷한 대립을 꾸며 내어 작품을 만들었지만 비극적 효과를 얻는 데 실패했다는 점을 관찰한다. 근대의 관객들은 죄 없는 인간들이 온갖 노력에도 신의 의지로부터 도피하지 못하고 신의 저주나 신탁이 실현되는 것에 아무런 감동을 느끼지 못하는 것이다 (GW 2/3, 268-269). 근대 과학은 세상이 그런 신적 존재에 의해 움직이지 않는다는 점을 입증하였다. 이런 세상에서 살아가는 사람에게 운명과 인간의 대립은 매우 관념적 소재일 뿐이다.

프로이트는 연극 「오이디푸스 왕」은 운명 비극과는 다른 성격이라고 확신한다. 대립의 재료가 특별하기 때문이다. 우리의 내면에는 「오이디푸스 왕」에 나오는 운명의 강압적 폭력을 인정하는 목소리가 있다. 오이디푸스의 운명은 우리를 엄습한다. 그의 운명이 우리의 운명이 될 수도 있다. 프로이트가 추측할 때 우리에게 최초의 성적 자극은 어머니에게, 최초의 증오는 아버지에게 향했을 것이다. 아버지 라이오스를 살해하고 어머니 요카스테와 결혼한 오이디푸스 왕의 사건은 우리가 어린 시절에 품었던 소망을 충족하는 이야기이다(GW 2/3, 263). 프로이트에 따르면 우리는 대개 어머니에 대한 우리의 성적 충동과 아버지에 대한 질투를 망각한다. 오이디푸스처럼 유년기 시절 소원을 성취하는 사건을 무대에서 볼 때 관객은 놀란다. 우리가 억압하여 우리의 마음속에 처박아 둔 소원을 관객은 보기 때문이다. 소포클레스는 우리에게 우리 자신의 내면을, 우리의 내면 속에 억압된 소원이 놓여 있다는 점을 인식하게 한다.

사람들은 심오하고 영원한 인간의 본질Wesen der Menschheit을 시인이 독자에게 일깨워 준다고 한다. 그런데 프로이트가 보기에, 인간의 그런 본질은 아주 어린 시절 정신생활의 충동이다(GW 2/3, 252). 기억하지 못하는 초기의 삶을 역사 이전시기prähistorisch, 선사시대라고 부른다. 인간 각자에게는 선사시대가 있다. 그 아주 어린 시절에 뿌리박고 있는 충동들이 바로 인간의 본성인 것이다.

4. 꿈 작업

꿈의 재료를 고려하면 꿈과 현실 생활의 관계가 보인다. 여기서 꿈은 우리가 실제로 밤에 꾸는 꿈, 즉 외현적 꿈 내용^{der manifaste Trauminhalt}이다. 그런데 이 꿈의 배후에는 진정한 꿈, 즉 잠재적 꿈 사고^{der latende Traumgedanke}가 숨어 있다. 외현적 꿈 내용이 잠재적 꿈 사고로부터 제작되는 과정을 프로이트는 꿈 작업^{Traumarbeit/dream work}이라고 부른다. 꿈 작업은 꿈 해석과 반대 과정이다. 꿈의 해석은 외현적 꿈 내용으로부터 잠재적 꿈 사고로 거슬러 올라간다

잠재적 꿈 사고와 외현적 꿈 내용은 원본과 번역의 관계와 비슷하다 (GW 2, 283). 도스토옙스키의 『죄와 벌』은 원본이 러시아어로 되어 있으며, 한국어 번역본도 있다. 그 둘은 동일한 내용을 서로 다른 언어로 표출한다. 마찬가지로 잠재적 꿈 사고와 외현적 꿈 내용도 그렇다. 소설 번역은 원어에서 한국어로 번역할 때 그 과정에서 실수는 있으나 고의적 왜곡은 없다. 그래서 독자는 번역본을 읽어도 의미를 알 수 있다. 반면 꿈은 잠재적 꿈 사고에서 외현적 꿈 내용으로 꿈 작업이 수행될 때 적든 크든 왜곡이 일어난다. 왜곡의 정도가 크면 해석 없이는 꿈 내용을 이해할 수 없다.

꿈 작업이 진행되려면 먼저 잠재적 꿈 사고가 형성되어야 한다. 꿈은 소망충족이므로 잠재적 꿈 사고는 꿈의 소망^{Traumwunsch}으로 이루어져 있다. 꿈 소망은 앞에서 언급한 재료와 무의식적 충동이 결합하여 형성된다. 꿈의 재료는 주로 낮 생활에 일어나는 사건이다. 프로이트는 이것을 대낮의 잔여^{Tagesrest}라고 부른다. 어린 시절의 체험이나 인류 공통의 체험도 꿈의 재료가 되려면 꿈꾸기 전날의 잔여와 연결되어야 한다고 프로이트는 주장한다. 재료만으로 꿈의 소망이 형성되지는 못한다. 우리가 경험하는 낮의 사건들은 정도의 차이는 있으나 관심 같은 심리적 에너지로 점거(충전)되어 있다. 그러나 밤에 잠들면 대낮의 사건들

로부터 에너지 점거는 철회된다. 잠들 때 우리는 외부 세계의 모든 것들로부터 주의와 관심을 거두어들이는 것이다. 꿈속에서 대낮의 어떤 사건이 활용되려면 그것이 어느 정도 심리적 에너지로 점거되어 있어야 한다. 대낮의 잔여는 수면 상태에서 점거가 유지되더라도 대낮 생활보다는 훨씬 약할 것이다. 이런 것이 꿈 소망을 형성하려면, 무의식적 충동발동에서 유래하는 강화를 받아야만 한다고 프로이트는 생각한다(GW 10, 415-417). 꿈 소망은 이 양자의 관계에서 온다. 대낮의 잔여-(강화)-무의식적 충동. 이르마의 주사 꿈에서 대낮의 잔여는 오토가 프로이트를 방문한 일이다. 이 사건을 수면 상태에서도 의식에 떠오를 수 있도록 에너지를 공급하는 것은 프로이트의 공격적 충동이다. 이 둘이 연결되어 "오토를 경멸하고 싶다"는 꿈의 소망이 형성된다.

꿈의 소망이 외현적 꿈으로 제작되는 과정이 꿈 작업이다. 꿈 작업을 프로이트는 네 가지 방식으로 정리한다. 압축, 전위, 묘사가능성 고려, 이차 가공.

(1) 압축 작업 Die Verdichtungsarbeit

압축이란 잠재적 꿈 사고와 외현적 꿈 내용을 비교하면 꿈 사고가 훨씬 풍부하다는 점을 지적한다. 잠재적 꿈 사고는 내용이 풍성한 데 비해 그것이 압축되어 꿈 내용은 빈약해진다는 것이다. 프로이트가 꿈을 분석할 때, 잠에서 깨어나 꿈 내용을 적으면 반 페이지 정도인 반면 꿈 사고를 분석해서 적으면 분량이 6배를 넘었다(GW 2/3, 284). 꿈 내용과 꿈 사고를 비교해 보면 대규모의 압축 작업이 수행된다는 것이다. 꿈 사고의 범위와 풍부함에 비해 꿈 내용은 간결하며 빈약하므로, 꿈 내용과 꿈 사고의 요소를 일대일로 대응할 수 없다. 프로이트는 다음의 두 사례를 제시하며 압축 작업이 어떻게 일어나고 있는지 설명한다.

(a) 식물학 연구서에 관한 꿈(GW 2/3, 175-179) [꿈 내용: 나(프로이트)는 어떤 식물에 관한 연구서 집필을 완료했다. 그 책은 내 앞에 있다. 나는 천연색 삽화를 뒤적인다. 바짝 말린 식물의 표본이 식물의 사진마다 붙어 있다.]

이 꿈에서 특징은 식물 연구서인데, 이것은 프로이트가 이 꿈을 꾸던 날의 사건에서 유래한다. 프로이트는 책방의 유리창으로 지클라멘에 관한 연구서를 보았던 것이다. 꿈에서는 그냥 식물에 관한 연구서를 보았으며, 지클라멘이라는 종류는 꿈의 내용에 빠져 있다. 식물 연구서는 코카인 연구를 프로이트에게 떠올리게 한다. 프로이트는 정신분석적 연구를 시작하기 전에 코카인 연구서를 썼다. 그는 이 점을 자랑하고 싶은 것이다. 다음, 프로이트는 기념 논문집이 떠오른다. 그 책에는 콜러의 논문이 실려 있기 때문이다. 콜러는 프로이트의 코카인 연구를 바탕으로 마취에 관한 논문을 썼던 것이다. 그리고 프로이트는 친구인 안과 의사 쾨니히슈타인을 연상한다. 그는 코카인을 실제 치료에 활용하였다. 코카인, 콜로, 쾨니히슈타인은 프로이트가 자신의 연구 업적을 뽐내는 데 활용되고 있다. 이 복잡하고 풍부한 내용은 식물학 연구서라는 단순한 꿈의 요소에 압축되어 있다.

(b) 이르마의 주사에 관한 꿈

이르마라는 인물 뒤에는 여러 사람이 포함되어 있다(GW 2/3, 299). 이르마는 처음에는 그녀 자신을 서술하다가, 프로이트가 그녀를 창문에 데려가 진찰하는 대목은 다른 사람의 기억을 불러온다. 그는 환자 이르마를 그녀의 친구와 교체하고 싶어 한다. 이르마에게서 디프테리아 딱지를 발견하자 프로이트는 딸에 대한 염려가 떠오른다. 이르마가 입을 벌리기 싫어하면서 저항할 때 그녀는 또 다른 여자를 암시한다. 이렇게

하나가 여럿을 지시할 때, 하나의 표상을 프로이트는 집합형상Sammelbild
이라고 부른다. 꿈의 인물을 생각하자 뒤따라 떠오르는 모든 인물은 꿈
에 생생하게 등장하지는 않지만, 이르마라는 꿈의 인물 뒤에 숨어 있는
것이다. 이르마는 이 모든 사람들의 대표자, 대리인이다. 이르마는 여
러 인물의 압축이다.

집합형상은 각각의 개체의 특성을 모두 모아 그것들을 통합하는 방
식으로 구성될 수도 있다. 예를 들어 꿈속의 인물은 a, b, c의 세 사람의
특징을 모아 놓은 것일 수도 있다. 이르마 꿈에서 의사 M은 통합인물이
다. 그는 의사 M의 이름을 가지고 그처럼 행동하고 말하지만, 그의 질
병(다리를 전다)과 신체적 특징(턱에 수염이 없다)은 다른 인물(프로이트의
형)의 특징이다. 프로이트는 집합인물과 통합인물의 창출이 꿈 압축의
중요수단이라는 점을 발견한다.

(2) 전위작업die Verschiebungarbeit

전위Verschiebung/displacemet는 중요한 것으로부터 사소한 것으로 강조
점을 옮기는 심리 현상을 의미한다. 외롭게 사는 독신 여성이 동물에
애정을 전이하며übertragen, 독신 남성이 정열적 수집가가 된다(GW 2/3,
182-183). 여성에게 동물, 남성에게 돌 같은 수집물이 그 자체로는 중요
하지 않다. 이것들은 중요한 무언가의 대체물이다. 전위는 목표의 대
상을 이것에서 저것으로 옮겨 놓는다는 점에서 전이Übertragung/transference
의 일종처럼 보인다. 전위는 원래 목표의 대상을 은폐하기 위해서 일부
러 덜 중요한 것을 선택하는 데 반해 전이는 사랑을 어머니에서 분석가
로 옮기듯이 중요성에 차이가 있을 필요는 없다. 연인이 일 초라도 더
손을 잡으면 행복을 느낀다. 연인에게 손을 잡은 것은 사소한 행위이지

만, 그것이 매우 소중한 것처럼 강조하며 진정으로 그들이 원하고 있는 것을 은폐한다. 『오셀로』에서는 잃어버린 손수건이 분노를 폭발시킨다. 실제로 오셀로가 증오하는 대상은 아내이지 손수건이 아니다. 오셀로는 아내를 미워하는 자신을 용납하지 못하여 분노를 사소한 것에 옮겨 놓은 것이다.

외현적 꿈에는 사소한 것들이 중요한 것처럼 등장한다. 꿈 작업에서 전위가 일어나는 것이다. 식물학 연구서 꿈에서 꿈 내용의 중심은 식물학이다. 그러나 꿈 사고에서는 프로이트 자신이 훌륭한 연구자라는 자랑이 중심이다. 식물학 연구는 꿈 사고에서 핵심 요소가 아니었다. 프로이트는 원래 중요한 요소를 은폐하기 위해 강조점을 다른 곳으로 밀어 버린 것이다. 프로이트는 전위의 사례로 다음 꿈을 분석한다.

딱정벌레 꿈(GW 2/3, 295-297)

[여자는 두 마리의 쌍무늬바구미^{Maikäfer}를 상자 속에 넣어 두었는데, 그것들에게 자유를 주어야 한다고 판단한다. 그렇게 하지 않으면 그것들이 숨 막혀 죽기 때문이다. 그녀는 상자를 연다. 곤충들은 완전히 축 늘어져 있다. 한 마리는 열린 창문 밖으로 날아가고, 다른 한 마리는 그녀가 창문을 닫을 때 창틀에 끼어서 으깨어졌다.]

여자의 꿈 사고는 성적 생활이 내용이다. 여자는 딸아이가 어릴 때 동물을 학대했지만 지금은 그렇지 않다는 점을 깨닫는다. 이 모순은 자신처럼 고귀한 여자가 감각적 욕망에 사로잡혀 있다는 모순을 연상하게 한다. 그리고 딸이 나비 수집을 위해 비소를 사 달라고 했던 기억을 떠올린다. 비소환약은 모파상의 소설에서 정력제로 묘사되고 있다. 그녀의 남편은 성적 능력에 문제가 많아서 남편에게 목을 매라고 소리를 지른 기억도 연상된다. 그녀는 목을 매면 강력한 발기가 발생한다는 대목을 읽었던 것이다. 그녀는 딱정벌레를 으깨어 정력제를 조제한다는 것을 알고 있었다.

여자의 꿈 내용에서 본질적 구성요소를 담당하고 있던 요소들이 꿈 사고에서는 그렇지 않다. 꿈은 중심이 달라졌다. 꿈 사고에서 분명 중요한 내용은 성적 생활이지만, 외현적 꿈에서는 동물에 대한 잔인성이 주제이다. 꿈을 분석해 보니 잠재적 꿈 사고와 외현적 꿈 내용 사이에 전위가 일어났음을 알 수 있다. 잠재적 꿈 사고에는 성적 요소가 에너지로 점거^{Besetzung}되었지만, 외현적 꿈에서는 성적 요소로부터 에너지의 점거는 철회되고, 잔인성의 주제가 에너지로 점거되고 있다. 점거^{Besetzung}의 변화가 전위 작업에서 일어난다. 심리적 에너지란 표상 활동을 채우는 리비도나 관심^{Interesse/interest}이다(GW 10, 254-255). 꿈 작업에서 원래 성적 표상을 점거하던 에너지가 빠지고, 동물에 대한 잔인성의 표상이 에너지로 점거된다.[81] 이렇게 표상의 에너지 점거를 바꾸는 것이 바로 전위작업이다.

(다) 묘사가능성 고려^{die Rücksicht auf Darstellbarkeit}

묘사가능성 고려란 꿈 사고를 외현적 꿈에서 감각적으로 서술하는 방식을 꿈 작업이 찾아내려고 노력한다는 점을 의미한다. 잠재적 꿈 사고는 추상적인데 그것은 외현적 꿈 내용에서 시각이나 느낌 등 감성적

---

81 "전위(Verschiebung)의 과정을 통하여 하나의 표상이 점거(Besetzung)의 총량을 다른 표상에게 넘겨준다."(GW 10, 285)

방식으로 접근될 수 있도록 변형을 거친다. 이런 꿈 작업의 방식을 프로이트는 '묘사가능성 고려'라고 부른다.

　원래 인간의 표상은 구체적이며 회화적 특성을 가졌을 것이다. 그것들이 점점 더 구체성을 상실하고 추상화되어 인간의 표상은 일반성에 도달한다. 표상의 일반성이 수준에 도달하면 그것을 언어가 지시할 수 있다. 잠재적 꿈 사고는 추상적 표상이다. 꿈 작업은 잠재적 꿈 사고의 추상성을 구체적 형상으로 바꾸어 준다. 고대인이나 어린이의 표상은 언어 이전의 구체적 성격을 지니고 있다. 꿈 작업은 추상적 사고를 그것의 유래인 구체적 형상으로 되돌린다는 점에서 프로이트는 그것을 '태고적archaisch, 퇴행적regressiv' 표출방식이라고 부른다(GW 11, 203). 다음은 꿈 작업의 묘사가능성 고려를 잘 보여 주는 사례이다.

[꿈꾸는 여자는 난간을 넘어서 아래로 내려간다. 이때 그녀는 손에 꽃가지를 들고 있다. 그것은 붉은 꽃이 핀 나뭇가지이다. 그녀는 꽃가지가 하얀 벚꽃 같다는 생각을 한다. 그녀가 아래에 도달했을 때 남자 하인을 본다. 그는 그녀가 들고 있는 나무와 비슷한 나무를 빗질한다. 나뭇조각으로 머리카락이 더부룩한 숲을 마치 이끼를 떼어 내듯이 뜯는다. 다른 노동자가 그런 가지들을 정원에서 잘라서 거리로 내던진다. 거리에 가지들이 널려 있고 사람들이 그것을 가져간다. 그녀는 그것이 옳은지, 사람들이 하나를 가져가도 되는지 묻는다. 정원에 젊은 남자가 서 있다. 그에게 그녀는 다가간다. 그에게 나뭇가지를 그녀 자신의 정원에 옮겨 심을 수 있는지 묻는다.]

이 꿈은 꿈 사고의 추상성이 어떻게 꿈 내용에서 감성적 표출에 도달하는지 잘 보여 준다. 순결과 음탕은 추상적 표상이다. 그것들은 꿈 내용에서 하얀 백합과 붉은 꽃으로 묘사된다. 여자는 백합 같기도 하고 동백꽃처럼 보이기도 하는 꽃가지를 들고 간다. 여자는 순결하면서도 음탕하기를 소망하는 것이다. 그리고 나뭇가지는 오래전부터 남자의 성기를 의미한다(GW 2/3, 354 주 1). 따라서 여자가 자신의 정원으로 나뭇가지를 옮겨 심는다는 것은 성교를 의미한다. 이 꿈의 꿈 사고는 성적 요소로 가득 차 있다. 그것들은 꿈 내용에서 백합과 동백꽃을 들고 가고, 나뭇가지를 꺾어서 던지고, 정원에 옮겨 심는 등의 감각적 자료를 활용하여 묘사된다.

추상적 표상만이 묘사가능성을 고려하는 것은 아니다. 구체적 표상이라 하더라도 관습적, 도덕적 이유 때문에 직접 드러내기 힘들면, 상징적 표출방식을 꿈 작업은 고려한다. 꿈의 상징작용(Traumsymbolik/dream-symbolism)은 보편적으로 알려진 암시나, 단어 교체에 바탕을 두고 있다(GW 2/3, 351). 이러한 상징작용의 좋은 사례들은 꿈 말고도, 신경증, 전설, 속담에서 찾을 수 있다. 프로이트가 정리한 사례의 일부를 들면,

① 길게 늘어지는 물체, 지팡이, 나무 둥치, 우산(펼치면 발기와 비슷하므로), 그리고 길고 날카로운 물체, 칼, 단검 등은 남성의 기관을 대표한다.

② 상자, 장롱, 벽장, 오븐은 여자의 신체에 해당한다. 구멍, 배, 모든 종류의 그릇, 방은 대개 여자이다. 방이 열려 있는지 닫혀 있는지에 대한 관심은 이런 연관에서 쉽게 이해된다.

③ 계단, 사다리, 그것을 올라가고 내려가는 것은 성행위의 상징적 묘사이다. 올라감은 성교의 상징을 묘사한다. 이런 은유의 토대는 발견

하기 어렵지 않다. 숨이 가빠 오는 가운데 박자의 운동rhythmische Absätze을 우리는 높이 올라갈 때 경험한다. 내려갈 때는 아주 빨리 몇 걸음이면 된다. 성교의 박자운동Rhythmus이 계단 오르기에서 다시 발견된다. 오르기Steigen는 성적 행위에 대한 대체 표현으로 사용된다.

④ 숲은 여성의 음부를 의미한다.

⑤ 남자의 꿈에서 넥타이는 페니스에 대한 상징으로 나타난다. 왜냐하면 넥타이는 길기 때문이다.

⑥ 탁자와 침대는 결혼을 상징하기 때문에, 꿈에서 자주 탁자가 침대 대신 등장한다. 성적 표상들은 먹는 것으로 변형된다.

⑦ 모자는 남자나 여자의 성기를 묘사한다(GW 2/3, 355-361).

상징을 통한 묘사die Symboldarstellung를 꿈은 잠재적 사고를 은폐하면서 묘사하기 위해 활용한다. 그렇게 사용되는 상징들 중에서 많은 것들은 일관되게 또는 거의 고정적으로 동일한 것을 의미하기도 한다. 그러나 프로이트는 심리적 재료의 유연성을 잊지 말아야 한다고 강조한다(GW 2/3, 357). 어떤 경우 하나의 상징이 꿈속에서 상징적으로 쓰이지 않고, 원래의 의미대로 쓰일 수도 있기 때문이다. 그리고 꿈꾸는 당사자가 특별한 기억 재료로부터 어떤 상징을 성적 상징으로 사용할 권리를 가질 수도 있다. 일반적으로는 그런 의미로 사용되지 않더라도 말이다.

(4) 이차 가공Die sekundäre Bearbeitung/ secondary revision

꿈 형성에 참여하는 네 번째 요소는 이차 가공이다. 이것은 대낮의 공상이나 사고 활동을 꿈을 형성하는 데 활용하는 방식을 가리킨다. 밤에 수학 문제를 풀다가 잠을 자면 꿈속에서 그 작업을 이어서 하기도 한다. 꼭 대낮이 아니더라도 잠들기 전의 사고 활동이 일차적 사고 활동이라면, 그 자료를 꿈 작업이 활용하는 것이 이차적 가공인 것이다. 꿈 작업은 낮의 사고 활동 중 공상을 주로 활용한다.

대낮의 공상을 사람들은 백일몽day-dream이라고 하여 꿈이라고도 부른다. 원래 꿈은 야간의 사유 활동에 대해 붙이는 이름인데, 대낮의 공상Tagesphantasie/day-time phantasy을 야간의 사고활동과 동일한 이름으로 부르는 언어 관행이 있는 것이다. 프로이트는 대낮의 공상은 야간의 꿈과 본질적 속성이 같다는 점을 확인한다(GW 2/3, 492). "당신의 꿈은 무엇인가?"라는 물음에서 '꿈'은 역시 백일몽이나 야간의 꿈과 유사한 의미이다. 대낮-공상은 야간의 꿈처럼 소망충족이다. 야간의 꿈처럼, 대낮-공상은 작업 과정에서 검열의 면제라는 혜택을 즐긴다. 대낮-공상 작업은 재료를 마음대로 다루고 배열하여 새로운 전체를 형성하는 것이다.

꿈 작업의 네 번째 요소는 백일몽 같은 재료를 꿈 내용으로 편입시킨다. 편입 방식으로 프로이트는 세 가지를 지적한다(GW 2/3, 496-497). 첫째, 야간의 꿈은 대낮-환상의 단순한 반복에 지나지 않는다. 둘째, 미리 조성된 공상이 꿈의 일부만이 되거나, 셋째, 대낮 공상의 전부가 아닌 일부만이 꿈의 내용으로 편입된다.

이차 가공 작업은 아주 짧은 시간에 긴 이야기의 꿈을 꾸는 현상을 설명해 준다. 모리Maury라는 이름의 청년은 잠을 자다가 목에 판자를 맞고, 잠에서 깨어나는 짧은 시간에 프랑스 혁명 시대의 장편 소설처럼 긴 꿈을 꾼다. 어떻게 이런 일이 가능한가? 어떤 사람들은 꿈 작업은 매우 빠르게 사건을 가속하는 특권을 가지고 있다고 믿는다. 꿈에서는 매우 빠르게 시간이 흘러간다는 것이다. 그러나 많은 사람들은 여기에 동의하지 않는다. 대낮의 사고 활동이 꿈 작업보다 느리지 않다는 것이다. 프로이트는 새로운 설명을 제안한다. 모리의 꿈은 몇 년 동안 그의 상상 속에 보존되어 있다가, 잠을 깨우는 자극을 인식하는 순간에 그 공상이 일깨워지고, 꿈은 그 공상을 묘사한다는 것이다. 이렇게 이해하면, 그렇게 긴 이야기의 꿈을 아주 짧은 시간에 구성해야 하는 난점이 해소된다.

모리Maury의 꿈(GW 2/3, 500·501)

[모리는 아파서 자기 방 침대에 누워 있었다. 그는 프랑스 혁명 시대의 공포 정치에 관한 꿈을 꾸었다. 그는 잔혹한 살인 장면을 목격하고 드디어는 재판정으로 끌려 나갔다. 거기서 그는 로베스피에르Robespierre, 마라Marat, 푸키에-텡빌Fouquier-Tinville 같은 혁명의 영웅을 보았다. 그는 그들로부터 심문을 받았고, 잘 기억나지는 않은 여러 가지 사건들을 거치며 유죄 판결을 받았다. 그는 어마어마하게 많은 사람들로 둘러싸인 처형장으로 갔다. 그는 층계를 올라가자, 사형 집행인이 그를 나무판자에 묶었다. 나무판자가 뒤집히며 단두대의 칼날이 아래로 떨어졌다. 그는 자기의 목이 몸통으로부터 떨어지는 것을 느끼며, 격심한 불안 속에서 깨어났다. 그는 침대의 선반이 밑으로 떨어져, 경추頸椎를 때렸다는 점을 발견했다. 그 경추 자리에 꿈에서는 단두대의 칼날이 떨어졌다.]

모리는 잠자는 동안에 목에 널빤지를 맞았다. 꿈 작업은 이 자극을 신속하게 활용하여 소망충족을 서술하는 데 이용한다. 이 꿈은 성적 소망이 아니라 명예욕을 충족한다. 명예의 소망은 청년들이 매우 강렬하게 충족하고 싶어 한다. 프로이트는 프랑스 혁명 시기에 귀족들은 죽음의 소환을 받을 때까지 우아한 생활 양식을 어떻게 고수했는지를 보여 주었다고 본다. 모리처럼 명예가 공상 작업의 주요 동기라면, 사유의 힘과 불타는 웅변의 힘만으로 도시를 지배하여 인류의 심장을 뛰게 만들고, 유럽의 변혁을 도모하면서도 정작 자신의 목숨을 돌보지 못하여 어느 날 단두대의 칼날 아래 목을 내밀어야 하는 인물을 상상할 수 있는 것이다. 모리의 공상에는 "어마어마하게 많은 사람들로 둘러싸인 처형장으로 갔다"는 요소가 있다. 프로이트는 여기에서도 모리의 소망이 명예라는 점을 확인한다.

5. 꿈의 심리학

꿈 작업의 네 가지 방식을 앞에서 살펴보았다. 그것들은 프로이트가 잠재적 꿈 사고와 외현적 꿈 내용을 상정한 후 그 둘을 관계를 비교하면서 추론한 것이다. 이제 프로이트는 실제로 꿈 작업이 인간의 정신 장치der seelische Apparat/the apparatus of the mind에서 어떻게 일어나는지 탐구한다 (GW 2/3, 515). 이것이 꿈의 심리학이다. 프로이트는 인간의 심리장치가 어떻게 구성되어 있으며, 그것을 구성하는 조직들을 통하여 꿈 작업이 어떻게 이루어지는지를 묻는다. 당시 프로이트가 의지하여 설명의 토대로 삼을 만한 심리학적 지식이 마련되어 있지 않았다. 그는 인간의 심리장치에 대한 새로운 가정을 확립하여, 그속에서 힘들이 어떻게 작동하는지 추리한다.

(1) 무의식 체계와 전의식 체계

먼저 잠재적 꿈 사고가 왜곡을 겪는다는 점을 고려하면 심리적 기관을 둘로 나누어야 한다. 하나의 기관(또는 체계)은 다른 기관(또는 체계)을 비판한다. 프로이트는 비판하는 기관이 의식에 가까우므로 전의식 체계, 비판당하는 기관은 의식에서 추방되므로 무의식 체계라고 부른다(GW 2-3, 545-546). 심리 장치의 체계를 지적하고자 할 때 프로이트는 다음처럼 약어를 사용하기도 한다. 무의식Unbewußtsein 체계는 Ubw, 그리고 전의식Vorbewußtsein 체계는 Vbw, 그리고 의식Bewußtsein 체계는 Bw 이다.

잠재적 꿈 사고의 유래는 이제 심리 장치의 조직으로 설명할 수 있다. 프로이트는 꿈이 대개 대낮의 잔여로부터 촉발된다고 본다. 낮 동안의 사고과정은 다 의식되지는 않지만 주의를 집중하면 의식될 수 있다. 대낮의 사고활동은 이런 의미에서 전의식의 체계에 속한다. 대낮의 잔여는 수면 과정에서 에너지의 점거가 철회되거나 감소되므로 꿈속에서 의식되려면 무언가로부터 에너지를 새로 얻지 않으면 안 된다. 새로운 에너지 공급원은 무의식 체계에서 유래한다.

원래 인간의 심리 활동은 무의식 체계밖에 없다. 이것을 프로이트는 후기에 이드라고 부른다. 나중에 외부 세계를 고려하는 새로운 조직, 즉 의식 체계가 발전한다. 의식은 외부적 상황을 고려하여 무의식 체계의 요구를 받아들이거나 수정하거나, 거부한다. 무의식 체계의 일부는 의식 체계에 수용되어 승진하고, 일부는 거부되어 다시 무의식 체계로 돌아온다. 그리고 의식 체계에 소속된 표상들도 경우에 따라 다시 무의식으로 강등된다. 무의식 체계의 표상은 원래 거기에 있었거나, 의식으로부터 억압된 것이다. 의식 체계는 언제나 의식되지는 않으므로 프로이트는 전의식 체계라고 부르기도 한다. 두 체계를 분리할 상황이 아니면 전의식 체계와 의식체계는 서로 교체될 수 있는 용어이다. 의식 또는 전의식을 프로이트는 후기에 자아라고 부른다.

꿈을 형성하는 데에는 다른 계기도 있다. 대낮의 잔여와 상관없이, 억눌린 충동발동(무의식 체계의 소망)이 잠자는 동안 강도를 획득하여 자아 속에서 위세를 발휘하기도 한다(GW 17, 88). 무의식 체계에서 유래하는 소망은 의식으로부터 추방되어 있다. 그것은 수면 중에 의식의 통제가 약한 틈을 타서 꿈의 의식에 부상한다. 이 현상은, 자아의 검열 기능을 보초에 비유한다면 보초가 조는 틈을 타서 성 밖의 부랑배가 성 내로 진입하는 것과 유사하다.

(2) 전진과 퇴행

소망을 충족하기 위해 심리 조직이 연결되는 방향에는 전진과 퇴행 두 가지가 있다. 소망이 에너지로 점거되면 흥분이 정신 장치에 축적된다. 전진이란 무의식으로부터 전의식을 거쳐 운동 기관을 사용하여 외부 세계에서 흥분이 배출되어 소원을 성취하는 것이다. 퇴행은 전의식에서 운동으로 나아가지 않고 반대로 무의식으로 돌아가 만족의 기억을 찾아내서 흥분을 배출하는 것이다.

꿈은 퇴행의 방식으로 만족을 추구한다. 꿈에는 현실과 지각의 구별이 없다. 우리는 어떤 것을 공상할 때 그것이 현실이 아니라는 점을 알고 있다. 지각이 현실인지 아닌지를 구별하는 작업을 프로이트는 현실 검사라고 부른다. 각성생활은 '무엇이 있기를 바란다'와 '무엇이 있다'를 구별한다. 꿈에는 현실검사 없이 기억을 지각이라고 혼동하여 환각적 방식으로 소원을 성취하는 것이다.

환각적 방식의 소망충족은 만족의 기억을 다시 불러오는 것이다. 배고플 때 산토끼를 잡아 구워 먹으면 만족할 것이다. 이렇게 만족의 경험이 처음 있은 이후에는 먹고 싶은 충동을 충족하는 새로운 방식이 생겨난다. 그것은 사냥하는 식으로 외부 세계를 변경하는 노고를 치를 필요 없이 만족의 기억을 다시 불러오는 것이다. 기아의 상황에서 만약 외부 세계로부터 음식물을 구할 수 없을 때 인간은 고기를 구워 먹으며 즐거웠던 순간을 회상하는 방식을 자주 구사한다.

소망충족의 방식에는 두 가지가 있는 셈이다. 하나는 외부 세계에서 실제로 소망을 충족하는 것이다. 다른 하나는 내면의 세계에서 환각적 방식으로 소망을 추구하는 것이다. 프로이트는 두 방식이 흥분을 배출하는 경로가 반대라는 점을 지적한다. 영양 공급의 필요가 일어나면 심리 장치에 흥분이 증가한다. 흥분의 증가는 불쾌를 의미한다. 인간은 흥분을 배출하여 불쾌를 제거하려고 한다.

첫째, 근육 같은 운동 기관을 사용하여 사냥하는 식으로 외부 세계를 변형한다. 이 방식에서 흥분의 배출 경로는 자극―전의식(의식)-운동(사냥)으로 나아간다. 소망이 성적 충동 같은 자극이라면 자극―무의식―전의식-운동(데이트)으로 진행한다. 성적 대상에 대한 우리의 소망은 의식으로부터 추방되어 있는 경우가 많기 때문에 전의식에서 의식을 거치지 않고 그냥 운동으로 나아갈 수 있다.

둘째, 만약 현실세계에서 소망충족이 좌절되면 만족의 기억을 불러 즐거워할 수도 있다. 이 경우 심리 장치에 하나를 더 추가해야 한다. 이때 과정은 자극-기억-무의식-전의식-운동이다. 성적 자극은 무의식을 거쳐 전의식의 단계에 도달한다. 그런데 이제는 심리적 에너지는 운동으로 흘러가지 않고 거꾸로 기억의 방향으로 돌아가 만족의 기억을 찾아내고 흥분을 방출한다. 이 방식은 심리적 에너지의 흐름이 거꾸로 돌아가는 경로der rückläufige Weg를 따라간다는 점에서 프로이트는 퇴행이라고 부른다(GW 2/3, 547-548). 꿈의 환각적 성질der halluzinatorische Charakter 은 퇴행적 방식의 경로를 따라 흥분이 방출되는 것으로 설명될 수 있는 것이다. 우리는 괴로울 때 행복한 시절을 상기하라는 충고를 많이 듣는다. 이 방식으로 평안을 추구하는 것은 꿈처럼 후진적regressive 방향이다. 반면 좌절의 고통을 견디면서 현실세계에서 소망을 실현하는 것은 전진적progressive 방향이다.

프로이트가 『꿈의 해석』에서 제시하는 심리 장체의 모델을 보자(GW 2/3, 546). 인간의 심리 장치에는 외부에서 지각 체계(W)를 통하여 자극이 들어오며, 그것들은 심리장치에 흔적을 남긴다. 그 흔적은 기억흔적 Erinnerungsspur, 그리고 기억흔적을 불러오는 정신의 기능을 회상Gedächtnis 라고 부른다. 프로이트는 기억흔적들은 아주 깊이 인상을 새긴 것을 제외하고는 일단 무의식의 체계에 속한다고 본다. 무의식 체계에는 기억흔적뿐만이 아니라 신체 내부에서 유래하는 흥분들이 머무르고 있다. 이것들은 검열을 통과하면 전의식으로 체계로 돌진한다. 전의식 조직의 말단에 운동 조직이 있다. 전의식 체계 내부의 흥분과정은 의식이 되고, 의식 체계는 필요하다면 자발적 운동(예를 들어 낚시하기)을 수행하여 흥분을 배출한다. 무의식 체계는 전의식 체계 뒤에 있어서, 전의식의 조직을 통하지 않고서는 의식 체계에 이르는 통로가 없다.

프로이트는 퇴행Regression의 종류를 3개로 분류한다. 지형적 퇴행, 시간적 퇴행, 형식적 퇴행. 형식적 퇴행은 여기서 다루지 않을 것이다. 꿈은 첫 번째 부류의 퇴행, 즉 지형적 퇴행이다. 지형이란 인간의 심리 장치를 구성하는 기관, 또는 체계, 조직을 말한다. 꿈의 소망충족은 지형적 관점에서 후진적 방향이다. 흥분의 흐름이 무의식 체계로부터, 전의식 체계와 의식 체계를 거쳐 운동으로 나아가지 않고, 전의식 체계로부

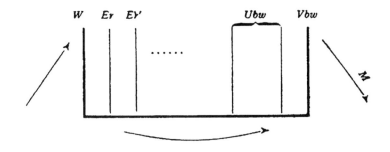

W/Wahrnehmung–System/지각 체계, Er/Erinnerung–System/기억 체계, Ubw/Unbewuß tsein–System/무의식 체계, Vbw/ Vorbewuß tsein–System/전의식 체계, M/Motilität/운동 체계

터 무의식 체계의 기억으로 거꾸로 진행하기 때문이다.

지형적 퇴행은 시간적 퇴행과 합치한다. 프로이트는 인간은 어릴 때 지형적 퇴행의 방식으로, 다시 말해 환각적 방식으로 흥분을 배출하였다고 추리하는 것이다(GW 2/3, 571). 인간의 심리 장치는 가장 처음에는 외부로부터 정신 장치에 다가오는 감각적 흥분Erregung/exitation을 운동의 경로로 곧장 방출하려고 시도할 것이다. 그러나 인생에는 난관이 많다. 아이는 배가 고프다고 언제나 목을 들어 어머니의 젖을 빨 수 없다. 아이는 내적 필요를 통하여 발생한 흥분은 운동기관으로 방출되고자 하지만 어머니가 시장에 가 버리면 전진적 방식으로 소망을 충족할 수 없다. 배가 고픈 아이는 그냥 소리를 지르거나, 허우적거린다. 프로이트는 이 과정을 내적 변화Innere Veränderung, 정서 운동Gemütsbewegungen의 표출이라고 부른다. 그런 과정은 외부 세계를 변화시키는 않는 감정적 움직임이 표출되는 것에 불과하다. 감정적 움직임만으로는 상황이 바뀌지 않을 것이다. 어떤 경로를 통해서든, 아이의 경우 외부의 도움을 받아, 예전의 만족체험Befriedigungserlebnis을 다시 경험해야 변화가 비로소 성립한다. 이 경우 어머니의 품에 안겨 젖을 먹던 광경을 다시 경험하는 것이 만족체험의 재경험일 것이다. 만족체험의 본질은 특정한 지각의 출현, 즉 영양 섭취 같은 특정한 광경의 지각(예를 들어 고기를 구워 먹으면서 만족하는 장면을 지각하는 것)이다. 아이는 배가 고프면, 즉 심리적 자극이 일어나면, 최초의 만족 상황die erste Befriedigung을 다시 만들려고 한다. 소망Wunsch은 그런 심리적 발동Regung이라고 프로이트는 이해한다. 그러면 소망충족이란 만족 상황의 지각이 다시 출현하는das Wiedererscheinen 것이다.

그런데 만족 상황을 다시 지각하는 가장 쉬운 방식은 환각이다. 아이는 기억흔적을 뒤져서 어떤 기억영상Erinnerungsbild이 만족 상황의 지각과 동일하다는 점을 확인하면 배고픔이 일으키는 흥분이 적어도 일시적으로나마 배출된다. 프로이트는 이 방식의 소원성취를 지각동일성Wahrnehmungsidentität이라고 부른다. 실제로 기억과 지각은 다르다. 그것은 강도나 생생함의 차이가 아니다. 아무리 기억이 생생해도 우리는 그것이 지각이 아니라는 점을 안다. 그러나 꿈에서는 현실검사가 제대로 수행되지 않으므로, 욕구Bedürfnis의 만족과 연결된 기억을 다시 불러오면 그것이 만족의 지각과 동일한 것이 된다. 지각과 기억을 동일하게 보는 환각적 방식이 인간에게 일차적인 소망충족의 방식이라고 프로이트는 추정한다. 이것이 가장 쉽고 가장 빠르게 소원을 성취하는 길이기 때문이다.

환각적 방식의 소망충족은 만족 상황을 외부 세계에서 지각하지 않는다. 이 방식으로는 실제로 만족이 일어나지 않으므로, 필요는 계속 지속된다. 실제로 물을 마시지 않고 물을 마시며 흡족해 하던 만족의 기억만으로는 갈증을 해소할 수는 없으므로 계속 물을 마시고 싶은 욕구가 지속하는 것이다. 외부 세계에서 만족 상황을 지각하려면, 우리는 기억영상을 검색하는 퇴행의 방향과 다른 방향 방향에서 길을 찾아야 한다. 그 길은 외부 세계로부터 우리가 소망하는 만족체험의 동일성을 산출하는 것이다. 이 경로는 여러 가지 생각해야 할 점이 많다. 이전에 어떻게 만족체험에 도달했는지 돌이켜 보면서 현재의 상황에서 어떻게 하면 그것을 다시 경험할 수 있는지 사고하고, 행동을 통하며 외부 세계를 변형해야 하는 것이다. 이렇게 우회로를 거쳐 만족체험을 실제로 다시 지각하는 과정을 프로이트는 사고동일성^{Denkidentität}에 도달한다고 표현한다(GW 2/3, 607). 지각동일성에 도달하려는 시도는 퇴행의 방식으로 만족체험과 단지 동일한 지각(사실상 기억)을 내면의 세계에서 획득하는 데 목표를 두는 데 반해, 사고 동일성에 도달하려는 시도는 전진의 방향으로 만족체험과 동일한 지각을 사고 활동의 도움을 받아 운동 조직을 활용하여 외부 세계에서 획득하고자 한다.

두 가지 소망충족의 방식은 인간의 심리 장치의 발달 과정과 연결시킬 수 있다. 인간의 심리 장치는 발달 초기에는 무의식 체계이다. 이것이 나중에 분화하여 무의식 체계와 전의식체계가 된다. 환각적 방식은 무의식 체계가 활용한다. 가능하다면 무의식 체계는 외부 세계에서 만족대상^{Befriedigungsobjekt}의 진짜 지각^{die reale Wahrnehmung}에 도달하려고 할 것이다(GW 2/3, 604). 만족체험의 진짜 지각을 얻으려면 전의식 체계의 활동이 필요하다. 무의식 체계에 허용되어 있는 환각적 소망충족의 방식을 프로이트는 일차적 과정^{Primärvorgang/primary process}이라 부르고, 전의식 체계가 퇴행적 방식의 소망충족 경로는 저지하고 외부세계에서 만족의 지각을 추구하는 심리 과정을 이차적 과정^{Sekundärvorgang/secondary process}이라고 부른다(GW 2/3, 607-608).

여기서 일차와 이차는 시간적 의미이기도 하고, 서열의 의미이기도 한다. 개인의 심리 장치가 발달할 때 초기에는 심리적 과정이 일차적 과정이며, 나중에는 이차적 과정이다. 일차적 과정만을 가진 심리 장치는 존재하지 않는다(GW 2/3, 609). 밥을 먹은 환각만으로 소망을 충족하면 죽어 버린다. 프로이트는 심리 장치의 발전을 설명하기 위해 일차적 과정이라는 이론적 허구를 상정한 것이다. 일차적 과정은 무의식의 체계에서 일어나며, 이차적 과정은 전의식의 체계가 확립된 후 가능해진다. 일차적 과정과 이차적 과정이 무의식 체계와 전의식 체계의 운행 원리라는 점에서 일차적 과정은 쾌락의 원칙, 이차적 과정은 현실의 원칙에 대응하다.

6. 꿈의 최종 목적

꿈의 동기는 소망충족이다. 그런데 이 소망충족은 어떤 목적에 이바지할까? 프로이트는 수면의 지속이라고 답한다. 꿈이 형성되는 과정에서 충동의 만족이나 갈등의 해결, 회의의 제거, 결의의 산출 같은 여러 가지 요구들이 자아에게 부과된다(GW 17, 92). 그런 요구는 수면을 방해한다. 잠자는 자아는 수면을 지속하려는 소망에 집중하여, 이런 요구들을 방해로 여기고 이 방해를 제거하려고 한다. 수면 상태에서는 운동 조직이 마비되어 있으므로, 자아는 환각적 방식으로 소망을 충족하여 그런 요구를 제거한다. 꿈 작업이란 이렇게 요구를 소망충족으로 대체하는 과정인 것이다. 다음의 사례는 꿈 작업의 최종 목적이 수면의 지속이라는 점을 잘 보여 준다(GW 17, 92-93).

[① 먹고 싶은 꿈Hungertraum. 꿈꾸는 자는 수면 중에 영양 공급의 필요, 즉 욕구를 느낀다. 그는 맛있는 식사의 꿈을 꾸고, 잠을 연장한다. 그는 밥을 실제로 먹기 위해 잠을 깨거나, 식사 꿈을 꾸고 잠을 계속 잘 수도 있다. 그는 후자를 선택하여 꿈으로 배고픔을 채우고 적어도 잠시 동안은 잠을 지속한다. 배고픔이 계속되면 그는 잠을 깨어야 한다.

② 편의몽Bequemlichkeitstraum. 꿈꾸는 사람은 예약 시간에 치료받으러 병원에 가기 위해 잠을 깨어야 한다. 그러나 그는 계속 잠을 자며, 그가 이미 병원에 와서 치료를 받고 있다는 꿈을 꾼다. 그는 좀 더 잘 수 있다.

③ 성적 욕구(das sexuelle Bedürfnis)의 꿈. 금지된 성적 대상(예를 들어 친구의 아내)의 향유에 대한 동경이 밤중에 일어난다. 그는 성교의 꿈을 꾼다. 물론 그 여자가 아니라, 그 여자와 이름이 같은 다른 여자와 성관계를 맺는다.]

꿈의 최종적 동기가 수면의 지속이라는 명제는 도전을 받는다. 많은 꿈들이 고통스런 내용을 포함하고 있기 때문이다. 소망이 충족되면 고통스러울 리가 없다. 프로이트는 이 도전을 꿈의 왜곡을 들어 처리한다. 외현적 꿈의 내용에서는 고통이 주제이더라도, 분석하여 진정한 꿈의 사고를 발견하면 그것은 소망충족이라는 것이다. 그런데 더 심각한 도전은 불안 꿈으로부터 온다. 불안 내용의 꿈을 꾸면 꿈 때문에 잠을 깨는 듯하기 때문이다. 이 도전에 대해 프로이트는 꿈은 모든 경우 갈등의 결과라는 점을 들어 처리하려고 한다(GW 17, 93). 꿈 작업은 무의식 체계와 의식 체계의 갈등과 타협의 과정이다. 그래서 꿈은 이드에게는 만족스러운 일이 자아에게는 불안의 계기가 될 수 있다. 무의식 체계의 요구가 너무 커서 잠자는 자아가 자신을 방어할 수단이 없게 되면 자아는 불안하여 잠을 계속하고자 하는 소망은 중단하고, 잠을 깨어 각성생활로 돌아온다. 꿈은 늘 소망충족의 수단을 가지고 수면 방해물을 제거하려 하여, 꿈은 잠의 파수꾼이고자 한다. 이런 시도는 성공할 수도 있고, 불안 꿈처럼 실패할 수도 있다. 꿈의 시도가 실패한다고 하여 꿈의 동기가 변한 것은 아니다.

꿈의 소망충족은 사소하게 보인다. 왜냐하면 그것은 잠깐 동안의 수면의 지속에 봉사하는 데 불과하기 때문이다. 불과 몇 분에서 몇십 분을 더 자기 위해 그런 복잡한 꿈 작업을 우리의 심리 장치가 수행한다는 것이 필자는 잘 납득이 가지 않는다. 소망충족의 최종 목적은 수면의 지속이 아니라 좀 더 큰 데서 찾을 수 있지 않을까 한다. 이를테면 꿈은 긴장을 해소하여 정신 장치를 건강하게 한다는 식이다. 이런 주장은 관찰을 통하여 입증되어야 할 것이다.

꿈의 연구는 프로이트에게 두 가지 혜택을 제공한다(GW 17, 86, 94). [첫째, 꿈의 형성을 설명하는 메커니즘은 신경증과 정신증을 이해하는 일을 돕는다. 둘째, 꿈을 연구함으로써 정상적 정신생활을 병리학적 발견에 토대를 두고 구축한다는 비난을 피할 수 있다. 왜냐하면 꿈은 정상인의 삶에 보통 나타나기 때문이다.] 프로이트는 신경증 환자를 치료하면서 정신의 구조에 관한 가설을 확립한다. 이런 방향의 탐구는 환자를 모델로 정상인의 심리 생활을 추론한다는 비난을 받을 수 있다. 그러나 꿈의 연구는 이런 오해를 없앤다. 꿈은 모든 사람의 정신 활동이기 때문이다.

VII - 초심리학

심리적 과정에 대한 서술에는 여러 종류가 있다. 동태적dynamisch 서술, 지형적topisch 서술, 그리고 경제적ökonomisch 서술이다. 첫째, 동태적 서술이란 심리 과정의 변화를 무의식적 과정을 고려하여 서술한다. 예를 들어 사랑이란 성적 에너지가 원래의 목표로부터 저지되어 애착의 목표를 지향하는 무의식적 과정이라고 설명한다면, 이것은 동태적 서술이다. 둘째, 지형적 서술이란 심리 장치를 여러 개의 체계, 즉 지형이 구성한다고 가정하고 그 체계들의 작용을 통하여 심리 과정을 설명하는 방식이다. 꿈의 심리학에서 꿈의 소망충족 방식의 특징이 퇴행이라는 점을 설명하기 위해 무의식적 체계와 전의식 체계로 구성된 심리 장치가 상정되었고, 그 체계들 사이의 작용이 설명되었다. 이것이 지형적 서술이다. 셋째, 경제적 서술이란 우리의 심리 장치의 최종 목적을 고려하면서 심리적 과정을 서술하는 것을 말한다. 인간의 정신생활은 심리장치에 쌓인 흥분을 제거하고자 하는데, 전쟁이 이런 목적에 이바지한다고 말한다면, 이것은 경제적 서술이다.

초심리학적 서술이란 이 모든 것을 통합하는 설명이다. "하나의 심리적 과정을 동태적, 지형적, 경제적 관계에서 서술하면 그것을 초심리학적 서술metapsychologische Darstellung이라고 부르자고 나는 제안한다."(GW 10, 281) 초기에 정신분석은 무의식적 심리 과정을 고려하는 동태적 파악 때문에 종래의 의식 심리학과 구별되었으며, 그다음 심리적 지형^{die} psychische Topik에 대한 고려가 정신분석에 첨가되면서, 정신분석학은 심층 심리학$^{Tiefenpsychologie/depth-psychology}$으로 불리게 되었다(GW 10, 272). 여기에다가 경제적 관점까지 도입되면 초심리학의 단계에 도달하는 것이다.

초심리학은 초^{meta}–심리학^{psychology}이다. 여기서 '메타'는 넘어서^{beyond}라는 의미이므로, 메타–심리학이란 심리학의 한계를 넘어서는 시도이다. 이와 비슷한 명칭은 형이상학$^{meta-physics}$이다.[82] 형이상학은 자연학 ^{physics}의 한계를 넘어서서^{meta} 경험으로 접근할 수 없는 근본적 존재를 가정한다. 초심리학은 심리과학의 한계를 넘어서서 심리 장치와 그것의 원리를 가정한다. 무의식 체계, 전의식 체계, 자아, 이드, 초자아 등은 관찰될 수 있는 사물이 아니라 사변적 구성물이다. 프로이트는 더나아가 인생의 목적이 쾌락과 파괴라고 가정한다. 이것은 과학의 영역을 초월하는 사변적 시도이다. 이런 이유에서 프로이트는 지형적, 경제적 관점이 첨가된 정신 연구를 초심리학이라고 부르자고 제안하였을 것이다. 프로이트의 초심리학은 인간의 근본과 본질에 관한 연구이므로, 철학의 전통 속으로 프로이트는 합류하게 된다.[83] 정신분석이 과학의 한계를 넘어서서 인간에 관한 사변적 모험을 시도한다는 점에서, 정신분석은 의학이나 심리학일 뿐 아니라 철학이기도 한 것이다.

---

82 metapsychology라는 말은 프로이트가 metaphysics에 대응하게 만들어 낸 말이다[Lavina, Gomez. *The Freudian Wars, An Introduction to the Philosophy of Psychoanalysis* (Routledge, 2005), p.11.]

83 Herbert Marcuse, *Eros and Civilization*, p.7.

1. 정신의 구조와 원칙

정신에 관한 프로이트의 견해는 전기와 후기 사이에 외형상 크게 변화한다. 전기 이론에서 정신은 의식과 무의식이며, 후기 이론에서는 이드, 자아, 초자아이다. 초기에 정신분석은 심리 영역을 의식과 무의식으로 나눈다. 이것은 정신 분석의 근본 전제이다. 그런데 프로이트는 인간의 정신 구조를 이렇게 이해하는 데에 세 가지 문제가 있다고 생각한다. 첫째, 무의식의 개념이 혼란스럽다는 것이며, 둘째, 의식과 무의식을 통합하는 '자아'라는 개념이 존재하지 않는다는 것이며, 셋째, 인간의 정신에는 의식과 무의식의 개념으로는 접근할 수 없는 고차원적 요소가 존재한다는 것이다. 이 요소가 바로 초자아이다. 견해가 바뀌면 새로운 개념과 용어가 필요하다. 이제 정신은 이드, 자아, 초자아의 3 요소로 분해된다. 언뜻 보면 전기와 후기는 큰 차이가 있는 것처럼 보이지만, 정신의 구조에 관한 프로이트의 생각은 본질적으로 비슷하다. 무의식의 개념을 선명하게 다듬으면, 무의식의 체계는 이드이며, 의식 체계는 자아와 초자아인 것이다.

먼저, 무의식의 개념의 혼란부터 지적하기로 한다. 프로이트는 무의식에는 세 가지 의미가 있다는 점을 깨닫게 되었다. 서술적^{deskriptiv} 의미, 동태적^{dynamisch}, 그리고 지형적^{topisch} 의미. 첫째, 무의식의 서술적 의미란 의식되고 있지 않은 상태를 말한다. 무의식성은 의식되고 있다는 상태, 즉 의식성의 반대이다. 우리가 지금 자신의 태도, 예를 들어 질투를 알아차리고 있다고 하자. 질투는 우리에게 의식되고 있다. 반면 어떤 강력한 정신적 사건들 또는 표상들은 의식되고 있지 않으면서, 우리의 정신생활에 영향을 주고 있다.

둘째, 무의식의 동태적 의미란 의식하지 않으려는 작용이나 활동을 말한다. 질투가 의식되려면 질투를 의식하는 활동이 있어야 한다.[84] 마찬가지로 어떤 표상이 의식되고 있지 않다면, 표상에 관심이 일시적으로 집중되고 있지 않거나. 그 표상이 의식에 떠오르면 불편하기 때문에 의식 바깥으로 축출하는 활동(억압)이나, 어떤 것을 지각하면서도 지각하고 있다는 것을 부인하는 활동[die Verleugnung/disavowal]이 있다(GW 17, 134). 어떤 표상(예를 들어 지난 달 제주도 여행)은 집중력이 떨어지거나 관심이 다른 곳으로 옮겨 가서 의식되고 있지 않는 경우 쉽게 다시 의식할 수 있다. 이런 심리 과정을 프로이트는 전의식[das Vorbewußte]이라고 부르자고 제안한다. 반면 억압이나 부인의 활동 때문에 의식되지 못하고 있는 심리 과정은 분석가의 도움 없이는 의식되기 힘들다. 이렇게 의식하지 않으려는 적극적 활동의 결과 의식되지 않은 표상이 본래적 무의식[das eigentliche Unbewußte]이다(GW 17, 81-82). 전의식적 심리과정은 서술적 의미에서는 무의식적 표상이지만, 동태적 의미에서는 무의식적 표상은 아니다. 그것은 본래적 무의식은 아닌 것이다.

셋째, 무의식은 인간의 심리 장치를 구성하는 하나의 지형(영역), 기관, 체계를 의미할 수 있다. 어떤 정신의 영역에서 벌어지는 과정은 우리의 인식에서 벗어나 있다. 이 영역이 지형적 의미에서 무의식이다(GW 15, 78-79). 프로이트는 무의식 체계를 명확하게 지시하기 위해 Ubw라는 약어를 사용하기도 하였다. 후기에 가서 그는 이 영역에 다른

---

[84] 의식은 독일어로 Bewußtsein이다. 의식되고 있다는 의미를 분명하게 하기 위해 프로이트는 Bewußtsein을 두 단어로 갈라서 Bewußt sein이라고 한다(GW 13, 240). 그리고 의식한다는 작용을 강조하기 위해서는 역시 Bewußtsein을 두 단어로 갈라서 bewußt machen이라고 한다(GW 13, 241, 246).

명칭을 부여하고자 한다. 왜냐하면 무의식 지역은 의식되고 있지 않다는 무의식성보다 더 중요한 특징을 가지고 있다고 보기 때문이다. 무의식 체계는 이제 이드das Es/id라고 부른다.[85] 이드 즉 '그것'이라는 비인칭적 용어는 이 정신 영역의 주요 특징인, 우리에게 낯설다는 성격을 표현하는 데 매우 적절하다고 프로이트는 본다. 한국어에서도 '그것'은 화자가 드러내어서 말하고 싶지 않은 어떤 생각이나 사건, 욕망 등을 지적한다. 무의식 체계를 이드라고 부른다면, 의식 체계(전의식 체계)에 대해서도 새로운 이름이 필요하다. 그것은 자아das Ich/ ego이다.

이드(그것)는 인간의 자연적 생활을 지시한다. 인간에게 문화도 교육도 없는 자연 상태를 상상해 보자. 자연 상태의 정신이 바로 이드이다. 인간은 개성, 인격과 상관없이 누구나 먹고 자고 사랑하며 살아간다. 우리는 본질적으로 수동적으로 살아가는 측면이 있다. 우리는 우리가 모르는, 우리가 지배할 수 없는 힘들에 의해 떠밀려 삶을 영위하기 때문에 차라리 '살게 된다gelebt'라고 표현하는 것이 나을지도 모른다(GW 13, 251). 인간의 생활 중에서 이러한 비인격적 자연적 필연적 측면을 프로이트는 '그것das Es'이라고 지칭하는 것이다. 인간의 삶은 원래 그것, 이드의 활동이다.

이드는 우리의 정신 속에 있는 어둡고 다가설 수 없는 부분이다 우리는 이드에 관하여 거의 알 수 없다는 것이다. 그 이유는 이드가 신체 기관과 맞닿아 있기 때문일 것이다. 이드는 신체 기관으로부터 충동 욕구 Treibbedürfnis들을 자신 속으로 받아들인다. 이렇게 하여 육체의 충동 욕구

---

85 프로이트는 '그것(das Es)'이라는 용어를 니체와 그로데크(G. Groddeck)로부터 참고했다고 밝힌다 (GW 15, 79).

는 이드 안에서 심리적 발현 방식을 발견한다. 충동적 욕구들로부터 에너지를 받아 이드는 자신을 채운다. 이드는 충동의 에너지로 충전될 뿐 어떤 욕구도 부정하지 않는다. 보통 우리는 무엇을 하고 싶다고 해서 다 실현하는 것이 아니라 어떤 것은 하지 않으려고 한다. 그러나 이드에게는 그런 욕구의 부정Negation이 없다.

그리고 이드에게는 모순율도 없다. 모순율der Satz des Widerspruchs이란 모순을 피해야한다는 논리의 기본 법칙이다. 이드에게는 서로 모순하는 충동들이 나란히 존립한다. 아이들은 이것을 해 달라고 하면서 그것과 모순하는 저것도 동시에 한다. 이드에게는 논리적 사유과정도 없다. 우리는 어떤 일을 착수할 때 과정을 분해하여 먼저 할 것과 나중에 할 것을 고려한다. 이드에게는 그런 논리적 고려 없이 닥치는 대로 하려고 한다.[86] 이드는 어떤 조직도 어떤 통합적 의지도 없는 것이다.

프로이트는 이드를 카오스, 부글부글 끓어오르는 흥분의 냄비에 비유한다(GW 15, 80-81). 이드는 어떤 가치평가도, 선악도, 도덕도 모른다. 맹자는 인간의 본성은 선하다고 하지만, 프로이트가 보기에 원래 인간은 충동 욕구를 충족하려고만 한다. 충동 욕구를 충족시키려는 자세를 프로이트는 쾌락원칙Lustprinzip의 준수라고 부른다. 욕구를 충족하면 쾌락이 수반되기 때문이다.

공리주의에도 쾌락원칙이 나온다. 공리주의의 기본전제에 따르면,

---

86 칸트에게 공간과 시간은 우리의 정신적 활동의 필연적 형식이다. 공간과 시간 중 시간이 보편적 형식이다. 프로이트는 이드 안에는 시간 표상(Zeitvostellung)에 해당하는 어떤 것도 발견되지 않는다는 점을 지적한다. 이드에는 논리적 과정이 없어서 시간적 경과, 흐름이 일어날 수 없기 때문이다. 시간의 경과가 없으므로, 시간 경과를 통한 정신적 과정, 사건의 변화도 생산되지 않는다. 이드에 박혀 있었던 소원 충동은 실제로 불멸이나 다름없어서, 몇십 년이 지나서 마치 새롭게 표상된 것처럼 작용한다(GW 15, 80-81).

인간은 쾌락을 추구하고 고통을 피하려고 한다. 그런데 무엇이 쾌락이고 무엇이 불쾌의 고통인가? 이 점에 대해서 공리주의는 더 이상 탐구하지 않는다. 반면 프로이트는 쾌락과 고통을 흥분의 양을 통하여 이해한다. 정신 장치가 흥분의 에너지로 꽉 차 있으면 우리는 불쾌감을 느낀다. 충동점거Triebbesetzung의 정신 장치는, 즉 정신 장치가 충동의 에너지로 점거되어 있으면 우리의 정신은 흥분의 방출을 원한다. 쾌락의 느낌을 가진 감각은 어떤 것을 절박하게 유발하는 힘Drängendes이 없는 데 반해, 불쾌 감각은 매우 높은 정도로 유발력을 가지고 있다. 불쾌감각은 변화와 방출을 절박하게 요구하는 것이다. 그래서 프로이트는, 불쾌는 에너지 점거Energiebesetzung의 상승이며 쾌락은 에너지 점거의 감소라고 이해한다(GW 13, 249). 에너지 점거가 높을 때 어떤 방식으로 흥분이 방출되면 쾌락을 느낀다. 한국어에도 '머리 뚜껑이 열린다'는 표현이 있다. 분노와 흥분이 머리에 가득 차면, 머리에 구멍이 나서 그것을 통하여 흥분이 방출되는 것을 상상하는 것이다. 이드는 쾌락의 원칙에 따라 움직인다. 어떤 상황에서든 이드는 흥분이 쌓이면 방출하려고 한다.

우리는 외부 세계와 접촉하여 살아간다. 외부 세계는 강력한 힘을 우리에게 행사한다. 외부 세계는 홍수와 같은 자연 환경뿐 아니라 경쟁자나 법 조항 같은 사회 환경도 포함한다. 우리의 이드는 외부 세계를 고려하지 않을 수 없다. 이드는 막강한 외부 세계의 위력을 고려하지 않고 충동의 만족을 위해 맹목적으로 노력하다가는 절멸을 모면할 수 없게 될 것이다. 이드는 자신의 안녕을 위하여 외부 세계를 관찰하는 기능을 발전시켜야 한다. 바로 이렇게 생긴 이드에서 외부세계와 맞닿은 부분, 즉 이드의 껍질이 자아이다. 자아는 먼저 외부 세계를 지각하는 지각 체계W-Bw, Wahrnehmung-Bewußtsein이다. 자아는 외부세계를 관찰하고,

외부 세계에 대한 참된 복사물을 만들어 기억의 형태로 보존한다. 필요할 때마다 자아는 기억에 보존한 외부 세계의 복사물을 우리의 내부로부터 오는 표상으로부터 멀리 떼어 놓는다. 그렇지 않으면 우리는 주관적 공상이나 기대를 객관적 현실이라고 혼동할 우려가 있다. 지각과 회상, 환상과 실재를 구별하는 작업을 프로이트는 현실검사Realitätsprüfung/reality-testing라고 부른다(GW 17, 84). 현실검사는 자아가 수행한다. 반면 이드는 그런 기능이 없다. 우리는 각자가 원하는 대로 상황을 파악하려는 경향이 있다. 예를 들어 우리는 어떤 회사에 학교 선배가 있다는 것을 알고 그냥 그가 우리를 잘 도와줄 것이라고 기대할 수 있다. 이런 내부적 소망에서 형성된 의견은 자아의 현실검사를 통하여 수정되어야 한다. 실제로 그 선배는 도와줄 의사가 없으며, 오히려 학교 동문에 대해 분노를 느끼고 있을 지도 모른다.

그리고 자아는 신체 운동에 대한 통로를 장악하여, 욕구와 행동 사이에서 사유작업이라는 유예를 삽입한다(GW 17, 129). 욕구하는 대로 즉각 행동하지 않고, 주변 상황과 결과를 헤아린다(사유한다). 이때 이와 유사한 과거는 어떻게 일이 진행되었는지 경험의 기억잔여, 즉 기억 재고를 활용한다. 그 유예기간 동안 자아는 이드를 지배하던 쾌락원칙을 왕좌에서 끌어내리고 쾌락원칙을 현실원칙으로 대체한다. 현실원칙이 좀 더 확실하고 커다란 성과를 약속하기 때문이다. 현실원칙은 쾌락원칙의 수정이지 폐기는 아니다. 현실원칙도 우리에게 쾌락을 추구하라고 지시한다. 다만 좀 더 유리하고 안전한 상황인지 고려해 가면서 어떨 때는 충동의 만족을 지연시키고 어떨 때는 목표를 바꾸어 가며 쾌락을 추구해야 한다는 점을 현실원칙은 강조하는 것이다.

자아는 이성Vernunft, 사려Besonnenheit를 대변하며, 이드는 정욕Leidenschaft

을 포함한다(GW 13, 252-253). 그러나 이드와 자아의 관계는 정욕과 이성의 관계와 일치하지 않는다. 이성은 정욕과 독립적인 기관이며 위력이다. 그러나 자아는 그 자체는 아무런 힘이 없으며 힘을 이드로부터 빌려 온다. 자아는 외부 세계의 직접적 영향을 받으며 이드의 변형된 일부이다. 이성은 자신의 위력으로 정욕을 통제한다. 그러나 자아가 이드의 정욕을 통제할 때는 이드의 위임에 따라서 그렇게 한다. 그 통제가 이드에게 유리하기 때문에 이드가 자아에게 통제를 위임하는 것이다. 프로이트는 자아와 이드의 관계는 기수와 말의 관계와 유사하다고 본다(GW 15, 83). 말은 장소 이동을 위한 에너지를 내어놓는다. 기수는 목표를 정하고, 힘센 동물을 조종하는 특권을 가지고 있다. 그러나 기수가 말이 가자는 데로 말을 이끄는 경우도 자주 있다. 이런 경우 말은 위험에 빠지기 쉽다. 자아와 이드 사이에도 이런 일이 자주 일어난다.

지금까지 자아에 대한 서술을 요약하면 다음과 같다. "자아는 이드와 외부세계 사이를 매개하고 이드의 충동 요구를 수임^{受任}하고 만족시키려고 하며, 외부 세계로부터는 지각을 이끌어 내고, 이 지각을 기억으로 활용하여 자기 보존을 위해 노력하고, 이드와 외부세계로부터 오는 과도한 요구는 들어주지 않고, 수정된 쾌락원칙에 따라 행동을 결정한다." 자아에 대한 이 그림은 유아기의 마지막, 약 5세까지만 맞는 말이다(GW 17, 136). 이때 동물의 정신 장치에는 없는, 인간에게만 특유한 장치가 자아 내부에 설치되기 시작하는 것이다. 이 새로운 기관은 외부세계의 일부가 대상이기를 중단하고 자아의 내부 세계가 됨으로써 형성된다. 프로이트는 이 기관을 초자아^{das Überich/superego}라고 부른다. 초자아에는 세 가지 의미가 있다. 자아-이상, 양심, 그리고 전통이다.

먼저 초자아는 자아를 초월한 것^{Über-Ich}, 즉 자아-이상^{Ich-Ideal}이다. 자

아-이상은 아이에게 부모이다. 부모는 혼자 힘으로 살아갈 수 없는 아이에게 영양을 공급하며, 보살펴 준다. 부모는 아이를 사랑한다. 그래서 아이는 부모를 사랑한다. 어머니나 아버지는 아이보다 성숙하고 강력한 힘을 가지고 있다는 점에서 아이에게는 이상이다. 초자아는 아이의 이상이 아이의 자아 외부에 머물지 않고 자아 내면에 들어와 설치된 기관이다. 이런 일은 남자 아이에게는 오이디푸스 콤플렉스가 해체되면서, 여자아이에게는 반대로 오이디푸스 콤플렉스가 형성되면서 일어난다. 오이디푸스 콤플렉스는 아이가 부모의 한편을 사랑하고 한편을 미워하는 자세이다.

오이디푸스 콤플렉스 단계에 들어서기 전에 아이는 남자나 여자 모두 어머니를 사랑한다. 최초에는 모든 인간은 자기를 사랑한다. 이 현상을 프로이트는 일차적(근원적) 자아도취증Narzißmus이라 부른다. 나중에 우리는 사랑의 에너지를 바깥으로 내어보내 타인을 사랑한다. 이것은 대상을 사랑한다는 점에서 대상-사랑이며, 대상을 리비도로 점거하기 때문에 대상-리비도이다. 아이에게 최초의 에로스 대상은 아이를 양육하는 어머니의 가슴이다. 그런데 그것을 아이는 자신의 일부라고 여긴다. 어머니의 가슴은 처음에는 아이 자신의 신체와 구분되지 않기 때문이다. 가슴이 아이의 신체로부터 떨어져 나가, 외부에 놓이면, 아이가 가슴을 자주 그리워하기 때문에 가슴은 사랑하는 대상이 된다 (GW 17, 115). 프로이트는 어머니가 아이에게 사랑의 최초 대상이라는 점은 남자 아이나 여자 아이 모두 같다는 점을 강조한다(GW 14, 61-62, 517). 이 단계를 프로이트는 오이디푸스 콤플렉스 이전단계die präödipal Phase/the pre-Oedipus phase라고 부른다(GW 14, 523). 이것으로부터 아이는 오이디푸스 콤플렉스의 단계로 나아간다.

오이디푸스 콤플렉스란 희랍의 연극에서 주인공 오이디푸스처럼 어머니를 사랑하고 아버지를 미워하는 태도를 말한다. 이 태도는 소년이 남근기(2, 3세)일 때 시작된다(GW 17, 116).

[남자아이는 유쾌한 감각을 자신의 남근으로부터 느끼고 그 감각을 손으로 자극하여 마음대로 만들어 낼 줄 알게 되면, 아이는 어머니를 사랑하게, 연모하게 된다. 소년은 어머니를 신체적으로 소유하고자 하며, 그가 성생활을 관찰하거나 예상하여 짐작하는 형태로 어머니를 유혹하려고 한다. 소년이 어머니에게 자신의 음경을 보여 줌으로써 소년은 음경의 소유를 자랑스러워한다. 소년은 어머니에 대해 아버지의 자리를 대체하려고 한다. 지금까지 아버지는 소년에게 힘과 권위 때문에 부러운 모범이었다. 그러나 이제 아버지는 소년의 경쟁자이다. 소년은 아버지가 부재중에 어머니의 침대를 공유할 수 있는데, 아버지가 돌아오면 침대로부터 추방되므로, 아버지가 사라지는 것이 아이에게는 만족스런 상황이며, 다시 돌아오면 실망의 상황이다.]

아이의 성적 발전은 구강기, 항문기를 거쳐서 생식기가 주도하는 남근기의 단계에 도달한다. 이 생식기는 남성의 생식기, 페니스이며, 여자의 성기는 아직 발견되지 않았다. 이 남근기가 오이디푸스 콤플렉스와 시기와 같다(GW 13, 396). 오이디푸스 콤플렉스의 이전 단계에서는 소년은 어머니뿐 아니라 아버지도 사랑하지만, 이제 아버지는 소년에게 증오의 대상이 되는 것이다. 매우 어린 시절, 아이는 어머니를 사랑하다가 아이의 어머니에 대한 성적 소원의 강화되고, 그리고 아버지가 이런 소원에 방해된다는 지각이 아이에게 생김으로써 오이디푸스 콤플렉스가 발생하는 것이다. 이제 아들의 아버지에 대한 태도는 적대적 색채를 띤다. 그것은 아버지를 제거하고 어머니 옆에 아버지가 차지한 자리를 빼앗으려는 소원으로 바뀌는 것이다. 그렇다고 남자아이가 아버지를 미워하기만 하는 것은 아니다. 아버지도 아이를 돌봐 주기 때문에, 그리고 아이에게 사랑의 대상인 어머니를 아버지가 소유하고 있기 때문에 아이는 아버지를 여전히 동경한다. 이때부터 아버지에 대한 관계는 양가적ambivalent 성격을 띠게 된다. 아버지에 대한 양가적 태도와 어머니에 대한 애착적 대상점거die zärtliche Objektbesetzung는 소년에게 단순한, 긍정적 오이디푸스 콤플렉스의 내용이다.

남자아이의 오이디푸스적 태도는 오래 지속하지 못한다. 아이는 거세의 위협을 받기 때문이다. 남근기가 되면 남자아이는 성기에 관심을 돌리고, 그것을 만지면서 관심을 드러낸다. 그러나 어머니는 거세를 위협하며 아이에게 수음을 금지시킨다(GW 17, 116-117 / GW 13, 397-398).

[어머니는 아이의 수음을 허용하는 것이 옳지 않다고 판단한다. 어머니는 금지가 효력이 있도록 매우 심한 수단을 채택한다. 어머니는 아이로부터 그 물건을 떼어 버리겠다고 위협한다. 대개 어머니는 더욱 겁나게 위협하고 그럴듯하게 하기 위해 아이의 아버지나 의사가 거세의 작업을 실행할 것이라고 아이에게 협박한다. 어머니는 아이가 수음한다는 사실을 아버지에게 일러바쳐서 아버지가 아이의 음경을 잘라 버릴 것이라고 아이에게 말하는 것이다. 처음에 아이는 거세를 믿지 않고, 수음하지 말라는 지시를 듣지 않는다. 소년은 거세 같은 일이 일어날 수 있다는 점을 이해하지 못하기 때문이다. 그러나 여자의 성기를 본 일을 회상하거나, 여자의 성기를 볼 기회가 생기면, 여자의 성기는 페니스를 결여하고

있기 때문에, 소년은 어머니로부터 들은 거세 위협을 심각하게 받아들이고 거세 공포의 영향 속으로 들어간다.]

거세 위협은 아이가 여자의 성기를 본 후에야 효력을 발휘한다. 아이는 수음을 하며 오이디푸스적 공상에 잠기는 일을 포기하지 않으면 안 된다.

아이는 부모에 대한 오이디푸스적 태도에서 두 가지 만족을 얻는다. 능동적aktiv 만족과 수동적passiv 만족이다. 능동적 만족이란 아이가 공상 속에서 아버지에 자리에 올라 아버지처럼 어머니와 성교할 때 생기는 만족이다. 아니면 아이는 어머니의 자리를 차지하고 아버지로부터 사랑받기를 바랄 수도 있다. 이것은 수동적 만족이다. 프로이트는 능동적 만족을 얻는 방식을 긍정적 오이디푸스 콤플렉스, 수동적 만족을 얻는 경우를 부정적 오이디푸스 콤플렉스라고 부른다.

거세의 가능성을 남자 아이가 수용함으로써 오이디푸스 콤플렉스로부터 얻는 두 가지 만족을 모두 포기한다. 왜냐하면 둘 다 페니스의 상실을 내포하기 때문이다. 아이가 남자가 되면 아버지가 처벌로 페니스를 자를 것이고, 아이가 여자가 되면 페니스가 잘려야 한다(GW 13, 398). 오이디푸스 콤플렉스의 영역에서 아이가 만족을 얻는 데에는 페니스 상실이라는 비용을 지불해야 한다. 아이는 갈등으로 들어간다. 신체의 그 부분을 지킬 것인가, 아니면 부모를 계속 사랑할 것인가? 이 갈등에서 첫 번째 대안이 보통 승리를 거둔다. 아이의 자아는 오이디푸스 콤플렉스(오이디푸스적 태도)에서 빠져나온다. 이것이 프로이트가 서술하는 남자아이의 경우 오이디푸스 콤플렉스가 해체되는 과정이다.

남자 아이는 오이디푸스 콤플렉스가 해체되면서 어머니에 대한 리비도 대상점거는 포기된다. 그 자리에 두 가지 가능성이 들어설 수 있다 (GW 13, 260). 어머니와의 동일화 또는 아버지와의 동일화가 그것이다. 후자의 결과를 프로이트는 정상적 결과라고 본다. 왜냐하면 그것은 어머니에 대한 애착적 관계를 어느 정도 확보하고, 아버지와 동일화하여 남성성이 소년의 성격에서 견고해지기 때문이다. 아버지의 권위는 자아로 내투사된다. 아버지의 권위가 남자 아이의 자아 안으로 들어와 초자아의 핵심을 형성한다. 아이의 자아-이상은 이제 자아 안에 새로운 하나의 기관, 초자아로 자리 잡는다. 이 시기는 5세 정도이다. 똑같은 방식으로 어린 소녀의 오이디푸스 상황에서 어머니와의 동일화가 일어나며, 여자 아이에게 여성적 성격이 확립될 수 있다면, 그것은 오이디푸스 콤플렉스의 긍정적 방식이다.

그러나 여자는 남자와 오이디푸스 콤플렉스가 다른 방식으로 일어난다. 다시 말해 남자의 오이디푸스 관계를 성만 바꾼다고 여자의 오이디푸스 관계가 아닌 것이다. 이런 차이 때문에 프로이트는 여자의 오이디푸스 콤플렉스에 대해 엘렉트라 콤플렉스Elektrakomplex라는 용어를 사용하기 싫어하였다(GW 14, 521). 아이가 한 성별의 부모는 사랑하고 그 반대 성별의 부모는 증오한다는 것은 남자 아이에만 해당되는 것이다. 여자에게는 전혀 이야기가 다르다. 그 차이는 해부학적 구조 때문이다.

어린 여자 아이는 거세 위협에 빠질 이유가 없다. 여자 아이는 거세의 사실을 받아들이면서 남성의 우월성과 여성의 열등성을 인정한다. 그러면서도 이런 불만스런 사태에 대해 저항한다. 이 상반된 태도로부터 여자 아이에게는 세 가지 발전의 경로가 열려 있음을 프로이트는 지적한다(GW 14, 522-523).

[첫째, 성생활 전반을 혐오하는 태도로 나아간다. 남근기에 여자 아이는 남자 아이처럼 생식기를 손으로 자극하여 쾌락을 산출하려고 시도하여도 만족을 얻지 못하고, 자신의 위축된 페니스(클리토리스)가 열등하다는 판단을 내린다. 이 판단은 그녀의 인격 전체로 확대되어 수음 행동을 중단한다. 왜냐하면 소녀는 남자 형제나 남자 놀이동무의 우월성을 상기하고 싶지 않기 때문이다. 소녀는 성적 생활로부터 등을 돌린다. 둘째, 어린 소녀는 남자로 자라고 싶다는 소망을 극단적으로 고수한다. 그녀는 언젠가는 페니스를 가질 수 있을 것이라는 희망을 버리지 않고 그것을 인생의 목표로 삼는다.[87] 세 번째, 여자 아이는 아버지를 대상으로 선택하여 오이디푸스 콤플렉스의 여성적 형태에 도달한다. 여자 아이는 페니스 선망의 영향을 받으며 어머니를 용서할 수 없다. 어머니는 소녀를 그렇게 결함 많은 존재로 낳았기 때문이다. 이점에 여자 아이는 분노하며 어머니를 포기하고, 어머니 대신 아버지를 사랑의 대상으로 삼는다.]

여자에게 거세 콤플렉스란 거세의 사실에 대한 반응이다. 여자는 성생활을 멀리하거나, 남자처럼 되려고 하거나, 남자(아버지)를 사랑의 대상으로 선택한다. 세 가지 길이 있는 것이다.

오이디푸스 콤플렉스와 거세 콤플렉스의 관계는 남자와 여자에게서 반대 모양을 취한다. 남자에게는 거세 위협이 오이디푸스 콤플렉스를 종식시키지만, 반면 여성에게는 남근 결핍을 통하여, 다시 말해 거세에

---

[87] 여자의 남성 콤플렉스(Männlichkeitskomplex/masculinity complex)를 프로이트는 남근 선망(Pennisneid)이라고도 부르는데, 이것은 대상선택에서 동성애 경향을 드러내는 쪽으로 나아간다.

대한 반응을 통하여 오이디푸스 콤플렉스로 밀려 들어가는 것이다. 거세의 영향에 의해 남자에게는 오이디푸스 콤플렉스가 붕괴되는 반면, 여자에게는 창조된다. 여자에게 오이디푸스 콤플렉스가 형성되면서 여자 아이의 자아 내부에 초자아가 설치된다.

여자 아이에게도 오이디푸스 이전 단계에서는 어머니가 사랑의 대상이다. 그런데 그 대상이 아버지로 바뀌는 과정이 상당히 복잡하다. 남자 아이는 아버지와 동일화하여 그를 자아 내부에 초자아의 기관으로 설치하는 과정은 이해하기 어렵지 않다. 반면 여자 아이는 오이디푸스 이전과 이후 사랑의 대상이 어머니에서 아버지로 전환된다. 여자 아이는 남근 선망의 영향을 받아 어머니를 포기한다. 사랑의 대상으로서 어머니를 포기하면서 어떻게 여자 아이는 어머니와 동일화하여 여성적 존재로 자라나게 될까? 프로이트는 우울증 환자의 동일화 과정을 도입하여 이 물음에 답한다.

우울증 환자는 사랑의 대상을 상실하고, 상실된 사람을 환자 자신의 마음에 설립하여 불쾌한 감정, 즉 고통을 해소한다(GW 13, 256). 우리가 누군가를 사랑한다면, 우리의 관심으로 대상이 점거된다. 사랑의 대상이 에너지(리비도)로 점거되는 현상을 프로이트는 대상점거Objektbesetzung라고 부른다. 사랑의 에너지로 어떤 대상이 점거되면 자아의 흥분이 증가한다. 만약 내가 그 대상과 만나 사랑을 나눈다면 흥분이 소산된다. 그러나 그럴 수 없다면 대상을 내 안에 받아들여 문제를 해결할 수도 있다. 외부의 대상은 나의 뜻대로 접근할 수 없지만, 나는 자신을 마음대로 할 수 있다. 자아가 외부의 어떤 대상을 자신 안에 설립하는 과정을 동일화라고 한다. 상실한 대상을 다시 자아 안에 설립한다면, 대상점거가 동일화를 통하여 교체되는 것이다. 대상에게 마음으로 두어 대상이 관심과 에너지로 점거되어 있다가, 우리 자신이 그 대상과 동일화하여, 우리가 그 대상과 닮아 감으로써, 우리 안에 그 대상이 들어온다면, 대상점거가 동일화로 바뀌는 것이다.

대상점거를 동일화로 대체하면 자아의 변형이 일어난다. 포기된 대상의 흔적이 자아의 성격에 쌓이게 되는 것이다. 프로이트는 자아의 성격이 '포기된 대상점거의 침전물'이며, 대상선택의 역사를 포함하고 있다고 말한다. 여자 아이는 거세의 사실을 인정하면서 세 가지 길로 발전한다. 그중 세 번째 길에서 여자 아이는 어머니에 대한 대상점거를 동일화로 대체하여 어머니를 자신 안에 받아들여 자아가 변형된다. 여자 아이의 자아에 자아-이상이 설치되는 것이다.

초자아의 첫 번째 특징은 자아-이상이다. 오이디푸스 콤플렉스가 해체되며 남자에게 자아-이상은 아버지가 된다. 아이는 아버지를 자아-이상으로 삼고 아버지를 모방하여 나중에 어머니와 같은 대상을 선택하려고 한다. 여자 아이인 경우 어머니를 모방하여 어머니가 자아-이상이 된다. 이런 의미에서 오이디푸스 콤플렉스는 자아 안에 자기-이상이라는 침전물을 남긴다(GW 13, 262). 그런데 오이디푸스 단계가 반드시 이런 결과만을 남기는 것은 아니다. 남자 아이의 경우 어머니와 동일화하여 아버지의 사랑을 기대하는 경우도 있다. 여자 아이의 경우 오이디푸스 형태를 취하는 것은 세 가지 가능성 중 하나이다. 나머지 두 가지 행로에서는 여자아이에게 초자아가 형성되기 어려울 것이다.

자아-이상은 '아버지처럼 되라'고 아이에게 상기시켜 주는 측면 말고, '저렇게는 되지 말라'고 아이에게 금지하는 측면도 있다. 아이는 아버지의 모든 것을 따라 해서는 안 된다. 그중 어떤 것은 아버지만의 특권이기 때문이다. 그 특권은 어머니에 대한 것이다. 자아-이상의 이런 이중적 측면은 아이의 힘이 허약하여 오이디푸스 콤플렉스(오이디푸스적 태도)를 억압해야 한다는 필연성에서 나온다(GW 13, 262-263). 오이디푸스 콤플렉스의 억압은 쉬운 과제가 아니다. 어머니에 대한 사랑을 쉽게 포기할 수 없기 때문이다. 유아의 자아는 아버지의 금지를 자신 안에 설립하여 자신을 강화한 후, 그 억압을 수행한다. 우리가 외부의 명령에 따라 움직이는 것보다 그 명령을 자신 자신이 내린 명령이라고 생각하면 훨씬 쉽게 행동을 제어할 수 있다. 유아적 자아는 어머니에 대한 태도를 통제하기 위해 아버지로부터 힘을 빌려 온다. 아버지의 금지는 아이의 내면으로 들어온다. 이 과정을 프로이트는 '내면화된다 verinnerlicht werden'고 한다(GW 15, 67-68). 내면화된 금지 기관을 우리는 양심이라고 부른다. 양심이 초자아의 두 번째 특징이다.

양심은 모든 인간이 구비하고 있는 보편적 도덕적 판단의 능력이라고 간주되어 왔다. 분명 양심은 우리 내부의 어떤 것etwas in uns이다. 그러나 처음부터 그런 것은 아니다. 다시 말해 우리는 인생의 초기부터 양심이 작용하지는 않는다. 성생활은 반대이다. 프로이트에 따르면, 인간은 아주 어린 시절부터 성생활을 하기 때문에, 그것은 실제로 생의 처음부터 현존하는 것이지, 나중에 부가되는 것이 아니다. 반면 양심은 처음에는 없다가 나중에 정신에 덧붙는 기능이다. 어린아이에게 도덕은 없다. 아이는 쾌락을 추구하는 충동을 저지하는 어떤 내부적 억제도 없다. 나중에 양심, 즉 초자아가 떠맡는 역할을 처음에는 외부적 위력, 부모의 권위가 행사한다. 부모의 영향이 아이를 통제하는 것이다. 부모는 아이에게 사랑의 징표(徵標)를 제공하거나 사랑의 상실 기호인 처벌의 위협을 행사함으로써 아이의 행동을 조정한다. 이제 아이는 부모와 동일화함으로써 부모의 명령이 아이의 내부로 들어가 자아의 일부를 구성하게 된다. 부모의 명령이 내면화되어 초자아가 설치되면, 이전에 부모가 아이에게 하던 방식대로 아이의 초자아는 아이의 자아를 관찰하고 지시하고 처벌한다.

외부의 금지와 처벌이 내부로 들어가는 내면화 과정을 프로이트는 관찰망상 환자의 예를 들어 설명한다(GW 15, 64-65). 그들은 불평한다. 그들은 끊임없이 그리고 아주 내밀한 행동에 이르기까지 알 수 없는 어떤 위력적 존재(아마도 사람)의 관찰 때문에 괴롭힘을 당하고 있으며, 그들이 관찰 결과를 보고하는 말을 듣고 있다고 주장한다.[88] "이제 그(환자)는 그것을 말하려고 해. 그는 옷을 입고 외출하려고 해." 이 관찰망상Beobachtungswahn 환자들은 사람들이 그들을 의심하고, 그들이 처벌받을, 금지된 일을 하면 체포하려고 기다리고 있다고 전제한다. 우리 모두에게도 자아 안에 관찰하고 처벌하려고 위협하는 기관Instanz, 즉 양심이 있다. 관찰망상 환자는 그 기관을 자아로부터 날카롭게 분리하여 외부 현실로 자리를 바꾼다verschieben. 우리는 외부의 권위를 내부로 넣는 데 반해, 관찰망상 환자는 내부의 기관을 외부로 빼내는 것이다. 그들이 외부로부터 듣는 말은 사실상 자신의 초자아가 자신에게 하는 말이다. 종교인들도 자주 자신이 자신에게 하는 말을 신이 자기에게 계시를 내렸다고 주장한다.

초자아를 자아와 독립적 기관으로 프로이트가 간주하는 데에는 그럴 만한 이유가 있다. 어떤 사람의 초자아는 자아를 너무 심하게 다룬다. 우울증 환자는 건강할 때는 다른 사람처럼 자신에게 다소 엄격하지만, 우울증이 발작하면 초자아는 연약한 자아에게 과도하게 엄격해지고 모

---

88 실제로는 환청이다.

욕 주고, 깎아내리고, 학대한다(GW 15, 66-67). 초자아는 예전에 지나간 행위들, 그 당시에는 쉽게 수용했던 과거의 행위들에 대해서도 비난을 퍼붓는다. 초자아는 강력한 도덕적 기준을 무력한 자아에게 들이대는 것이다. 초자아는 도덕성의 요구를 대변한다. 우리의 도덕적 죄의식moralisches Schuldgefühl은 자아와 초자아 사이의 긴장의 표출이다. 우리는 도덕이 마치 신으로부터 부여받아 우리 내면 깊이 뿌리박고 있는 듯 믿고 있다. 그러나 도덕은 주기적 현상처럼 보인다. 우울증 환자는, 몇 달이 지나고 나면 도덕적 비난이 사라지고, 초자아의 비판은 다음 발작 때까지 침묵한다. 그 사이 기간에 정반대 현상이 발생하기도 한다. 자아는 행복한 도취상태에 들어가, 승리를 만끽한다. 마치 초자아가 힘을 모두 상실하고, 자아에게 합병된 것처럼, 자아는 아무런 저지도 없이 자신의 모든 충동의 충족을 허용한다.

초자아의 세 번째 특징은 전통의 전승이다. 초자아는 전통을 담고 있다(GW 15, 73-74). 부모들은 아이를 교육할 때 그들 자신의 초자아의 지침을 따르기도 한다. 그들에게도 자아와 초자아가 대결을 벌이고 있지만, 아이의 교육에서 그들은 엄격하고 요구가 많은 것이다. 그래서 아이의 초자아는 원래 부모의 자아뿐 아니라, 부모의 초자아의 전범Vorbild에 따라서도 건립된다. 아이의 초자아가 부모의 초자아와 같은 내용으로 채워지므로, 초자아는 전통을 담지하게 된다. 이런 식으로 전통은 세대를 건너가며 대를 잇는다.

프로이트는 유물론적 관점이 이런 요소를 과소평가하는 과오를 범하고 있다고 지적한다. 유물론에 따르면 인간의 이념체계는 실제적·경제적 관계의 결과물 즉 상부구조이다. 이 주장은 맞지만, 전체가 진실은 아니다. 인간은 전적으로 현재에 살지 않는다. 초자아에는 과거, 즉 종족과 민족의 전통이 살아 있는 것이다. 초자아에 담겨 있는 전통 즉 이데올로기는 현재의 영향과 새로운 변화를 맞이하여 아주 천천히 퇴각한다. 초자아는 경제 관계로부터 독립적인 강력한 역할을 인간의 삶에서 행사하기도 하는 것이다.

기본 충동 즉 이드는 우리에게 원래 존재하지만 초자아는 그렇지 않다. 초자아는 인간이 성장하면서 자아 내부에 설치된다. 초자아는 자아가 도덕의 원칙Morality principle을 준수하기를 요구한다. 우리가 충동을 따르지도 않고, 이해타산의 고려도 따르지 않고, 오로지 옳기 때문에 무언가를 한다면, 도덕의 원칙을 준수하는 것이다. 칸트는 자연적 욕망의 압박으로부터, 그리고 자기 이익의 계산으로부터 벗어나서 행동해야 도덕적 가치를 지닌다고 한다. 프로이트의 초자아 역시 자아의 이익을 초월한다. 프로이트의 입장은 칸트와 대립하지 않은 것이다.[89] 다만 칸트는 행위가 옳기 위해서는 자기이익만 초월해서는 안 되며, 그 행동이 옳다는 점을 의식하고 있어야 한다고 주장하는 점이 프로이트와 다르다.

칸트의 견해에서 자기 이익에 대한 무관심은 결국 사회의 보편적 이익에 대한 고려의 뒷면이다. 내가 행위에서 개인의 이해관계를 고려하지 말고 행동하라는 것은 사회의 요구에 따라 행동하라는 것과 결과적으로 같다. 그래서 칸트가 의도하는 도덕의 내용은 초자아의 명령과 비슷해지는 것이다. 자기 이익을 고려하지 말라는 요구와 타인의 인정을 받기 위해 사회의 요구를 따르라는 요구는 거의 같은 내용의 도덕을 낳는다.

---

89 Jennifer Church, Morality and the internalized other, *The Cambridge Companion to Freud* (Cambridge Univ. Press, 2006), p.220.

2. 자아 심리학

정신의 영역을 통합하는 개념이 전기 사상에는 없다. 우리의 정신 영역이 의식, 전의식, 무의식으로 분해되더라도 그것들은 각각의 개인에게는 서로 연결되어 통합적 조직을 이루고 있을 터인데 그것을 지칭하는 용어나 개념이 없다는 것이다. 이 점을 통찰하면서 프로이트는 의식, 전의식, 무의식의 3 요소로 정신의 구조를 파악하는 전기의 이해가 충분하지 못하다는 점을 깨달은 것이다. 정신 영역의 통합적 조직을 프로이트는 '자아'라고 부른다. 그런데 앞에서 정신은 이드, 자아, 초자아, 이렇게 세 가지 요소로 이루어졌다고 하였다. 자아는 세 영역 중 하나인 것처럼 보인다. 프로이트에게 자아는 이 두 가지 특성을 다 가지고 있다. 자아는 다른 두 영역들과 구별되면서도, 그것들을 모두 통합하는 위력, 통일적 전체이기도 하다.

자아는 심리 장치의 통일성을 지향하는, 통합의 체계이다. 자아를 이런 각도에서 바라보면 다음 문제가 제기된다. 자아는 통합의 과제를 어떻게 수행하는가? 자아의 작용 원리는 무엇인가? 프로이트는 이런 물음에 대한 탐구를 자아 심리학Ichpsychologie/ego-psychology이라고 부른다(GW 15, 63-64). 자아 심리학은 내용상 초심리학과 다를 것이 없을 것이다. 필자 생각에 자아 심리학은 탐구의 주제가 자아의 통합성이라는 점을 강조하는 용어이며, 초심리학은 연구 방법이 과학을 넘어서서 사변speculation이라는 점을 지적하는 표현일 것이다.[90]

---

[90] '자아심리학'은 미국의 정신분석학파를 지칭하기도 한다. 1950년대 자크 라캉은 프로이트의 복귀를 외치면서 무의식의 중요성을 강조했다. 반면 자아심리학파는 자아를 강조했다(Fink, op. cit., pp.24-25).

자아의 구성 요소와 그것의 기능, 그리고 그것들 사이의 관계는 앞에서 서술한 바와 같다. 자아는 이드, 자아, 그리고 초자아로 구성되어 있다. 이드는 쾌락의 원칙에 따라 움직이며, 자아는 현실을 고려하여 이드의 요구를 받아들인다. 자아는 쾌락원칙을 수정한 현실원칙을 마련한다. 초자아는 자아의 이상이며, 자아를 비판하고 문화 작업에 자아가 참여하기를 요구한다. 자아에게는 여러 방면의 요구가 있는 것이다.

자아는 세 방향으로부터 오는 요구를 들어야 한다. 외부 세계, 이드, 그리고 초자아(GW 15, 84-85)이다. 첫째, 자아는 외부 세계를 존중한다. 원래 자아는 이드의 외피에서 외부 세계를 경험하는 조직으로부터 발전하였으므로 현실을 지각하고 기억하며, 현실검사를 수행하여 지각과 기억, 현실과 공상을 구별하려고 한다. 그럼으로써 자아는 환각적 만족phantastische Befriedigung이 아니라 실제적 만족reale Befriedigung을 얻고자 한다(GW 8, 235). 둘째 자아는 이드의 요구를 현실의 상황에 맞게 조정한다. 이드의 무의식적 심리과정을 움직이는 원칙은 쾌락원칙이다. 쾌락원칙이란 쾌락은 얻고 불쾌는 회피하라는 쾌락-불쾌 원리das Lust-Unlust-Prinzip를 줄인 말이다(GW 8, 231). 이드는 소망을 형성하고 쾌락을 얻으려고 움직이고, 불쾌를 회피하는 쾌락-자아das Lust-Ich/pleasure-ego이다. 반면, 현실-자아das Real-Ich/reality-ego는 유용한 것을 추구하고 피해로부터 자신을 보호한다. 현실-자아는 순간적 쾌락은 결과가 불확실하여 포기하고, 나중에 오지만 확실한 쾌락의 길을 찾는다. 유용하다는 것은 장기적 관점에서 쾌락을 주는 것이므로, 쾌락원칙을 현실원칙으로 대체하는 것은 쾌락원칙을 버리는 것이 아니라, 확실하게 하는 것이다(GW 8, 236). 셋째, 자아는 불합리한 초자아의 요구를 거부해야 한다. 대개 초자아는 자아와 공동보조를 맞추어 완고한 이드의 요구를 억제한다. 이럴 때 초자아와 자아는 구별되지 않는다. 간혹 초자아는 이드와 외부세계의 측면으로부터 오는 난관들을 고려하지 않고. 무조건 명령을 들으라고 자아를 압박한다. 초자아는 자신의 명령이 수행되지 않으면 자아를 열등감이나 죄책감Schuldbewußtsein의 긴장정서로 처벌한다.

자아는 현실, 이드. 그리고 초자아와 3면에서 의존적 관계를 맺고 있다. 이 의존성 때문에 3자가 제기하는 요구를 자아는 충족시켜야 하고, 그러면서도 자아 자신의 조직을 바로 똑바로 유지하고, 독립성을 보전해야 한다. 그래야 우리의 정신 장치는 통일성을 유지할 수 있다. 자아는 세 주인의 요구를 들으면서 통일성을 유지하고자 하는 이 과제를 제대로 수행하기 어렵다. 자아는 현실에 의해 반격당하면서, 이드에 의해 휘둘리고, 초자아에 의해 몰리면서, 자아의 통합성을 유지하는 과제를 수행하려고 노심초사하는 것이다. 프로이트는 자아의 노고를 "인생은 쉽지 않다Das Leben ist nicht licht!"고 표현한다(GW 15, 85). 자아의 외부에서, 자아 안에서, 자아 위에서 작용하는 위력과 영향들의 조화를 조성하기가 말처럼 쉽지 않다는 것이다.

보통 사람의 경우, 자아에게 가장 막강한 적은 현실일 것이다. 자아가 힘이 약하여 현실과 자신을 조화하지 못하면 정신증이 발생한다고 프로이트는 지적한다. 극단적 정신증의 경우 외부 세계는 전혀 지각되지 않거나, 외부 세계를 지각해도 전혀 효력을 발휘하지 않은 채, 자아는 스스로의 힘으로 새로운 외부 세계와 내부 세계를 창조한다(GW 13, 389). 외부 세계란 지각의 세계이며, 내부 세계란 지각의 기억창고이다. 극단적 정신증은 지각의 세계뿐 아니라 기억의 세계마저도 조작하는 것이다. 이렇게 하는 이유는 자아의 소망을 현실세계가 거절하고, 이것을 자아가 견딜 수 없기 때문이다. 이런 정신증의 기전과 동기는 꿈과 비슷하다. 프로이트는 꿈을 일종의 정신증이라고 부른다(GW 17, 97).

신경증은 이드의 요구와 자아가 조화를 이루지 못하는 자아의 장애 때문에 일어난다. 자아가 허약하여 이드의 강력한 충동발동을 수용하지 못하면 억압의 기전을 통하여 자아가 자신을 보호하는 과정에서 증상을 만들어 내는 것이다. 자아가 강하다면, 이드의 충동을 운동적 해소로 쫓아 버리거나, 그렇게 하지 못하더라도 견디면서 그 충동발동이 지향하는 내용을 부정하지 않을 것이다.

프로이트는 자아가 이드뿐 아니라 초자아를 통제해야 한다고 주장한다. 이드는 인간의 욕망이므로 이것에 대한 억제의 필요는 쉽게 이해할 수 있다. 그러나 왜 초자아도 통제해야 할까? 우리가 엄격한 도덕 아래서 살면 더 좋은 사람이 되지 않을까? 프로이트는 초자아가 도덕과 문명의 형성에 꼭 필요하지만 그것의 힘이 너무 커질까 우려한다. 프로이트는 자아와 초자아의 갈등에 근거하는 질병이 있다고 가정하고 그것의 대표적 사례가 우울증Melancholie이라고 추리한다(GW 13, 390). 초자아가 너무 강력하면 우울증이 증가한다. 이것이 문명의 본질적 문제라고 프로이트는 지적하였다.

정신증은 자아와 외부 세계의 갈등, 신경증은 자아와 이드의 갈등, 우울증은 자아와 초자아의 갈등에서 발생한다. 정신증, 신경증, 그리고 우울증은 자아와 서로 다른 기관 사이의 갈등에서 일어나는 것이다. 자아는 서로 다른 영역으로부터 유래하는 요구들을 조화시켜 통일성을 유지하려고 노력한다. 이런 자아 기능의 실패Funktion des Ichs가 질병의 조건이다(GW 13, 391).

질병의 조건이 자아의 약화Schwächung des Ichs/weakening of the ego라면, 치료란 자아의 강화를 도와주는 것이다(GW 17, 97-98). 분석가는 환자의 쇠약한 자아와 동맹이 되어 전장(외부 현실)을 잘 살피며 적과 싸워야 하는 것이다. 적은 이드의 충동 요구Triebanspruch와 초자아의 양심 요구Gewissensanspruch이다. 자아를 강화stärken하면, 외부의 힘을 고려하면서, 자아가 초자아로부터도 더욱더 독립하고, 이드의 요구를 더 많이 수용할 수 있을 것이다(GW 15, 86). 초자아로부터 자아가 독립한다는 것은 현재의 상황과 맞지 않는 과거의 유산은 수용하기를 거부하는 것이다. 이 과정에서 자아는 타인으로부터 비난을 받을 수 있다. 이것을 강화된 자아가 견뎌야 할 것이다. 이드의 요구를 더 많이 수용하려면, 자아는 우선 물질적 토대를 더 많이 확보해야 할 것이며, 인생관을 넓히거나 가치 기준을 낮추어야 한다. 모두 쉽지 않은 일이다.

자아는 각각의 부분을 제어하며 무엇을 위해 움직일까? 자아가 지향하는 최종 목표는 자아가 이드, 현실, 초자아를 통합하는 활동의 기준이며, 인생의 궁극목적이 될 것이다. 인생의 최종목적을 사람들은 행복이라고 말한다. 그런데 행복이란 무엇일까? 프로이트는 그것을 쾌락이라고 한다. 현실원칙은 쾌락원칙을 현실에 맞추어 수정한 것이니 여전히 쾌락을 추구하고 불쾌를 회피한다는 근본 원리는 변함이 없다. 결국 자아를 강화하여 달성하려는 목표는 안정적으로 확실하게 쾌락을 추구하는 것이다. 행복을 쾌락이라 여긴다는 점에서 프로이트의 인생론은 쾌락주의hedonism이다.

쾌락이란 무엇일까? 사람들은 이것을 주관적 느낌이라고 여긴다. 그러나 프로이트에게 쾌락은 심리 장치에서 흥분이 감소하는 것이며, 불쾌는 흥분이 증가하는 것이다. 흥분이 줄어들수록 쾌락이 증가한다면, 흥분이 완전히 제거되어 영이 되면 최고의 쾌락이 될 것이다. 정신 장치나 신경계에 흥분이 전혀 없는 열반Nirvana의 상태는 죽음의 상태이다

(GW 17, 129). 그렇다면 쾌락을 추구한다는 것은 죽고자 하는 것이나 다름이 없다. 쾌락의 원칙을 계속 밀고 나가면 열반의 원칙이 되는 것이다. 이것은 매우 혼란스럽다. 인생의 궁극 목적이 쾌락이면서 죽음이라는 결론은 프로이트의 전제로부터 필연적으로 도출된다. 타당한 추론에서 전제를 받아들이면 결론도 반드시 받아들이게 되어있다. 그런데 프로이트의 쾌락과 흥분의 소멸에 관한 추론에서 사람들은 그 논리의 타당성과 전제는 인정하면서도 결론을 받아들이기 어렵다. 그것은 프로이트 자신에게도 마찬가지일 것이다. 프로이트의 초심리학은 굉장히 매력 있는 이론이지만 아직 다듬어야 할 점이 많이 남아 있다.

Ⅷ - 결 론

프로이트의 정신분석은 네 가지 층으로 구성되어 있다. 임상적 탐구, 심리학적 탐구, 초심리학적 탐구, 그리고 사회 비판적 탐구. 첫째, 임상적 탐구는 분석가가 환자를 치료하는 데 필요한 임상 기법과 병인 탐구이다. 둘째, 심리학적 탐구는 질병의 치료 과정에서 도출되는 정신의 조직과 그 안에서 작용하는 힘 또는 에너지에 대한 탐구이다. 셋째, 초심리학은 보편적 인간의 정신 조직에 대한 가정과 그것을 토대로 정신활동의 근본적 동기나 목적을 탐구하는 것이다. 초심리학은 관찰이나 경험으로 입증할 수 없는 사변의 방법을 사용하며, 탐구의 주제가 인생의 목적을 포함한다는 점에서 사실상 철학이다. 네 번째 사회비판적 탐구는 앞의 세 가지 연구를 토대로 하여 종교와 문화 같은 사회 제도의 근원과 기능을 검토하는 연구이다. 이런 부류의 연구는 사회이론, 종교철학, 문화 철학 등으로 불리고 있다. 정신분석은 다양한 측면을 지니고 있는 것이다.

이 책에서 필자는 프로이트의 정신 분석을 네 번째 각도에서 이해하려고 하였다. 『문명 속의 불만』에서 프로이트는 과연 문명이 인간을 행복하게 하는지 질문한다. 인간은 잘살기 위해 문명 세계를 건설하여 왔다. 그러나 문명이 발달할수록 인간의 충동은 더욱 억제되고 있다. 원래 인간은 일하기 싫어하고, 자신의 성적 충동과 파괴성을 충족하려는 이기적 존재이다. 문명의 건설과 발전을 위해 두 가지 전략이 구사된다: 에로스와 타나토스의 제어. 첫째, 노동의 본능이 없는 인간을 문화 작업에 참여하도록 하려고 문명은 개인의 에로스를 억제한다. 그래야 성적 에너지를 뽑아서 사회 건설 활동에 돌릴 수 있기 때문이다. 그러나 성적 충동이 억압되면 될수록, 다시 말해 성적 불만족이 증가하면 할수록, 인간의 파괴성이 더욱더 많이 풀려 나온다. 마치 지하 감옥에 갇혀 있는 악의 힘이 쇠창살을 자르고 지상으로 올라오는 것과 같다. 인간의 파괴성을 가두고 있은 힘은 에로스인데, 리비도가 문화 건설 작업에 전용되어 사랑의 힘이 빠지면 파괴성을 제어할 수 없는 것이다. 해방된 파괴성이 내부를 향하면 자신의 삶을 공격하여 삶은 활기를 상실하고 허무주의에 빠질 것이며, 외부를 향하면 타인과 사회를 공격하여 문명은 붕괴의 위험에 처하게 될 것이다. 둘째, 문명은 파괴성을 억제하기 위해 초자아를 개인에게 설치하고 자아를 통제하게 한다. 문명이 발달하면 발달할수록 초자아는 더욱더 강력하고 엄격하지 않으면 안 된다. 그렇게 되면 새로운 문제가 생긴다. 죄책감이 증가하는 것이다. 초자아와 자아의 갈등의 심화는 죄책감을 점점 더 많이 자아 안에 쌓이게 한다. 『문명 속의 불만』의 핵심은 에로스와 타나토스의 투쟁으로부터 일어나는 죄의식과 바로 죄의식의 증가가 동반하는 불편과 불만이다.

문명과 인간의 충돌은 해결할 길이 없는 듯하다. 인간의 행복은 쾌락의 충족이며 쾌락은 충동의 만족에서 나온다. 문명이 에로스와 파괴성을 억압하면 인간은 문명 속에서 불행할 수밖에 없는 것이다. 그렇다고 문명을 포기하고 자연 상태로 돌아갈 수 없다. 그곳에서 행복은커녕 생존조차 불확실하기 때문이다. 문명 속의 행복은 가능하지 않은 것처럼 보인다.

마르쿠제는 프로이트의 비관적 문명이론에서 희망을 발견한다.[91] 그는 프로이트의 이론에서 억압의 필연성을 인정하지 않는다. 충동은 그 자체가 나빠서 억압하는 것이 아니라, 자원이 모자라는 세계에서 생존하기 위해 어쩔 수 없이 충동을 억압하지 않을 수 없었던 것이다. 만약 생산성이 증가하여 자원이 풍부하고, 권력의 불필요한 지배를 제거한다면, 문명 속에서도 인간은 행복할 수 있을 것이라고 마르쿠제는 전망한다.

비-억압적 문명non-repressive civilization에 대한 마르쿠제의 희망은 전제조건이 두 가지이다. 하나는 노동의 압박이 없어도 생산성이 증가하여 자원이 풍부해야 한다는 것이다. 이렇게 되면 거의 놀고먹을 수 있을 정도이니 직업의 노동을 위해서 에로스를 억압할 필요는 없을 것이다. 그러나 그런 수준의 생산체계가 어떤 것인지 상상하기 어렵고 과연 거기에 인간이 도달할 수 있을지 의문이다. 두 번째는 권력의 불필요한 지배를 제거한다는 것이다. 권력에는 여러 가지가 있을 터인데 아마 마르쿠제는 정치권력을 염두에 두고 있는 듯하다. 민주적 정치 체계를 건설하면 정치적 권리의 측면에서는 잉여 억압 즉 불필요한 억압을 없앨 수 있을 것이다. 그러나 다른 권력의 문제는 해결이 되지 않는다. 경제권력, 지성적 권력, 미모의 권력은 인간을 여전히 평등하지 않게 할 것이고 수혜받지 못한 계층은 자발적으로라도 충동을 억제하고 권력을 차지하기 위해 더 많이 노력하지 않을 수 없을 것이다. 문명의 충동 억

---

91 Herbert Marcuse. *Eros and Civilization: A Philosophical inquiry into Freud* (Beacon Press. 1974), p.5.

압은 불가피할 것이다. 마르쿠제는 문제를 너무 낙관적 시각으로 보고 있다.

비억압적 문명은 개념상으로만 존재하지 실현가능하게 보이지 않는다. 문명과 인간의 갈등에는 이상적 해결책은 없는 듯하다. 프로이트의 지적대로, 현실에서 좌절을 견디고, 초자아로부터 오는 잉여 억압을 막아 내고, 최대한 이드의 요구를 수용하도록 자아를 강화하는 것이 최선일 것이다. 현실에 불만이 있더라도 차안의 세계를 상정하여 환각적 만족에 빠지는 것은 나약한 자세이며 자아의 힘을 무력하게 한다. "추수 한번 해보지도 못한 커다란 땅덩어리를 달에 소유하고 있다는 환영을 가져서 무얼 하는가? 인간은 지상의 작은 농부로 살아가면서 조그마한 땅이라도 경작하며 먹고 사는 법을 배워야 할 것이다."[92] 이것이 프로이트가 현대인에게 권하는 인생철학이다.

---

92 "Was soll ihm die Vorspiegelung eines Großgrundbesitzes auf dem Mond, von dessen Ertrag doch noch nie jemand etwas gesehen hat? Als ehrlicher Kleinbauer auf dieser Erde wird er seine Scholle zu bearbeiten wissen, so daß sie ihn nährt."(Die Zukunft einer Illusion, GW 14, 373)

Freud, Sigmund

Abriss der Psychoanalyse, GW 17, pp.63-138.
An Outline of Psychoanalysis, SE 23.
정신분석학 개요, 『나의 이력서』, 한승완 옮김, 프로이트 전집 20, 열린책들.

Das Ich und das Es, GW 13, pp.237-289.
The Ego and the Id, SE 19.
자아와 이드, 『쾌락원칙을 넘어서』, 박찬부 역, 프로이트 전집 14.

Das Ökonomische Problem des Masochismus, GW 13, pp.371-383.
The Economic Problem of Masochism, SE 19.
마조히즘의 경제적 문제, 『쾌락원칙을 넘어서』, 박찬부 역, 프로이트 전집 14.

Das Unbehagen in der Kultur, GW 14, pp.422-506.
Civilization and its Discontents, SE 21.
문명 속의 불만, 『문명 속의 불만』, 김석희 옮김, 프로이트 전집 15.

Der Mann Moses und die monotheistische Religion, GW 16, pp.102-246.
Moses and Monotheism, SE 23.
인간 모세와 유일신교, 『종교의 기원』, 이윤기 옮김, 프로이트 전집 16.

Der Untergang des Ödipuskomplexes, GW 13, pp.395-402.
The Dissolution of the Oedipus Complex, SE 19.
오이디푸스 콤플렉스의 해소, 『성욕에 관한 세편의 에세이』, 김정일 옮김, 프로이트 전집 9.

Die Abwehr-Neuropsychosen: Versuch einer psychologischen Theorie der akquirieten
    Hysterie, vieler Phobien und Zwangsvorstellungen und gewisser halluzinatorischer
    Psychosen. Gesammelte Werke 1, Imago Publishing Co., LTD, London, First printed,
    1945, pp.59-74(GW 1).

Die "kulturelle" Sexualmoral und die moderne Nervosität, GW 7, pp.143-167.
'Civilized' Sexual morality and modern Nervous Illiness, SE 9.
'문명적' 성도덕과 현대인의 신경병, 『문명 속의 불만』, 김석희 옮김, 프로이트 전집 15.

Die Psychogene Sehstörung in psychoanalytischer Auffassung, GW 8, pp.94-102.
The Psycho-Analytic View of psychogenic Disturbance of Vision, SE 11.
시각의 심인성 장애에 관한 정신분석적 견해, 『억압, 증후 그리고 불안』, 황보석 옮김, 프로이트 전집 12.

Die Sexualität in der ätiologie der Neurosen, GW 1, pp.491-516.
Sexuality in the Aetiology of the Neuroses, SE 3.

Die Traumdeutung, GW 2/3.
The Interpretation of Dreams, SE 4/5.
『꿈의 해석』, 상·하, 김인순 옮김, 프로이트 전집 6.

Die Verdrängung, GW 10, pp.248-261.
Repression, SE 14.
억압에 관하여, 『무의식에 관하여』, 윤희기 옮김, 프로이트 전집 13.

Die Zukunft einer Illusion. GW 14, pp.325-380.
The Future of an Illusion. SE 21.
환상의 미래, 『문명 속의 불만』, 김석희 옮김. 프로이트 전집 15.

Drei Abhandlungen zur Sexualtheorie, GW 5, pp.29-45.
Three Essays on the Theory of Sexuality, SE 7.
성욕에 관한 세 편의 에세이, 『성욕에 관한 세 편의 에세이』, 김정일 옮김, 프로이트 전집 9.

Entwurfe einer Psyhologie, In: Aus den Anfängen der Psychoanalyse 1887-1902. S. FISCHER, 1975, pp 297-384.
Project for a scientific psychology, SE 1.

Formulierung über die zwei Prinzipien der psychischen Geschehens, GW 8, pp.230-238.
Formulations on the two principles of mental functioning, SE 12.

Hemmung, Symptom und Angst, GW 14, pp.113-205.
Inhibitions, Symtoms and Anxiety, SE 20.
억압, 증후, 그리고 불안, 『억압, 증후, 그리고 불안』, 황보석 옮김, 프로이트 전집 12.

Jenseits des Lustprinzips, GW 13, pp.3-69.
Beyond the Pleasure principle, SE 18.
쾌락원칙을 넘어서, 『쾌락원칙을 넘어서』, 박찬부 역, 프로이트 전집 14.

Massenpsychologie und Ich-Analyse, GW 13, pp.71-161.
Group Psychology and the Analysis of the Ego, SE 18.
집단 심리학과 자아분석, 『문명 속의 불만』, 김석희 옮김, 프로이트 전집 15.

Metapsychologische Ergänzung zur Traumlehre, GW 10, pp.412-426.
A metapsychological Supplement to the Theory of Dreams, SE 14.
꿈-이론과 초심리학, 『무의식에 관하여』, 윤희기 옮김, 프로이트 전집 13.

Neue Folge der Vorlesungen zur Einführung in die Psychoanalyse, GW 15, pp.1-205.
New Introductory Lectures on Psycho-Analysis and Other Works, SE 22.
『새로운 정신 분석 강의』, 임홍빈·홍혜경 옮김, 프로이트 전집 3.

Neurose und Psychose, GW 13, pp.387-391.
Neurosis and Psychosis, SE 19.
신경증과 정신증, 『억압, 증후, 그리고 불안』, 황보석 옮김, 프로이트 전집 12.

Selbstdarstellung, GW 14,
An Autobirographical Study, SE 20.
나의 이력서, 『나의 이력서』, 한승완 옮김, 프로이트 전집 20.

Studien über Hysterie, GW 1, pp.77-132.
Studies on Hysteria, SE 2.
『히스테리 연구』, 김미리혜 옮김, 프로이트 전집 4, 열린책들, 2004.

The Neuro-Psychoses of Defence, tr. and ed. James Strachey. Vol. 3. The Standard Edition of The Complete Psychological Works of Sigmund Freud. The Hogarth Press and The Institute of Psycho-Analysis(SE 3).

Totem und Tabu, GW 9, pp.1-194.
Totem and Taboo and Other Works, SE 13.
토템과 터부, 『종교의 기원』, 이윤기 옮김, 프로이트 전집 16.

Triebe und Triebschicksale, GW 10, pp.210-232.
Instincts and their Vicissitudes, SE 14.
본능과 본능의 변화, 『무의식에 관하여』, 윤희기 옮김, 프로이트 전집 13.

Über die allgemeinste Erniedrigung des Liebeslebens. GW 8, pp.78-91.
On the universal Tendency to Debasement in the Sphere of Love, SE 11.
불륜을 꿈꾸는 심리,『성욕에 관한 세편의 에세이』, 김정일 옮김, 프로이트 전집 9.

Über die Berechtigung, von der Neurasthenie einen bestimmten Symtomenkomplex als 'Angstneurose' abzutrennen, GW 1, pp.315-342.
On the Grounds for Detaching a Particular Syndrome from Neurasthenia under the Description 'Anxiety Neurosis', SE 3.

Über die weibliche Sexualität, GW 14, pp.517-537.
Female Sexuality, SE 21.
여성의 성욕,『성욕에 관한 세편의 에세이』, 김정일 옮김, 프로이트 전집 9.

Vorlesungen zur Einführung in die Psychoanalyse, GW 11, pp.1-495.
Introductory Lectures on Psycho-Analysis, SE 15/16.
『정신분석 강의』상·하, 임홍빈·홍혜경 옮김, 프로이트 전집 1/2.

Weitere Bemerkungen über die Abwehr-Neuropsychosen, GW 1, pp.379-403.
Further Remarks on the Neuro-psychoses of Defence, SE 3.

Zeitgemässe über Krieg und Tod, GW 10, pp.323-355.
Thoughts for the Times on War and Death, SE 14.
전쟁과 죽음에 대한 고찰,『문명 속의 불만』, 김석희 옮김, 프로이트 전집 15.

Zur Einführung des Narzissmus, GW 10, pp.138-170.
On Narcissism: an Introduction, SE 14.
나르시시즘에 관한 서론,『무의식에 관하여』, 윤희기 옮김, 프로이트 전집 13.

Zwangshandlungen und Religionsübungen, GW 7, pp.129-139.
Obsessive action and religious practices, SE 9.
강박행동과 종교 행위,『종교의 기원』, 이윤기 옮김, 프로이트 전집 16.

로만, 한스 마르틴, 요아힘 파이퍼 공편,『프로이트 연구 Ⅰ : 정신분석의 성립과 발전과정』, 원당희 역, 세창출판사, 2016.

임진수,『소원, 욕망, 사랑』, 파워북, 2015.

Bergson, Henri, Matter and Memory, tr. Nancy Margaret Paul and W. Scott Palmer, 2010.

Boothby, Richard, Freud as Philosopher: Metapsychology After Lacan, Routledge, 2001.

Church, Jennifer, Morality and the internalized other, The Cambridge Companion to Freud, Edited by Jerome Neu, Cambridge Univ. Press, 2006.

Fink, Bruce, A clinical Introduction to Lacanian Psychonalysis: Theory and Technique, Harvard University Press, 1997.

Gomez, Lavina, The Freudian Wars. An Introduction to the Philosophy of Psychoanalysis, Routledge. 2005.

Griffins, Courtney. Epigenetics and the influence of our genes. TEDxOU
https://www.youtube.com/watch?v=JTBg6hqeuTg

Herbert Marcuse, Eros and Civilization: A Philosophical inquiry into Freud, Beacon Press, 1974.

Lyubomirsky, Sonia, The How of Happiness. A New Approach to Getting the Life You Want, Penguin Books, 2007.

Myers, David G. and C. Nathan Dewall, Psychology, eleventh edition, Worth Publisher, 2015.

Palmer, Michael, Freud and Jung on Religion. Routledge, London and New York, 1997.

프로이트의 문명변증법